Rudolf Reiser

# DIE THURN UND TAXIS

Rudolf Reiser

# Die Thurn und Taxis

## Das Privatleben einer Fürsten-Dynastie

MITTELBAYERISCHE DRUCK- UND VERLAGS-GESELLSCHAFT

Die Deutsche Bibliothek - CIP-Einheitsaufnahme

**Reiser, Rudolf:**
Die Thurn und Taxis : das Privatleben einer Fürsten-Dynastie /
Rudolf Reiser. - Regensburg :
Mittelbayerische Dr.- und Verl.-Ges., 1998
ISBN 3-931904-31-8

Rudolf Reiser
**Die Thurn und Taxis**
Das Privatleben einer Fürsten-Dynastie


Umschlaggestaltung: Anna Braungart unter Verwendung
eines Gemäldes von Winfried Tonner
Satz: Vollnhals Fotosatz, Neustadt/Donau
Herstellung: International Publishing München

ISBN 3-931904-31-8

# INHALT

ITALIENISCHE OUVERTÜRE . . . . . . 7

DIE SENDUNG DES POSTMEISTERS . . . . . . 15

VOM FRÄULEINWUNDER
ZUR FÜRSTENHERRLICHKEIT . . . . . . 22

PRUNK UND STUNK IN FRANKFURT . . . . . . 29

SCHAUER IN REGENSBURG . . . . . . 38

DER STAMMBAUM – EINE TRAUERWEIDE . . . . . . 45

POSTMEISTERS INTIMER BRIEFWECHSEL . . . . . . 52

DIE MORDGELÜSTE DER FÜRSTIN . . . . . . 59

DAS DONAUTAL – EIN VENUSBERG . . . . . . 65

DIE MÄTRESSE AUS BERCHTESGADEN . . . . . . 71

DIE KETZERIN IM KLOSTER . . . . . . 76

EIN LANGER FASCHING MIT FOLGEN . . . . . . 83

SCHÖN WIE DIE SÜNDE . . . . . . 90

MATHILDE UND EUROPA AM SCHEIDEWEG . . . . . . 98

ELEND, ENDE, WENDE . . . . . . 108

DER GROSSE AUFTRITT DES SECHSTEN FÜRSTEN . . . . . 119

AN DER LETZTEN POSTSTATION ........................ 130

DAMALS IN POSSENHOFEN ........................ 147

DER ZWEITE ALBERTUS MAGNUS ........................ 156

DER REICHSTE MANN DEUTSCHLANDS ........................ 164

„DEINE MARGIT“ ........................ 172

SYMBOL FÜR NOBLESSE ........................ 178

DER FALL JOHANNES ........................ 187

SIC TRANSIT GLORIA MUNDI ........................ 197

GENEALOGIEN ........................ 206

QUELLEN UND LITERATUR ........................ 211

BILDNACHWEIS ........................ 216

REGISTER ........................ 217

# ITALIENISCHE OUVERTÜRE

Thurn und Taxis – ein Geschlecht mit tausend Facetten und einem Millionenvermögen, mit römischen Ahnen und böhmischen Gütern, mit einem großen Dichter und einem Playboy, mit tüchtigen Postmeistern und unzüchtigen Töchtern! Es ist ein unheimliches Haus, in dem gemordet und betrogen, musiziert und gespielt wird, in dem die Leidenschaft für das Theater mit der für Pferde gekoppelt ist. Man wird immer noch höher geadelt und immer wieder getadelt. Die Schwarzen Kabinette bringen Monarchen und Minister zur Weißglut, die Posten viel Geld und Geltung, Almosen und Notstandsküche überschwengliches Lob. Die Geschichte dieser Familie mit dem Doppelnamen ist zwar anfangs ein bißchen farblos, dann aber kunterbunt und streckenweise richtig spannend.

Genau dies stellt 1709 auch der Luxemburgische Herold Flacchio fest, der in Brüssel die Vergangenheit der Thurn und Taxis zu bewältigen versucht. Laut seinem dreibändigen Werk thront als Ahnherr ein Edelknabe über der Dynastie. Flacchio zufolge wird diesem nämlich im 4. Jahrhundert vom heiligen Ambrosius persönlich während eines Kampfes gegen Ketzer das Neue Tor in Mailand anvertraut. Da der Bub das Stadttor verteidigen kann, hält es Kirchenvater Ambrosius für ein Gebot der Stunde, dem Jüngling den Namen de la Tour und die Herrschaft über Valsassina am Comer See zu verleihen.

Freilich geben sich die frühen Geschichtsschreiber mit dem tapferen Buben in der Ahnenfolge nicht zufrieden. Wie es heißt, erringen später seine Kinder und Kindeskinder so viel Ansehen und Macht, „daß dieses Hauß, weiblicher Seits, fast von allen Kaysern und Königen und andern Souverainen von Europa herstamme“, wie man in der großen deutschen Enzyklopädie der Barockzeit, dem Zedler-Lexikon, lesen kann.

Nach Auffassung des Regensburger Hofhistorikers August Krämer, der sich 1823 mit der Geschichte seiner hochadeligen Herrschaft auseinandersetzt, können aber alle diese Thesen „wegen

Mangel an bestimmten historischen Nachrichten nicht nachgewiesen werden". Doch das sei nicht so wichtig. Denn: „Unsere Vorfahren hielten es für besser und zweckmäßiger, grosse Thaten zu verrichten, als sie aufzuschreiben."

Die wenigen bis in unsere Tage erhaltenen schriftlichen Quellen und die Namensforschung untermauern für den Historiker von heute die alte Behauptung, daß die Familie tatsächlich aus der Lombardei stammt. Darauf deutet zunächst der zweite Teil des Namens hin. Schon der im 8. Jahrhundert lebende Geschichtsschreiber Paulus Diaconus berichtet nämlich von einem Tato, dem siebten König der nach Oberitalien eingewanderten Langobarden. Nach den komplizierten Regeln der Lautverschiebung verändert sich im Laufe der Jahrhunderte der Buchstabe -t- in der Wortmitte zu -zz- und schließlich zu -ss-. Das heißt, aus dem altlangobardischen Namen Tato wird ein Tasso.

Weiter erscheint der Name Tasso (oft auch als Taxo) in den frühen lombardischen Schriftstücken. Schon 1117 begegnet uns ein Reinerius de Tasso, 1146 ein Odonus de Taxo, der sich in Bergamo aufhält. Im 13. und 14. Jahrhundert beherrscht dann zeitweise die Familie della Torre die Stadt Mailand. Gesicherte genealogische Zusammenhänge der Torre und Tasso auf breiterer Basis lassen sich freilich aus diesem dürren Material nicht rekonstruieren.

Doch da ist noch die Familiensaga! Weil sie sich zum Teil mit den Urkunden des Mittelalters deckt, ist sie nicht ganz so aus der Luft gegriffen wie die Legende vom Kirchenvater und dem Knaben. Andererseits gibt es Widersprüche, die zur Vorsicht mahnen. Ein kurzer Abriß der Saga gehört dennoch zur Geschichte des Geschlechts. Da leuchtet als erster Name Eribrand auf, der „von dem Kayser Carln dem Grossen" abstammen soll, wie es im bereits zitierten Zedler-Lexikon heißt. Dessen Sohn ist der Überlieferung nach Martino I., der wegen seiner körperlichen Größe allgemein Gigas (der Riese) genannt wird. Ihm sagt man nach, daß er im 12. Jahrhundert den deutschen König Konrad III. auf dem Kreuzzug begleitet, bei Antiochia aber den Sarazenen in die Hände fällt und 1147 hingerichtet wird. Diesem „Märtyrer", wie sich die späteren Geschichtsschreiber ausdrücken, folgt sein gleichnamiger Sohn (Martino II.) in der Ahnenabfolge.

Und dann mischt sich bereits merklich mehr Farbe in die Saga der auflebenden und -strebenden Dynastie. Schon der Sohn des Martino II., Giacomo, bereitet sich in Mailand auf die Herrschaft über die prächtige und mächtige Lombardenstadt vor, die genau zur selben Zeit Abt Otto von Blasien „die Blüte ganz Italiens" nennt. Mit Waffen und schlagenden Argumenten, Intrigen und Bündnissen sucht Giacomo Vorteile für sich und seine Familie. Sein Ansehen jedenfalls ist so groß, daß er in eine der bedeutendsten Familien Italiens einheiraten kann. Seine Frau wird Berta Visconti, die Schöne.

Als Giacomo um 1227 stirbt, hinterläßt er drei ehrgeizige Söhne, die immer mehr an Oberwasser gewinnen und zehn Jahre später das Ruder an sich reißen. Es sind dies Giacomo II., Johannes und Paganus, der die Mailänder Linie fortsetzt. Er heiratet Agatha von Geneve, die ihm sieben Söhne schenkt.

Sohn Raymund wird Geistlicher und residiert als Patriarch in Aquileia. Sein Bruder Hermann begründet die weitverzweigte italienische Linie, der Politiker, Prälaten und Stiftsfräulein angehören. Dieser Zweig fällt im 17. Jahrhundert vom Stammbaum.

Ein weiterer Sohn von Paganus und Agatha ist Napus de la Tour, der den Beinamen Sangviolentus (der Blutrünstige) erhält. Er wird vom deutschen König Rudolf von Habsburg offiziell zum Herrn von Mailand sowie zum Reichsvikar der Lombardei ernannt. Dort lebt er in ständiger Fehde mit dem Visconti-Clan, dem seine Großmutter Berta entstammt. Da schlagen sich die Anhänger beider Parteien in den engen Gassen der Stadt die Köpfe ein, verletzen und töten einander. Siebenmal besiegt Napus die Gegner, 1274 wird Theobald Visconti ermordet, doch 1277 verliert Napus Herrschaft und Freiheit. Der strahlende Held von einst stirbt ein Jahr später im dunklen Kerkerloch. Mit ihm endet das vierzigjährige Regiment der Taxis in Mailand.

Doch die Familie läßt gegen die Visconti nicht locker. Der Bruder von Napus, Francesco, hat einen Sohn, der es Jahre später noch einmal mit ihnen aufnehmen wird. Es ist dies Guido, der den Beinamen Divitias (der Reiche) trägt und seine Herrschaft über Mailand hinaus auf die gesamte Lombardei ausdehnen will.

Seine Kräfte reichen aber schließlich doch nicht aus. Er flieht zu Beginn des 14. Jahrhunderts in das siebzig Kilometer entfernte Cremona. Sein Sohn Lamoral wandert dann nach Bergamo aus, wo wahrscheinlich schon von den Vorfahren her Besitz vorhanden ist. Offensichtlich will man hier Kräfte für einen neuen Anfang sammeln.
Bergamo, das ist die alte Keltensiedlung und Langobardenmetropole am Fuße der Bergamasker Alpen, die vorher Philipp Turriani und dann den Visconti gehört hat. In dieser mit Türmen und Mauern bewehrten Stadt baut oder kauft sich Lamoral einen Palast. Hier heiratet er Catharina de Soardis, die Lieblingstochter des Fürsten. In Bergamo beschließt Lamoral auch sein Leben. Auf seinem Epitaph liest man: „Aus dem alten und edlen Geschlecht der von Thurn entsprossen, erwartet hier seine Auferstehung im Herrn Lamoral, bezeichnet Tassus."
Nach diesem Lamoral setzen zwei Erben das Taxis-Geschlecht fort: sein Sohn Franz I. und dann Enkel Franz II. Letzterer hat zwei Söhne: Roger I. gründet die Regensburger Stammgenealogie, Pietro die römische Linie.
Bleiben wir zunächst in Italien! Pietro wird uns als ein ehrgeiziger Signore geschildert, der den Kopf voller Pläne hat und nie seinen Nutzen aus dem Auge verliert. Er weiß, daß seine Familie in Mailand entwurzelt ist und die Bäume eigentlich nur noch am Hof des Papstes in den Himmel wachsen können. Zu diesem Behufe reitet er um 1430 in die Ewige Stadt ein, wo Künstler und Kurtisanen, Gelehrte und Schauspieler für ein wunderbares Leben sorgen. Bald kreuzen sich seine und des Papstes Wege und Wünsche. Pietro avanciert so zum Generalpostmeister des Kirchenlandes.
Dieses Amt kann Pietro seinem Sohn Alexander weitervererben. Unter dessen Nachkommen finden sich zwar neben Prälaten, Mönchen und Feldherren auch Postmeister, doch führt Alexanders jüngerer Bruder Johannes den römischen Zweig fort. Mit ihm verlassen wir auch die Familiensaga der Taxis und betreten gesicherten historischen Boden.
Ein Feuerwerk denkwürdiger Ereignisse setzt zunächst mit dem Sohn des Johannes, Gabriel, ein. Ausgerechnet ihm gelingt es nämlich, Hypolita Cornaro an den Traualtar zu führen. Im Italien

des 15. Jahrhunderts ist sie eine der begehrenswertesten Partien. Die Cornaro sind wagemutige Kaufleute, die vor allem mit Salz und Zucker handeln. Man ist reich und einflußreich und residiert in einem der prunkvollsten Palazzi am Canal Grande in Venedig. Dort sieht man die berühmtesten Feste und Gäste der Zeit. Das kostbare Inventar stammt aus der ganzen damals bekannten Welt. Doch das ist nicht alles. Die Cornaro haben auch bedeutenden Besitz auf den ägäischen Inseln. Und es ist die blutjunge, hübsche Caternia Cornaro (Porträt von Tizian in den Uffizien), um die 1472 kein Geringerer als König Giacomo II. von Zypern wirbt. Die prachtvolle Hochzeit – ein Ereignis, von dem ganz Venedig spricht – hat weitreichende Konsequenzen. Caternia bringt nämlich nach dem Tod Giacomos die Mittelmeerinsel an die Serenissima. Und damit wird diese Frau in der Lagunenstadt zu einem Idol mit vielen Freiheiten.

1493, vier Jahre nach der Übergabe Zyperns an die Dogenherrschaft, freuen sich Hypolita Cornaro und ihr Mann Gabriel Tasso über ihren Sohn Bernardo, den es als jungen Mann nach Süden drängt. Man trifft ihn dort im Gefolge des Fürsten von Salerno, der gewöhnlich in Neapel residiert. Hier wird er Minister, hier lernt er auch seine Frau, die Neapolitanerin Portia de Rossi, kennen, die aus einer der vornehmsten Familien der Stadt stammt.

Mit den Jahren reift Bernardo zum geschickten Politiker und Diplomaten, der mit dem Principe viele Reisen (auch nach Deutschland) unternimmt. Natürlich hat er auch ein Wappen. Auf ihm ist bereits der Dachs im Silberfeld zu sehen, der noch heute das fürstliche Emblem der Thurn und Taxis ziert.

Geschätzt wird Bernardo Tasso in Italien aber auch wegen seiner Dichtkunst. Er schreibt hinreißende Gedichte und bearbeitet (noch vor der ersten deutschen Ausgabe) den Amadis-Roman, das große Ritterbuch des 16. Jahrhunderts. Zahlreiche Werke Bernardos, „welche bey den Kennern vielen Beyfall erhalten“ (Zedler-Lexikon), werden gedruckt.

Bernardo ist schon einundfünfzig Jahre alt, da schenkt ihm seine Frau Portia am 11. März 1544 in Sorrent einen Sohn, der später zum bekanntesten Sproß der gesamten Dynastie werden soll: Torquato Tasso. Das ist ein Wunderkind wie Mozart. Man sagt, daß er

schon sehr früh sprechen kann und bereits mit sieben Jahren Verse dichtet. Er studiert in Padua und siedelt mit einundzwanzig Jahren nach Ferrara um, wohin ihn Herzog Alfonso d'Este einlädt.
Ferrara birgt damals einen der glänzendsten Höfe Europas. In der ersten Hälfte des 16. Jahrhunderts lebt hier als Herzogin die zauberhafte Papsttochter Lucrezia Borgia. Hier steht die Wiege Savonarolas (sechs Jahre jünger als Tasso), Pisanello malt in den Schlössern der Stadt. „Hier ward Petrarch bewirtet, hier gepflegt / Und Ariost fand seine Muster hier", schreibt später Goethe in seinem „Torquato Tasso". Mit Petrarch meint er Petrarca. Daß man sich in dieser Città nobilissima „frei und offenherzig" bewegen kann, berichten Reiseschriftsteller.
Doch der herzogliche Palazzo und das Castello Estense, der gotische Duomo, die Pracht der Kirchen und Schlösser, die schönen Frauen in ihren kostbaren Roben, die Gärten und Haine stimmen den jungen Mann eher melancholisch als lebenslustig. Er ist zweiundzwanzig, da sagt man ihm ein schweres Gemüt nach, mit fünfundzwanzig verliert er seinen Vater Bernardo, dessen Tod ihm besonders nahegeht. Rast- und ruhelos sucht Torquato Tasso zwischen der Emilia Romagna und Rom sein Glück, das ihn öfter verläßt als begleitet.
Sein bedeutendstes Werk ist „Gerusalemme liberata" (Das Befreite Jerusalem), das große Epos der Gegenreformation, ein faszinierendes Buch, in dem der Dichter die politischen und religiösen Spannungen aufzeigt und dabei von amore singt wie vor und nach ihm kein Italiener. „Jedes Tier versöhnt sich in der Liebe", dichtet er, „die Tauben verdoppeln auf dem Höhepunkt ihre Küsse, die Eiche liebt, und auch der sonst so keusche Lorbeerbaum, wie überhaupt die große Pflanzenwelt, ja selbst die Erde und Luft sind erfüllt vom süßesten Liebesgefühl und -seufzer."
Und Tasso schreibt auch sonst von Lust und Leiden der Menschen und gibt so manchen Ratschlag. So meint er, daß „Liebe schlaff und träg wird und veraltet, wenn man sie also nicht zu reizen sucht". Als würde er in nächtlichen Parks und Gärten öfter auf der Lauer liegen, schildert er das überströmende Glück von Freier und Frau. Einmal sieht er hinter Zweigen, Laub und Blüten zwei Liebende, „sie im Gras, er in ihrem Schoß". Sie „schmachtet, das Angesicht

voll Feuer", er richtet „hungrige Blicke auf sie und scheint sie begierig aufzubrauchen". Auf dem Höhepunkt gibt sie dann „dem Priester, der den Dienst der Liebe versteht", den „reinen und leuchtenden Kristall" preis.
Soweit wir wissen, sucht Torquato Tasso ein Leben lang jenes Liebesglück, das er so phantasievoll und phantastisch beschreibt. Er stellt zwar heimlich so mancher Schönen nach, verliebt sich der Überlieferung nach sogar in Eleonore d'Este, die Schwester des Herzogs Alfonso von Ferrara, doch zum Ringwechsel kommt es nicht.
Die Anerkennung der Podesta und Principi bleibt ihm dagegen nie versagt. Seine höchste Ehrung erfährt er durch Papst Clemens VIII., der dem Dichter 1592 sogar eine Wohnung im Vatikan zur Verfügung stellt. Hier schreibt Tasso dann sein religiöses Gedicht über die Schöpfung der Welt. Kurz darauf will ihn der Heilige Vater mit dem Lorbeer bekränzen, da stirbt Tasso am 25. April 1595. Er wird unweit der Peterskirche in Sant'Onofrio bestattet. „Der Blick von diesem Kloster aus ist sicherlich einer der schönsten auf Erden", schwärmt später Stendhal. Ganz in der Nähe sieht man noch heute den Stumpf der vom Blitz gefällten „Eiche Tassos". In ihrem Schatten hielt sich der Dichter gerne auf, erzählen sich noch in unserem Jahrhundert die Römer.
Mit Torquato Tasso verklingt die letzte Strophe des römischen Taxis-Epos. Und wir haben nur noch ein Vierteljahrhundert bis zum Dreißigjährigen Krieg.

Erfinder und Begründer der europäischen Posten:
Franz (1459–1517) mit seiner Rolle in der Hand

Die Hauptlinie des Geschlechts wird indes mit Roger I., dem Bruder von Tassos Ururgroßvater Pietro, fortgesetzt. Er zieht in jungen Jahren von seiner Heimatstadt Bergamo nordwärts nach Tirol. 1450 schlägt ihn Kaiser Friedrich III. zum Reichsritter. Zwei Jahre später dient er dem Habsburger als Oberjägermeister.
Doch das ist für Roger I. zuwenig Ausbeute. Wie seinen Bruder Pietro reizt auch ihn der Kurier- und Nachrichtendienst. Er betreibt seinen Plan schließlich mit soviel Glück und Geschick, daß er schon um 1457 Postlinien in das Land seiner Väter und Vettern einrichten kann. Soweit wir wissen, ist die von ihm betriebene Route von Tirol in die Lombardei die erste Taxissche auf deutschem Boden.
Die von ihm geschaffenen Verbindungen nach Süden sind rein postalischer und nicht persönlicher Natur. Roger I. kehrt nicht mehr dorthin zurück. Er freundet sich immer mehr mit dem rauhen Klima und schönen Hofleben an. Seine Frau Kunigunde, eine Tirolerin, schenkt ihm die Söhne Anton, Gabriel und Simon.
Anton, mit Katharina von Thurn vermählt, begründet die Wiener und erste böhmische Linie der Dynastie. Viele seiner Nachkommen sind Postmeister in Prag. Gabriel I., der Begründer des Innsbrucker Familienzweiges, wird von Kaiser Maximilian I. zum Generalpostmeister im heimatlichen Tirol ernannt. Seine Nachkommen wiederum versehen als Grafen noch im 19. Jahrhundert das Oberhofmeisteramt von Tirol. Bruder Simon schließlich führt die Hauptlinie fort.
So richtig auf dem Posten ist der Kurierdienst aber erst unter Simons Söhnen Franz und Johann. In ihrer Zeit beginnen auch die historischen Quellen ergiebig zu sprudeln. So erscheint schon 1489 in den Raitbüchern der oberösterreichischen Kammer „Johannetn Daxen obristn Postmaister“. Im selben Jahr ist ein Postkurs von Innsbruck nach Mecheln in den Niederlanden nachweisbar.
Zum Jahr 1490 heißt es dann in einer Chronik der Reichsstadt Memmingen: „In diesem Jahr fingen die Posten an bestellt zu

werden aus Befelch Maximilians I. des Römischen Königs, von Österreich bis in die Niederland, in Frankreich und bis nacher Rom." 1491 taucht dann erstmals der Name von Johanns Bruder, Franz Taxis, urkundlich auf, der als der große Stratege beim Aufbau der Post gilt.

Dieser Franz gehört zu den herausragenden Gestalten, die das Zeitalter des Umbruchs, der grandiosen Erfindungen und Entdeckungen prägen. Erinnern wir uns: Im selben Jahr, in dem Franz in den Urkunden erscheint, entdeckt Columbus Amerika und baut Martin Behaim den ersten Globus der Welt. Gutenberg ist erst vierundzwanzig Jahre tot, Kopernikus schon neunzehn Jahre alt und Luther schon neun. Nur wenige Jahre später wird in Nürnberg die erste Landkarte der Welt von Erhard Etzlaub und die erste Taschenuhr von Peter Henlein angefertigt.

Natürlich gibt es schon vor Franz Taxis einen Briefverkehr. Eigene Kuriere bestellen die Nachrichten von Hof zu Hof, von Burg zu Burg. Die Bullen der Päpste, Kaiser und Kurfürsten werden ebenso versandt wie die Bestellungen der Kaufherren und die Roteln der Klöster. Wir wissen auch, daß die deutschen Ordensritter in Marienburg bereits im 13. Jahrhundert reitende Boten beschäftigen. Zwischen Nürnberg und Hamburg verkehren ebenfalls vor den Taxis Nachrichtenübermittler.

Doch das Neue ist das fahrplanmäßige, streckenmäßig exakt unterteilte, auf Ausweitung und Monopolisierung angelegte System zur Nachrichtenübermittlung, das in den Grundzügen dem heutigen entspricht. So ist es auch nicht verwunderlich, wenn die Post der Taxis allenthalben als Pioniertat gefeiert wird. Johann Jakob Moser, der größte Jurist des 18. Jahrhunderts, schreibt 1752: „Es bleibet also das formliche Postwesen allerdings eine Taxische Erfindung, welche gantz erstaunliche Folgen nach sich gezogen, und die Welt in manchen Sachen fast in einen anderen Model gegossen hat."

Franz Taxis, das ist der Mann, der zwar auf Vorarbeiten seiner Ahnen zurückgreifen kann, aber das Postwesen im Herrschaftsbereich der Habsburger so perfekt installiert, daß es das erstemal im Reich als wertvolles Instrumentarium der großen Politik benutzt werden kann.

Aber auch in den Kontoren der Kaufleute, in den Schreibstuben der Prälaten, Grafen und Patrizier ändert sich die Arbeitsweise. Man weiß, wann Briefe aufgegeben werden können, wann sie ankommen und wann Antworten zu erwarten sind. Erstmals können die Menschen richtig disponieren.

Franz Taxis, der dies alles ermöglicht, ist 1459 geboren. Wir kennen seine Geburtsstadt nicht. Sein Großvater ist Roger I., der Vater Simon, die Mutter eine Tochter Jakobs von Rota. Residiert wird in Brüssel, also dort, wo die Habsburger neuerdings regieren. Eine reiche Stadt mit emsigen Handwerkern und Kaufleuten! Im Jahr 1500 wird in der Nähe (in Gent) der spätere Kaiser Karl V. geboren, ein Sohn Philipps des Schönen.

Exakt in diesem Jahr ernennt dieser Philipp auch Franz Taxis zum „capitaine et Maitre de nos postes". Fünf Jahre später wird er beauftragt, einen Postkurs zwischen den niederländischen, deutschen, französischen und spanischen Höfen einzurichten und zu betreiben. 1516 verpflichtet sich Franz Taxis vertraglich, den Betrieb auf Verona, Rom und Neapel auszudehnen.

Für die perfekte Organisation der Posten wird Franz zusammen mit seinen Brüdern 1512 geadelt. Das Diplom erhält auch sein Neffe Johannes der Große, der im Jahr darauf in Antwerpen Christine van Wachtendonck, ein reiches Fräulein aus Geldern, heiratet. In dieser Zeit läßt sich Franz Taxis auch malen. Auf dem Bild eines unbekannten Meisters erscheint er als feister, stolzer Mann mit rotem Barett und pelzverbrämtem Mantel. In der Rechten hält er einen Brief, daneben liegen Goldmünzen und eine Schreibfeder. Seinem Reichtum entsprechend stiftet er in Brüssel die Grabkapelle neben der Kirche Notre Dame du Sablon, in der über zweihundert Jahre lang die Mitglieder des Hauses bestattet werden.

Als Franz Taxis Ende 1517 stirbt und in dieser Kapelle zur letzten Ruhe gebettet wird, sinkt mit ihm auch das katholische Europa ins Grab. Luther verkündete Tage vorher seine Reformationsthesen, die den Erdteil erschüttern.

Die Erbschaft des unverheirateten Postmeisters tritt sein Neffe Johannes der Große an, der ebenfalls ein ergebener Gefährte der Habsburger ist. Er begleitet Karl V. in Krieg und Frieden durch

halb Europa und richtet für ihn die erste Feldpost ein. Bereits 1520 wird er zum Generalpostmeister seiner Majestät ernannt.
Auf dem Reichstag in Regensburg 1541, auf dem Eck und Melanchthon für und wider Luthers Thesen streiten, ist Johannes der Große zum letztenmal im Gefolge des Kaisers. In der Donaustadt, dem Ort der späteren Residenz seines Geschlechts, verfügt er am 6. Mai 1541 in seinem Testament wie ein großer souveräner Herr über die Nachfolge in seinen Postämtern Madrid, Brüssel, Antwerpen, Augsburg, Venedig und Neapel. Am 15. Oktober 1541 stirbt er dann auf dem Weg in seine Brüsseler Residenz. Er wird neben Onkel Franz in der Grabkapelle von Notre Dame du Sablon bestattet. Von seinen acht Söhnen bleiben die meisten der Post verbunden. Während Leonhard die Hauptlinie fortführt, gründet Raymund den spanischen Spezialzweig des Hauses.
Doch da ist zunächst einmal der drei unehelichen Söhne zu gedenken, die Johannes der Große von seiner Tiroler Jugendliebe Barbara hat. Es sind dies Augustin, Johann Anton und Anton, die alle drei noch vor 1510 in Innsbruck geboren und später von Karl V. legitimiert werden. Sie führen den Namen des Vaters.
Von Augustin wissen wir, daß er als Kanonikus im Stift St. Gomar in Lierre wirkt. Bruder Johann Anton wird 1541 kaiserlicher Postmeister in Rom, wo er in den Strudel der erbittert geführten Auseinandersetzungen zwischen der Ewigen Stadt und dem mit Spanien verbündeten Neapel gerät. Die päpstlichen Grenzer entdecken nämlich bei einem Boten ein an den Herzog von Alba adressiertes und von dem Taxis-Sproß unterzeichnetes Schreiben, worauf er am 7. Juli 1556 verhaftet und in die Engelsburg geworfen wird. Papst Paul IV., der erbarmungslos Tausende von Häretikern und Hexen der Inquisition und den Scheiterhaufen ausliefert, wacht dabei höchstpersönlich über die Sicherheitsvorkehrungen. Erst nachdem sich Neapel und der Heilige Vater ausgesöhnt hatten, wird der Häftling begnadigt. Er stirbt 1580 in Rom.
Anton, der dritte illegitime Sohn des Johannes des Großen, wird nach seinen Studien in Padua und Bologna vom Vater mit dem Postamt Antwerpen betraut, das er bis zu seinem Tod 1574 leitet. Er ist der Stammvater der Antwerpener Linie derer von Taxis.

Süße und verbotene Früchte trägt der spanische Zweig der Dynastie. Begründer Raymund de Taxis, ein legitimer Sohn des Johannes des Großen, dient seinem König in Madrid als Generalpostmeister. Ihm setzt zwei Jahrhunderte später Friedrich Schiller ein literarisches Denkmal. Im „Don Carlos" erscheint er als Oberpostmeister „Don Raimond von Taxis", der von Carlos als „mein guter Freund" und vom königlichen Beichtvater Domingo als „würdiger Mann" geschätzt wird.

Verheiratet ist dieser Raymund mit Katharina von Acunha, die ihm die Töchter Marianne und Angeline (spätere Frau des Ludwig Guszman) sowie drei Söhne schenkt. Philipp wird 1619 zum Erzbischof von Granada geweiht, Peter zum General ernannt. Johannes (I.) tritt das väterliche Erbe an.

Dieses Gut berechtigt zu den kühnsten Hoffnungen. Johannes I., der mit Marie Peclate verehelicht ist, bekommt nämlich von König Philipp die Zusicherung, daß das Oberpostmeisteramt der spanischen Krone (mit einem gewaltigen Jahreseinkommen) in der Familie bleiben kann. Eine glänzende Zukunft!

Um sie zu sichern, stellt sich Johannes I. bald auf die Seite des Thronfolgers. Als nämlich der greise Philipp II. die Günstlinge und Hofschranzen seines schwachsinnigen Erben hinauswirft, organisiert Johannes Taxis einen regen Postverkehr dieser Gruppe. Zahlreiche „vertraute Brieffeln" werden so hinter dem Rücken des Königs zwischen den getrennten Parteien ausgetauscht. Für diese Nacht- und Nebelaktion wird Johannes I. nach dem Tod Philipps II. wieder reichlich entlohnt.

Der Taxis-Stern strahlt hell über der Iberischen Halbinsel. Sohn Johannes II. steht auch gleich bei König Philipp III. in hohem Ansehen. Vor allem imponieren seine geschickten Verhandlungen mit der englischen Krone dem Monarchen. Weiter gehört der mit Anna de Andrea verheiratete Taxis zu den bedeutendsten Poeten Spaniens. Zusammen mit Lope de Vega, den Brüdern Bartolome und Luperico de Argensola und Mira de Amescua bewegt er sich in der Dichterakademie.

Johannes II. ist aber nicht nur kunst-, sondern auch leichtsinnig. Er stellt unentwegt den Frauen und Jungfrauen des Landes nach. Viel getuschelt wird auch über seinen trauten Umgang mit schönen Männern und seine Spielleidenschaft. Man sieht ihn dazu oft total betrunken.

Zu Anfang der zwanziger Jahre beginnt dann Johannes II. in seinem Rausch um keine Geringere zu werben als um die Frau Philipps IV. Die Königin, die tatenlos zusehen muß, wie ihr Mann allen attraktiven Frauen, Schauspielerinnen, sogar Nonnen und Vertreterinnen der Halbwelt, nachstellt, erwehrt sich mit aller Macht den Liebeswerbungen des galanten Postmeisters. Madame de Aulnoy meint, die Königin bedürfe der Aufbietung all ihrer strengen Tugend, um ihre Keuschheit vor der Keckheit des Galans zu schützen.

Seine Versuche, die Königin zu verführen, muß Johannes II. aber teuer bezahlen. Als nämlich dem König Philipp IV. die Pläne des Postmeisters gemeldet werden, ist das Schicksal des vierzigjährigen Taxis besiegelt. 1622 wird er zu mitternächtlicher Stunde in seiner Kutsche von einem Unbekannten erschossen.

Um diesen mysteriösen Tod rankt sich dann in Spanien sehr schnell eine weitverbreitete Sage. Danach verliebt sich Johannes Taxis in die Königin, ohne aber so richtig an sie heranzukommen. Sie gilt als sakrosankt und darf von keinem Untertan berührt werden. Um ihr aber nahe zu sein, gibt er nun in Madrid einen Ball, zu dem auch das Königspaar eingeladen ist und kommt. Taxis hat so sehr Feuer gefangen, daß er während des Festes einen Brand legen läßt. Mitten im Tumult der Angstschreie und Jammerlaute der Gäste trägt er den begehrten Schatz schnell an einen verschwiegenen Ort. Und diese kühne Erste Hilfe ist seine letzte Tat, hört man in Madrid. Johannes II. Taxis wird nämlich nie mehr gesehen. Soweit diese schöne Sage!

Mit dem Brandstifter erlischt 1622, also am Anfang des Dreißigjährigen Krieges, die spanische Linie. Er hat nur eine Tochter, die sehr früh stirbt.

Und auch die Mailänder Taxis-Linie steht vor dem Aus. Wie Johannes II. ist auch Simon II., der Chef dieses Zweiges, 1582 geboren. Simon II. allerdings führt ein gottgefälliges Leben und heiratet in die Familie der heiligen Louisa von Paoluzzi ein. Kurz vor der Eheschließung mit deren Großnichte Maria von Paoluzzi, so erzählt man, sucht er die Franziskanerkirche in Rom auf, wo

ein Bild der Heiligen verehrt wird. Simon II. bittet dort um eine gute Ehe und Söhne. Nach seiner Andacht verkündet er, daß ihn Santa Louisa mit den Worten angesprochen habe: „Stehen Sie auf, Cousin, ich freue mich Ihrer Verwandtschaft.“
Dann wird groß Hochzeit gefeiert, doch himmlisches Wohlwollen und Kindersegen halten sich in Grenzen. Die Ehe bleibt ohne männliche Erben. So endet 1644 die Mailänder Taxis-Genealogie.

# VOM FRÄULEINWUNDER ZUR FÜRSTENHERRLICHKEIT

Nach all den dynastischen Mixed Pickles, die nur mit einem Blick auf eine gute Stammtafel zu verdauen sind, jetzt zur Regensburger Hauptlinie! Wir sind bei Leonhard I., einem Sohn des Johannes des Großen und seiner Frau Christine van Wachtendonck. Er wird 1521 geboren und ist mit Margarethe Dumant (die früh stirbt) und Louise Boisot de Rouna verheiratet.
Und unter ihm kommt nun der Postverkehr fast unter die Räder. Viele Kommunen organisieren nämlich nach der Abdankung Karls V. im Jahr 1554 eine eigene Nachrichtenübermittlung. Man ärgerte sich zuviel über die publik gewordenen Erpressungen, verschwundenen Depeschen, über zu schlechten Service und überhöhtes Porto. Diese Retourkutsche bringt die Taxisschen Postlinien schließlich in eine so prekäre Situation, daß Leonhard I. das Kaiserhaus um Beistand bitten muß. Und als auch von dort nur eine halbherzige Unterstützung kommt, merkt der Sohn Johannes des Großen, daß man auf einem verlorenen Posten steht. Lediglich die Erhebung Leonhards I. in den erblichen Reichsfreiherrenstand 1608 durch Kaiser Rudolf II. mindert und mildert das Mißgeschick mit dem im Graben steckenden Postkutschenunternehmen ein bißchen.
Davon freilich hat der frischgebackene Baron Taxis nicht mehr viel. Er stirbt – wie Rudolf II. – 1612 und hinterläßt seinem Sohn Lamoral, der um 1557 geboren und mit Genoveva von Taxis (Augsburger Linie) verheiratet ist, praktisch den Postkonkurs.
Wie so oft in äußerst kritischen Situationen erscheint ein rettender Engel. Es ist Johann von den Birghden aus Aachen, den Lamoral 1615 zum Postmeister in Frankfurt bestellt und dem er den Auftrag erteilt, das „in voller Unrichtigkeit begriffene Postamt zu reformieren“. Der dreißigjährige Protestant organisiert den ganzen Betrieb neu, baut hervorragende Landesämter auf, so in Leipzig, Hamburg und Nürnberg, und bringt die Zentrale am Main zu einer nie gekannten Blüte. Daneben gründet er eine Zeitung, die bis zum Untergang der Taxisschen Post im 19. Jahrhundert fortbesteht.

Und noch ein zweiter Glücksfall stellt sich ein. Im selben Jahr, in dem Birghden zum Postmeister ausgerufen wird, erklärt Kaiser Matthias das Generalpostmeisteramt zu einem „Erbmannlehen", das heißt, die Taxis können ihr Unternehmen an ihre Söhne vererben. Langfristige Investitionen rentieren sich somit erstmals seit 1615. Es geht wieder aufwärts mit dem Taxis-Transfer.
Dann eine kleine Sensation! Sechs Jahre noch, und Fräulein Taxis kann Herrin werden. Das Lehen von 1615 dehnt nämlich Majestät für den Fall, daß keine erbberechtigten Söhne vorhanden sind, auf die Töchter aus. „Weiber-Lehen" nennt man es. Wie ungewöhnlich diese Promotion ist, zeigen die Prediger der Zeit, die nach Thomas von Aquin noch immer verkünden, daß die Frau eine Mißgeburt der Natur sei; ein weiterer Beweis der bayerische Kurfürst Maximilian I., der seine unfruchtbare Gattin als verhext ansieht.
1624 erhebt dann Kaiser Ferdinand II. den Freiherren Lamoral Taxis zum Grafen. Diese Standesbeförderung muß allerdings sehr teuer bezahlt werden. Noch im selben Jahr entzieht nämlich der Imperator dem Taxis-Sproß die Posten in Österreich, Ungarn und Böhmen (mit denen er Christoph von Paar belehnt). Das bedeutet einen enormen Prestigeverlust. Wenn schon der Kaiser den Taxis mißtraut, so sagen sich die Kontrahenten, dann könne man die eigene Position stärken und ausbauen.
Die Fortsetzungen der Streitigkeiten, Händel und Demütigungen erlebt Lamoral von Thurn und Taxis freilich nicht mehr. Er stirbt noch 1624 und wird, wie die Vorfahren auch, in der Brüsseler Familiengruft bestattet.
Sein Sohn und Nachfolger, der 1594 in Brüssel geborene Leonhard II., gehört zu den gebildetsten Postmeistern der Dynastie. Er spricht viele Sprachen und schätzt Kunst und Wissenschaften. Verheiratet ist er seit 1616 mit der um fünf Jahre älteren Alexandrine de Rye, einer Persönlichkeit mit klugen Ansichten und Absichten, wie sich später herausstellt. 1621 gebiert sie den Erbprinzen Lamoral Claudius.
Trotz des kaiserlichen Postmandates von 1624 verfügt die Familie Taxis jetzt schon wieder über ein beträchtliches Vermögen. Leonhard II. vertraut dem Genie seines Hauses, Postmeister Birghden, kurz nach der Geschäftsübernahme an, er habe neuerdings jähr-

lich mehr als einhunderttausend Dukaten Überschuß aus dem Postwesen und bezeichnet es als einen „Brunnen, dahin alle Quellen zusammen lieffen".

Gerade dieser Birghden zieht jedoch bald den Haß vieler Zeitgenossen auf sich. Indiskretionen, herrisches Wesen und protestantisches Glaubensbekenntnis sind die Hauptvorwürfe. Da hat plötzlich der erfolgreiche Postmeister nichts mehr zu melden. Leonhard II. entläßt ihn, verläßt aber kurz darauf selbst diese Welt. In Prag – erst vierunddreißigjährig!

Erbprinz Lamoral Claudius ist beim Tod des Vaters gerade einmal sieben Jahre alt, Mutter Alexandrine steht vor nahezu unlösbaren Aufgaben. Sie hat als Frau nicht nur einen Großbetrieb zu leiten, sondern sieht sich einer wackeren und wachsenden Opposition in den Ämtern der Fürstenhöfe gegenüber. Regionalposten sprießen abermals wie Pilze aus dem Boden. Noch im Todesjahr ihres Mannes holt der Kurfürst von Mainz zu einem spektakulären Schlag aus und verbietet den Taxisschen Postämtern demonstrativ das heimliche Öffnen von Briefen und Paketen. Schon werden die ersten Stimmen laut, die Taxis sollten einen gehörigen Reichsbeitrag leisten.

1630 eine neue Spitze von oben! Alexandrine wird aus Wien benachrichtigt, daß sie in Österreich, Böhmen und Ungarn nicht die mindesten Postrechte habe. Die dortigen Obristhofpostmeister erhalten die Garantie, daß sie in den habsburgischen Erblanden das Amt ihren Söhnen erblich übertragen können. Im Jahr darauf stellt sich erneut Kummer ein. Als Schwedenkönig Gustav Adolf 1631 in Frankfurt einzieht, setzt er sofort den einst gefeierten und dann ohne viel Federlesens gefeuerten Postmeister und Protestanten Birghden wieder in sein Amt ein.

In diesen schweren Zeiten des Dreißigjährigen Krieges, der Deutschland im Gefolge der Religionsstreitigkeiten an den Rand des Ruins bringt, leitet Gräfin Alexandrine als Vormund ihres Sohnes Lamoral Claudius die ihr noch verbliebenen Kuriere an den Brennpunkten der Feindseligkeiten vorbei an ihre jeweiligen Ziele. Sie nützt dabei die Niederlagen und Schwächen ihrer vielen Gegner aus und übersteht so die furchtbarsten Jahre des 17. Jahrhunderts.

Die geschickte Postmeisterin ist wirklich eine bewunderungswürdige Dame, die das Schlimmste verhindern oder zumindest mindern kann. Auf einem Gobelin bildet sie ein Wirker hoch zu Roß mit einem kunstvoll geflochtenen Pferdeschwanz als ab – stolze Frau im Hermelinmantel und mit einer von einem Putto gehaltenen Grafenkrone über dem Haupt.
Und auch als die Weber 1646 fertig sind, hält Gräfin Alexandrine noch die Fäden in der Hand. Das ändert sich erst, als vier Jahre später Sohn Lamoral Claudius in Braine-le-Château die Gräfin Anna Franziska von Hoorn heiratet. Wieder eine spektakuläre Hochzeit! Die Braut ist nämlich eine Urenkelin des Grafen Philipp von Hoorn, der 1568 von den Spaniern zusammen mit Egmont hingerichtet wird, was Goethe später zu einem seiner schönsten Werke veranlaßt. Bereits 1652 wird Erbprinz Eugen Alexander geboren.
Im Jahr darauf sieht man Lamoral Claudius im Gefolge des Kaisers Ferdinand III. auf dem Regensburger Reichstag. Es ist dies auch die Zeit, in der er die der heiligen Ursula geweihte Familien-Grabkapelle Notre Dame du Sablon prachtvoll ausgestalten läßt. Auf dem Boden sieht man noch heute die Gruftplatte mit der Aufschrift „Ostium Monumenti Familiae Principum La Tour et Tassis. Requiescant in pace."
In diesem Refugium wird Lamoral Claudius auch nach seinem plötzlichen Tod in Antwerpen am 13. September 1676 bestattet. Sein Marmorepitaph bringen die Handwerker an der Wand des Eingangsraumes an. Neuer Postmeister: Sohn Eugen Alexander.
Jetzt geht der Vorhang auf zu einer krachenden und knisternden Komödie, die alle Elemente eines spannenden Dramas enthält: Mätressen, Mesalliancen, Machenschaften und Mordanschläge. Mit Eugen Alexander eingangs dieser Ära vernehmen wir eine vielverheißende und hinreißende Ouvertüre zu diesem Spektakel. 1678 heiratet Eugen Alexander, der kaum Deutsch spricht, in Wien Anna Adelheid von Fürstenberg-Heiligenberg. Ein reizendes Fräulein, dessen Oberweite und Unterhaltung gepriesen werden! Ihre Haarpracht ist verlockend, ihre Mehrsprachigkeit nicht minder. Sie empfängt viele Komplimente und das, worauf der Ehemann von Anfang an wartet. 1681 gebiert sie in Brüssel Sohn Anselm Franz. Das ist die gute Nachricht.

Die schlechte: Kaum ist der Bub sechs Jahre alt, da zerstören in einem vierzigstündigen Bombardement die Franzosen große Teile der Taxisschen Residenzstadt Brüssel. Was aber für den Postmeister noch schlimmer ist: Der weitere Kriegsverlauf unterbricht die Verbindungen zwischen den Niederlanden und dem Reich. Reihenweise werden Postämter samt Rössern und Reisewagen zur Beute der Feinde.
In dieser tristen Zeit wird sich Eugen Alexander so richtig bewußt, daß sein Wohl und Wehe allein vom Kaiser in Wien abhängt. Nur er kann ihm helfen. So werden viele Überlandreisen unternommen, um in seiner Nähe zu sein. Im Januar 1690 sieht man den Grafen in Augsburg, wo der zwölfjährige Kaisersohn Joseph zum König erhoben wird.
Im Gedränge um Ehre und Nichtigkeiten trifft der Taxis-Postler auch den Propst von Aufhausen, Johann Georg Seidenbusch, der oft am Kaiserhof in Wien weilt. „Ein grosser Liebhaber der Geistlichkeit", so charakterisiert der Prälat den Partner.
Fünf Jahre später schon befördert der Kaiser dann Eugen Alexander eine Sprosse höher auf der Adelsleiter, um die sich das ganze (oft sehr spärliche) Denken der Stände und Emporkömmlinge dreht. Die Thurn und Taxis sind Fürsten.
Doch jetzt wirbelt die große Politik wieder alles durcheinander. 1701 bricht der Spanische Erbfolgekrieg aus. Sofort werden die Niederlande und die Hauptstadt Brüssel von den Franzosen besetzt. Der Taxissche Besitz geht somit verloren. Und noch ein Unglück: Im selben Jahr stirbt die erste Fürstin Anna Adelheid, Mutter von zehn Kindern.
Partner-, heimat- und mutlos ist der Postmeister geworden. In der Kutsche seines Unternehmens reist er nach Frankfurt. Hier muß es weitergehen, hier vermietet ihm Johann Matthäus Merian, der Enkel des berühmten Kupferstechers, das Haus „Zu den Drei Königen" am Paradeplatz. Den Sommer verbringt der Fürst und Postmeister am Mainufer an der Windmühle. Das dortige Gartenhaus dient später (1748) der siebzehnjährigen Catharina Elisabeth und dem achtunddreißigjährigen Johann Caspar Goethe als Hochzeitshaus.

Der erste Fürst: Eugen Alexander (1652–1714)

Wider alle Erwartungen faßt die fremde Familie im neuen Domizil schnell Fuß. Schon 1703 lichten sich die Wolken. In diesem Jahr wird nämlich zunächst einmal Doppelhochzeit gefeiert. Der nunmehr einundfünfzigjährige Eugen Alexander heiratet in zweiter Ehe die Gräfin Anna Augusta von Hohenlohe-Langenburg-Schillingsfürst. In Wien führt sein Sohn Anselm Franz die Fürstentochter Maria Ludovica von Lobkowitz an den Traualtar. Ihr Vater amtiert als Prinzipalkommissar am Immerwährenden Reichstag in Regensburg.

Bereits im Jahr darauf kann man wieder anstoßen. In Frankfurt gebiert die Erbprinzessin einen Sohn, den nachmaligen Fürsten Alexander Ferdinand. Zwei Jahre später (1706) erblickt Maria Augusta, die einmal Herzogin von Württemberg werden soll, das Licht der Welt. 1710 folgt dann Christian Adam (späterer Kapitular der Kölner Metropolitankirche). 1711 läuten dann aber die Trauerglocken: Nach nur achtjähriger Ehe stirbt Fürstin Anna Augusta.

Dazu noch im selben Jahr eine arge Blamage anläßlich der Kaiserwahl! Der selbstbewußte Eugen Alexander glaubt, den Vortritt vor dem Grafen von Nassau beanspruchen zu können. Doch dieser packt den fürstlichen Postmeister kurzerhand beim Arm und komplimentiert ihn höchst energisch unter dem Gelächter der Anwesenden nach hinten. Der Graf schnauzt den so Gedemütigten an: „Ihr müsset wissen, mein Herr, daß Printzen wie ihr seyd, hinter Grafen, wie ich bin, gehen müssen."

Drei Jahre nach diesem Eklat stirbt der erste Fürst von Thurn und Taxis im Alter von zweiundsechzig Jahren in Frankfurt, wo er neben seiner zweiten Frau in der Bartholomäuskirche bestattet wird. In seinem Testament verfügte er, daß der Hausbesitz unteilbar ist.

Dieser Besitz geht 1714 in die Hände seines dreiunddreißigjährigen Sohnes Anselm Franz über. Ein Mann, der gerne feiert und repräsentiert, der trotz aller Widerwärtigkeiten der Zeitläufe dem Leben die bequemen und angenehmen Seiten abzugewinnen sucht! An seiner Seite steht eine charmante Frau. „Eine sehr liebreiche Princeßin, welche gewiß vor eine Königin genugsame herrliche Eigenschaften und Verstand besitzet." So lautet das Lob, das aus der Feder des berühmt-berüchtigten Reiseschriftstellers Carl Ludwig von Pöllnitz stammt.

Zunächst lebt man vergnügt in Frankfurt. Nach dem Spanischen Erbfolgekrieg zählt man dann allerdings wieder zu den Spitzen in Brüssel. Anselm Franz versucht dort sofort, an das Gepränge der Vorfahren anzuschließen. „Wenn dieser Herr zu Brüssel ist", so berichtet Pöllnitz, „führet er sich über die maßen kostbar und prächtig auf, sein Hauß stehet allen und jeden Personen von gutem Herkommen offen, und ist es ein rechter Zufluchts-Ort vor Fremde."

1717 unterbricht den Festtagsrausch die Nachricht vom Tod Inigos, des Bruders von Anselm Franz. Der Einunddreißigjährige erliegt in diesem Jahr als kaiserlicher Oberstleutnant bei der Belagerung von Belgrad seinen „vielen empfangenen Wunden und tödlichen Blessuren" und wird in Peterwardein bestattet. Er ist der „Prinz Ludewig" in dem populären Lied „Prinz Eugen, der edle Ritter". In dem um 1719 entstandenen Lied heißt es:

> Prinz Ludewig, der mußt aufgeben
> Seinen Geist und junges Leben,
> Ward getroffen von dem Blei.
> Prinz Eugen war sehr betrübet,
> Weil er ihn so sehr geliebet;
> Ließ ihn bringen nach Peterwardein.

Unter den gefallenen höheren Offizieren, die in der Franziskanerkirche von Peterwardein beigesetzt sind, befindet sich nur der Taxis-Sproß.

Nach dem Trauerfall wird dann Anselm Franz immer deutlicher bewußt, daß er in der Residenz seiner Väter nicht länger bleiben kann. Brüssel ist nicht mehr Mittelpunkt des Postwesens, das niederländische Postgeneralat ging inzwischen verloren. Überdies äußert der Kaiser die Meinung, die Taxis gehörten wieder verstärkt in das Reich. So benachrichtigt Karl VI. am 19. September 1724 den Rat der Reichsstadt Frankfurt höchstpersönlich, daß die Post ab zu ihr geht. Die Kommune, so argumentiert der Habsburger in Wien, beherberge nämlich „eine der vornehmsten kaiserlichen Poststationen".
Frankfurt, das ist die Wahl- und Krönungsstadt und die Handelsmetropole des Reichs. Papst Pius II. nannte sie im 15. Jahrhundert „das Herz des Verkehrs zwischen Ober- und Niederdeutschland", für Hans Sachs war sie „die Mutter aller Handelsgewerbe". Pöllnitz hält sie für „eine der wichtigsten Städte in gantz Deutschland". Und Frankfurts berühmtester Sohn, Johann Wolfgang Goethe, urteilt: „Immer sich kreuzende Fremde deuten nach allen Weltgegenden hin."
Kaum liegt nun die kaiserliche Post im Rathaus, passiert etwas Unerwartetes: Bürgermeister und Rat dieser hochgelobten und freien Reichsstadt wollen die Annahme des Postmeisters verweigern. Dessen Hof, so heißt es in einer Eingabe an den Kaiser, würde die der Stadt „allergnädigst verliehenen Privilegia" nicht achten und zu schmälern versuchen. Außerdem müsse das katholische Fürstengeschlecht für ewige Zeiten ein Fremdkörper in der protestantischen Stadt bleiben.
Wie berechtigt das ungute Gefühl der Frankfurter ist, soll sich schnell erweisen. Zunächst einmal tritt ein Frauenzimmer des Taxis-Hauses nachhaltig in Erscheinung. Die Fürstentochter Maria Augusta, ein attraktives Mädchen, 1706 in Frankfurt geboren und somit achtzehn Jahre jung, reizt die braven Bürger. Ihr Stand, ihr Geld und ihre Schönheit machen sie bald zum bekanntesten Fräulein im Reich. Baronin Oberkirch behauptet sogar, daß „deren Reize und Anmut ganz Europa kennt". Und sie fährt fort: „Die muntere Gemütsart dieser Prinzessin, voll von Lebhaftigkeit, ja selbst von Heftigkeit, ihre glühende Leidenschaftlichkeit beschäftigten die Chronik der deutschen Höfe. Man maß ihr viele Schwächen bei.

Bauherr des Frankfurter Schlosses: Anselm Franz (1681–1739), 2. Fürst

Ich weiß nicht, ob sie Grund zu dieser Meinung gab. Was ich aber weiß, ist, daß sie die reizendste, verführerischste der Frauen war."
Und diese Dame beschäftigt jetzt ganz Frankfurt. Sie zieht Abend für Abend singend durch die stillen Gassen, belästigt die Stadtbediensteten, bläst statt der ihr von seiten der Frankfurter zugemuteten Trübsal laut ihre Trompete und reißt so die Einwohner aus dem Schlaf. Empörte Passanten läßt sie auspeitschen. Sieht der Backfisch aber ernste Gefahren, stellt sich schnell heraus, daß er mit allen Wassern gewaschen ist und schnell irgendwo im Frankfurter Häusermeer verschwindet.
Während die Ratsherren noch gegen das Mädchen beim Kaiser protestieren, erwirbt der Vater heimlich, still und leise über einen Mittelsmann ein Grundstück an der Großen Eschenheimer Gasse. Jetzt zeigt es sich, der Magistrat beginnt an Boden zu verlieren. Und zwar in mehrfacher Hinsicht. Auf seinem Grund baut der Fürst nämlich ohne langes Zaudern einen der prunkvollsten Adelspaläste Europas. Dazu holt er 1727 den großen französischen Hofarchitekten Robert de Cotte, den Lehrer von Cuvilliés und Balthasar Neumann, zu sich.
Aber nicht nur der Fürst jubelt, auch die Bürgerschaft. Im selben Jahr vermählt sich nämlich Prinzessin Maria Augusta, inzwischen einundzwanzig Jahre alt, mit dem württembergischen Herzog Karl Alexander, an dessen Hof der von Wilhelm Hauff und Lion Feuchtwanger beschriebene Jud Süß agiert. Die Reichsstadt Frankfurt ist somit die nächtliche Ruhestörerin los.
Wie sehr die Posthörner des Taxis-Fürsten den Ohren der Frankfurter mittlerweile aber schmeicheln, zeigt der 30. März 1729. Der Rat, dem seit kurzem Goethes Großvater Johann Wolfgang Textor angehört, erklärt sein Einverständnis damit, daß der Fürst „die auf der großen Eschenheimergasse in Frankfurt gelegene Behausung, zum Weidenhof genannt, erb- und eigentümlich an sich kaufen und bewohnen möchten". Welche Wende!
Dieses Jahr 1729 ist für die Dynastie noch in anderer Beziehung denkwürdig. Der achtundsechzigjährige pfälzische Kurfürst Karl III. Philipp heiratet die sechsundvierzigjährige Violanta von Thurn und Taxis. Sie stammt aus der Augsburger Linie, die auf Johann Taxis, einen Bruder von Franz Taxis, zurückreicht.

Violanta, Tochter des Grafen Philipp und seiner Frau Maria Adelheid, hält sich zusammen mit ihren Brüdern Max Emanuel und Joseph Philipp schon länger am Mannheimer Hof auf. Wie Pöllnitz schreibt, ist ersterer Kapitän der Leibgarde und hat „ein jähzornig und hochmüthiges Ansehen". Letzterer gilt als ein „ziemlich beschränkter Mensch", über den sich der Hofnarr ausgiebig lustig macht.

Beider Schwesterherz Violanta dient als Mätresse dem Kurfürsten, dem Mannheim soviel zu verdanken hat. In der Stadt, in der sich später Mozart so wohl fühlt, baut er das Schloß, aus dem man aus eintausendfünfhundert Fenstern schauen kann. Was man dagegen nicht sieht, ist eine Geheimtreppe innen, über die nach den Berichten eines Kammerdieners das „Fräulein Taxis" abends in das Schlafgemach des Kurfürsten schleichen und morgens wieder daraus weichen kann. Violanta trifft dabei alle Vorsichtsmaßnahmen, um ja nicht gesehen zu werden; offensichtlich bringt dies nicht den gewünschten Erfolg. Letztlich verraten auch mehrere Schwangerschaften die heimlichen Begegnungen.

1729 beendet nun plötzlich Karl III. Philipp das Versteckspiel und heiratet seine um zweiundzwanzig Jahre jüngere Geliebte. Die Verwandtschaft des Bräutigams kritisiert diese Eheschließung, weil man die Braut für unebenbürtig hält. Vielleicht wird ihr aber nur angelastet, daß sie zuviel in der Politik mitmischt. Den Hofberichten zufolge trifft nämlich der Kurfürst ohne Violanta keine wichtige Entscheidung. Sogar Kaiser Karl VI. in Wien weiß das und besticht sie. In einer seiner Denkschriften liest man „Gedancken, wie der Churfürst zu Pfaltz, so annoch innerlich gut österreichisch seye, zur garantie der pragmatischen Sanction zu vermögen, dann wie die bey Selbigen alles vermögende Gräfin von Taxis, auch dessen übrige Ministri zu gewinnen seyen". Konkret wird Violanta vom Kaiser in den Fürstenstand erhoben und ihr ein sehr hohes Witwengeld versprochen.

In Frankfurt, um auf die Hauptlinie der Taxis zurückzukommen, beginnen indes Künstler und Handwerker mit den Arbeiten am Schloß. 1731 legt man den Grundstein. Im selben Jahr wird Goethes Mutter Catharina Elisabeth geboren, die sich später oft in dem Luxusbau an der Eschenheimer Gasse vergnügt. 1731 heiratet

auch der siebenundzwanzigjährige Erbprinz Alexander Ferdinand von Thurn und Taxis; seine Auserwählte: die einundzwanzigjährige (protestantische) Sophie von Brandenburg-Bayreuth. Diese Hochzeit bietet den Zeitgenossen erstmals in der Geschichte des Hauses einen ergiebigen Stoff zum Tratschen, Spekulieren und Verunglimpfen. In Memoiren, Briefen und Gesandtendepeschen hallen die verschiedenen Auffassungen wider. Auf der einen Seite ehelicht zwar der Bruder der Braut (Friedrich) noch im gleichen Jahr 1731 Wilhelmine (von Bayreuth), die geistreiche Schwester des nachmaligen Preußenkönigs Friedrich II. Doch andererseits hat man sich für den Sohn und Erbprinzen des Postmeisters eine bessere Partie vorgestellt.
Um die Auseinandersetzungen verstehen zu können, muß man wissen, daß noch der Großvater der Taxisschen Braut, Christian Heinrich von Brandenburg-Bayreuth, ein bettelarmer Mann war, der auf die Erbfolge in der Markgrafschaft verzichten mußte: Er war nämlich – gegen alle Etikette – mit der Tochter des Grafen Albrecht von Wolfstein aus der oberpfälzischen Ortschaft Sulzbürg (bei Neumarkt) eine Liebesheirat eingegangen. Unmutig zog er sich daraufhin in eine Kleinstadt zurück, wo er sich anstrengen mußte, seine vierzehn Kinder zu ernähren.
Sein Sohn Georg (Vater der Taxisschen Braut) war dann fest entschlossen, sich das Land zurückzuholen. Er lebte wie „ein schlichter Bürger“ und besuchte in regelmäßigen Abständen die deutschen Fürstenhöfe, um sie für die Wiedereinsetzung seiner Familie in die Markgrafschaft zu gewinnen. Da schließlich der dort regierende Herr ohne Erben starb, kam Georg dann doch an die Reihe. Aber nicht nur diese Vorgänge sind jetzt Punkte des Klatsches, auch das protestantische Bekenntnis der Braut. Zudem hat man ein heikles Detail erfahren – ihr Vater soll in die Eheschließung nur unter der Bedingung eingewilligt haben, daß seine Tochter Sophie evangelisch bleiben darf.
Doch daran hält man sich im Hause Taxis nicht. Fürstin Maria Ludovica bearbeitet die Erbprinzessin systematisch, ihr Seelenheil nicht zu verspielen und deswegen katholisch zu werden. Man spart nicht mit Druck und Drohungen. Als der Vater der jungen Frau dies erfährt, reist er nach Frankfurt, „um diesem schönen

Plane ein Ende zu machen", wie Wilhelmine von Bayreuth in ihren Denkwürdigkeiten erzählt. Doch er kann überhaupt nichts ausrichten. Am 17. März 1733 schwört die schwangere Sophie vor dem Mainzer Erzbischof ihrem angestammten Glauben ab. Die Sensation des Jahres ist perfekt.

Mit am meisten provoziert fühlt sich jetzt die protestantische Mainmetropole. Wilhelmine schreibt dazu: „Die Stadt Frankfurt sei über diesen Schritt so erbost, daß sie ihr hätte sagen lassen, die Einwohner würden, wenn sie es wagte, einen Fuß auf ihr Gebiet zu setzen, die ganze Familie ermorden und ihren Palast niederreißen."

Der Vater der Konvertierten ist tief enttäuscht und sucht beim Tanzen Ablenkung. Um seinen „Verdruß zu zerstreuen", so teilt Wilhelmine weiter mit, geht er nach Neustadt bei Erlangen. „Dort betrank er sich von früh bis abends."

Fast ebenso schlimm rastet seine Tochter aus. Die unglückliche Frau, so erzählt Wilhelmine, plagen „furchtbare Gewissensbisse". Mehrmals versucht sie, sich aus dem Fenster in den Tod zu stürzen. Inmitten ihrer Depressionen bringt Sophie am 2. Juni 1733 Erbprinz Carl Anselm zur Welt, der einer der markantesten Taxis-Fürsten werden soll. Im Jahr darauf kommt in Stuttgart die württembergische Herzogin Maria Augusta, die früher in Frankfurt für soviel Aufregung sorgte, mit einem Mädchen nieder. Es ist Augusta Elisabeth, die später einmal diesen Erbprinzen Carl Anselm von Thurn und Taxis heiraten soll.

In diesem Jahr 1734 übermitteln Kuriere aus Mannheim die Nachricht vom Tod Violantas nach Frankfurt. Da herrscht nicht wenig Aufregung, als sich jetzt Kurfürst Karl III. Philipp auch öffentlich zu seiner dritten Frau bekennt und erklärt, er habe sie zur linken Hand „im Angesicht der Kirche" (in facie ecclesiae) geheiratet. Der Witwer läßt sie in der Mannheimer Schloßkirche bestatten und auf ihr Epitaph schreiben, daß sie „eine fruchtbare Mutter vieler Tugenden" gewesen sei.

Das Jahr 1734 ist für die Dynastie aber noch aus anderem Grunde denkwürdig. Für einhundertfünfzigtausend Gulden kauft Anselm Franz die schwäbische Herrschaft Dischingen und das Schloß Trugenhofen (später Schloß Taxis). Damit arrondiert er seine 1723 erworbene Reichsgrafschaft Eglingen und den Weiler Osterhofen.

1735 schließlich gelingt dem Postmeister eine abermalige Vergrößerung. Duttenstein/Demmingen/Wagenhofen gehen in seinen Besitz über. Anselm Franz ist so auf dem Höhepunkt seiner Macht. Mit dem Gütererwerb in Schwaben fällt neuer Glanz auf sein Haus. Die souveräne Herrschaft über ein kleines Reich (Duodezfürstentum), wie wir es aus den Märchen der Gebrüder Grimm kennen, wird Wirklichkeit.
1737 steht dann ein Großereignis bevor. Ein Teil des Palastes in Frankfurt kann in diesem Jahr von Anselm Franz bezogen werden. Es ist ein Stadthaus, das Königen zur Ehre gereichte. Bernardini, der viel im Mannheimer Schloß malt, arbeitet am „Titanensturz" an der Decke des Treppenhauses und am Altarbild („Heilige Familie") in der Kapelle. Luca Antonio Colombo aus Lugano, der auch für den Prinzen Eugen tätig ist, vollendet kurz vor seinem Tod das mit mythologischen Szenen versehene Kuppelfresko des runden Mittelsaales und ein Deckenbild in einem anderen Saal. Anton Zoffany aus Böhmen schließlich, dessen Sohn später Schloß Trugenhofen verschönern soll, leitet in seiner Werkstatt die vielen Schnitzarbeiten für den Palazzo.
Im Jahr der Einweihung stirbt in Ludwigsburg der Schwiegersohn des Fürsten, Karl Alexander von Württemberg. In zehn Ehejahren schenkte ihm seine Frau Maria Augusta sechs Kinder, darunter die drei württembergischen Herzöge Karl Eugen, Ludwig Eugen und Friedrich Eugen und die Tochter Augusta Elisabeth, die später nach Regensburg heiraten soll und von der wir noch viel hören werden.
Der verstorbene Karl Alexander, so schreibt Lion Feuchtwanger in seinem Roman „Jud Süß", sei zu seiner Frau so grob gewesen, daß sie drohte, zu ihrem Vater Taxis zurückzukehren. Feuchtwanger: „Worauf Karl Alexander roh erwiderte, an diesem Tage werde er alle Glocken läuten lassen, Böller schießen und jedem Untertan Wein und Braten spendieren. Dem alten, feinen Fürsten Thurn und Taxis kam das Zerwürfnis höchst ungelegen. Schön, seine Tochter hatte sich ein weniges mit einem englischen Herrn amüsiert. Warum soll man sich nicht mit einem Engländer amüsieren?"
Das ist zwar eine Passage aus einem Stück der Weltliteratur, doch, was den Inhalt angeht, genauso erfunden wie das, was von 1737 an

im Taxisschen Schloß italienische und französische Schauspieler in ihren Stegreifaufführungen von sich geben. Da geht es vor einem erlesenen Publikum um leichte und seichte Literatur, um Stücke mit tollen und frivolen Frauen, Gott Amor, intriganten Tanten und vielen Zufällen. Frankfurt wird durch das Theater am fürstlichen Hofe jedenfalls nur noch interessanter und internationaler.
Anselm Franz freilich ist nur noch eine kurze Zeit in seinem Schloß vergönnt. Er stirbt Anfang November 1739 in Brüssel und wird als letzter Fürst der Dynastie in der Ursulakapelle von Notre Dame du Sablon bestattet. Ja, und die Grabplatte dieser Familiengruft senkt sich im selben Jahr auch über seine Schwiegertochter Sophie, die in eine immer auswegloser werdende geistige Umnachtung geriet.

Unter dem neuen Fürsten Alexander Ferdinand kann der Taxis-Palast an der Eschenheimer Gasse vollendet werden – ein Prachtbau mit einhundertvierzig Sälen und sehr viel Gold an den Wänden und Spiegeln und Möbeln. Zum Ärger der Reichsstadt Frankfurt übt der Hausherr dort über fünfzig Beamte, die aus Brüssel stammen, die Gerichtsbarkeit aus. Einhundertsechzig Diener, Lakaien, Pagen, Heiducken und Köche und ein eigenes Orchester sorgen für Gaumenfreuden, Ohrenschmaus und heitere Augenblicke. Im Marstall stehen achtzig Pferde, in den Remisen Prunkkutschen und -schlitten.

Doch das alles befriedigt den neuen Fürsten nicht. Er versucht sein Glück in der großen Politik. Was passiert? 1741 wird in Frankfurt der bayerische Kurfürst Karl Albrecht gegen die vehementen Einwände der Habsburger zum Kaiser (Karl VII.) gewählt und gekrönt. Der Wittelsbacher läßt sich zwar wie kein Imperator vor und nach ihm feiern, doch mit dem Marsch ihrer Soldaten über den Inn nach Bayern zeigen ihm die Österreicher seine Grenzen.

Das hätte Alexander Ferdinand von Thurn und Taxis zu denken geben müssen, als ihm der „Kaiser ohne Land“ den Vorschlag macht, sein Vertreter und Vertrauter am Immerwährenden Reichstag in Regensburg zu werden. Doch der Postmeister sagt zu und läßt sich so zum Gegner der Habsburger abstempeln. Unverzüglich begibt er sich 1743 an die seit 1663 tagende Reichsversammlung.

Regensburg, das ist im 17. und 18. Jahrhundert ein internationaler Treffpunkt von Gelehrten und Gauklern, Grisetten und Glücksspielern, Journalisten und Juristen, Kaisern und Künstlern. Hier geraten Diplomaten aus ganz Europa aneinander. Viele beginnen am Reichstag eine große Karriere, andere beenden sie hier wie beispielsweise die Deputierten der russischen Zaren, die ihre unliebsamen Adeligen gerne nach Regensburg in die Verbannung schicken. Doch ansonsten macht jeder, der etwas auf sich hält, in Regensburg Station: Goethe (Vater und Sohn), Mozart, Arndt,

Vertreter und Vertrauter des Kaisers:
Alexander Ferdinand (1704–1773), 3. Fürst

Haydn, Schubart, Hölderlin. Der englische Dichter und Diplomat George Etherege charakterisiert die Stadt als „eine der schönsten und gesittetsten in Deutschland".

Auf diesem hochgelobten Boden zeigt sich Alexander Ferdinand gleich von der kaisertreuen Seite. So weigert er sich 1744, die von Karl VII. verbotenen Zeitungen durch seine Posten zustellen zu lassen. Skrupellos werden auch Briefe geöffnet.

Den Inhalt kann er aber kaum weiterleiten. Denn schnell vergeht der Traum von der großen Karriere. Mit dem Tod des Kaisers im Januar 1745 erlischt auch das Prinzipalkommissariat. Der neue Kaiser Franz I. von Lothringen schickt den Fürsten postwendend nach Frankfurt zurück, so zornig ist er.

Kaum ist der Fürst wieder daheim, betreibt er seine Rehabilitierung. Er hat gelernt: Ohne Wien hat alles keinen Sinn. So macht er ganz auf Familie und freit eine Verwandte des Kaisers. Bereits im März 1745 führt er in Paris die einundzwanzigjährige Charlotte Louise von Lothringen an den Traualtar. Diese Ehe dauert zwar keine zwei Jahre, doch das Vermächtnis der Frau bringt neue Macht. Kaum ist nämlich das Trauerjahr vorbei, ereilt ihn aus Wien die Frohbotschaft, daß er wieder Prinzipalkommissar in Regensburg werden kann.

Diese Neubestellung des Postmeisters entfacht sofort eine rege diplomatische Tätigkeit – es geht um den Rang der Mutter. Der österreichische Gesandte berichtet im Januar 1748 die Problematik an den Kaiserhof: „Die Ankunft der alten Fürstin von Taxis dörfte zu vielen Verdrüßlichkeiten anlaß geben, dann der Mutter eines Kayserl. Herrn Principal-Commissarii einen besonderen und vorzüglichen Rang zu geben, wäre gantz was neu- und ohngewöhnliches."

Diese und ähnliche Fragen interessieren den neuen Prinzipalkommissar vorerst weniger. Er übersiedelt im November 1748 mit Muttern von Frankfurt nach Regensburg. Pauken und Trompeten erklingen, von den Stadtwällen werden Kanonen abgeschossen. Fünf Tage später bekommt Alexander Ferdinand die Ehrengabe der Reichsstadt: „1 Vaß Port a Port, 1 Faß Frontign, 1 Faß Rüdersheimer, 1 Faß Moßler, 3 Wannen Fisch, ein Wagen mit 4 Schaff Habern." Sein Schloß richtet sich der Fürst im Benediktinerkloster St. Emmeram ein, dessen Kirche ein Zeitgenosse ein „gold- und kunstreiches Gottes-Haus“ und einen „Vorhof des Himmels und so vielerley anderer Zierden und Nutz-Verschaffungen“ nennt.

Doch was nützt das schönste Schloß, wenn es die Vernunft aussperrt? Kaum ist der Rang der Mutter zu deren Gunsten geklärt, liegt man sich wegen der größten Nichtigkeiten in den Haaren. So kommt es regelmäßig zum Krach, wenn ein Gesandter mehr Pferde vor seine Kutsche spannt, als ihm laut Protokoll zusteht, den Vortritt eines höherrangigen Kollegen mißachtet oder gar mit schöneren Kleidern als der Nachbar in den Reichstag fährt. Noch 1748 kommt es zu Vorfällen, „welche den rohesten Jenaischen Studenten aus dem ersten Viertheils dieses Jahrhunderts in der Gesellschaft seiner Raufbrüder Ehren gemacht haben würde“, wie man im Staatsbuch des Juristen Bülow liest.

Aus diesem Grund verlegt Alexander Ferdinand seinen Hof auf das umliegende Bauernland und lädt dorthin die Diplomaten einzeln oder in kleineren Gruppen ein. Doch auch diese Invitationen führen zum Fiasko. Da ist der Bamberger Gesandte beleidigt, weil vor ihm der Regensburger Weihbischof zu Tisch gebeten wird. Dieser Geistliche hält es aber seinerseits für eine Sünde wider die Reichstagsgebote, wenn nicht er, sondern der württembergische Deputierte die österreichische Gesandtengemahlin zur Tafel führt. Berge von Protestnoten und nicht weniger als zehn staatsrechtliche Schriftstücke haben allein diese zwei Vorfälle zum Inhalt. Der „Federkrieg“, so liest man in einer Note, „unterdrücke bei manchen in diese Streitigkeit Verwickelten alles Gefühl dessen, was er seinem Charakter schuldig war“. Bülow kommt zu dem traurigen Schluß: „Fürst Alexander Ferdinand von Thurn und Taxis, der möglichst suchte, alle solche Ceremonielstreitigkeiten abzuschneiden, konnte seine Absicht mit seinem besten Willen nicht erreichen.“

Ein bißchen mehr Erfolg hat er mit einzelnen Festen. Und er kann etwas bieten. Da wechseln in einem bunten Reigen die Theater- und Tafelfreuden mit Jagden und Schlittenfahrten, Karten- und Kaffeeabenden. Als Vergnügungsmeister dient ihm Robert Crespel aus Doulai, der ständig von seiner lustigen Mätresse Maria Boyaval begleitet wird.

Crespel und seine „Sultane“, wie man sie nennt, dürfen den Fürsten auch im Sommer nach Schloß Trugenhofen begleiten, wo Ferien gemacht werden. Dann schläft die Donaustadt. „Bey Abwesenheit des Fürsten aber ist Regensburg bey weithem nicht mehr so brillant, als in dessen Anwesenheit es sich vorstellet“, schreibt 1749 Graf Königsfeld, der ehemalige Reichsvizekanzler. In seinem Urlaub besucht der Fürst das eben erworbene Rittergut Ballmertshofen, für das er zweiundsiebzigtausend Gulden berappen mußte.

Dann Trauergeläute! 1750 stirbt die sechsundsechzigjährige „alte Fürstin“ Maria Ludovica. Man bettet sie als erstes Mitglied der fürstlichen Familie in St. Emmeram zur letzten Ruhe.

Im September des gleichen Jahres dann Hochzeitsglocken! Der jetzt sechsundvierzigjährige Fürst Alexander Ferdinand heiratet in dritter Ehe in Regensburg die achtzehnjährige Pragerin Maria Henriette von Fürstenberg-Stühlingen. Acht Tage dauern die Hochzeitsfeierlichkeiten. „Die Gala und prächtigen Tafeln übertrafen jeder Vorstellung und eine herrliche Illumination des Palais und der Ehrenpforte verherrlichten mit vielen abwechselnden Vergnügungen das Ganze“, schreibt der Stadtchronist.

Die Braut wird uns als eine höfliche Person geschildert. Der Tiroler Handschuhhändler Peter Prosch nennt sie in seinen Memoiren „eine liebe, schöne, große und gravitätische Frau“. Im Ehevertrag sichert ihr der um fast zwanzig Jahre ältere Bräutigam „einen fürstenmäßigen Juwel“ zu. Sie erhält achttausend Gulden Morgengabe und Spenadelgeld.

1753 wird abermals zu einem großen Fest geladen. Erbprinz Carl Anselm, der Sohn des Fürsten aus erster Ehe, heiratet die neunzehnjährige Augusta Elisabeth von Württemberg. Der Papst segnet die Vereinigung von Cousine und Cousin ab, und der Himmel senkt sich über zwei glückliche Menschen. Man sieht dem Bräutigam förmlich an, wie er sich der Gunst der Götter erfreut. Da steigt ein graziles und heiteres Mädchen aus der Goldkutsche, das hübsch wie die Mutter ist und eine äußerst geschmackvolle und teure Robe trägt.

Die Taxis sind reich, aber ob sie mit den Ansprüchen dieser Frau Schritt halten können? Der Inhalt der Brautwagen übersteigt alles

Vorstellbare. Da liegen in den Truhen unter anderem achtundzwanzig kostbare Kleider, von denen jedes einzelne ein Vermögen wert ist, Pelzjacken und -mäntel, mit Feh und Hermelin ausgeschlagen, und fünfzig Juwelen, die so wertvoll und schön sind, daß sich damit die junge Kaiserin Maria Theresia brüsten könnte.
In der Hochzeitsnacht (3./4. September) kommt der Erbprinz Carl Anselm aus dem Wundern und Bewundern nicht mehr heraus. Sein traumhaft schöner Engel trägt Pariser Reizwäsche, die mit feinem und reinem Gold bestickt ist. Die Liste der Dessous aus Frankreich liegt noch heute im Fürstlichen Archiv.
Als das Paar nach den Flitterwochen im Herbst in Regensburg einzieht, erzählen sich Bürger und Fremde viel von der Aphrodite aus Württemberg. So eine verehrens- und begehrenswerte Prinzessin verleiht dem Taxisschen Hof Glanz und Gloria, befindet ein Gesandter. Man freue sich allgemein auf die erste Begegnung. Lediglich der Emmeramer Klosterbruder Nonnosus Häckl notiert lapidar und offensichtlich etwas sauer, Bräutigam und Braut sind „unsere Hausgenossen" geworden.
Mit den asketischen Mönchen kommt die lebenslustige Prinzessin denn auch bald übers Kreuz. Man stelle sich folgende komische Szene vor: Um in die Kirche zu gelangen, muß die neue Gattin und Göttin durch den Schlafsaal der Benediktiner, was der Abt ausdrücklich erlaubt. Da rauscht jetzt seit Herbst 1753 Augusta Elisabeth in frechen Kleidern an den zölibatär lebenden Männern vorbei. Das ginge ja noch, sagen sie, aber ihr Betragen! Sie lacht und lästert, kokettiert und provoziert, und ständig ist ihre Zunge in Bewegung. Häckl wird einmal wütend darüber, daß „die Schwaben von Natur aus geschwätzig sind und den Mund nicht halten können".
Und noch eine Stimme sorgt für Ärger: die im Reichstag! Im Jahr nach der Hochzeit erhält nämlich Fürst Alexander Ferdinand einen Sitz in dieser Versammlung. Gerade das aber kränkt viele Mitglieder des fürstlichen Kollegiums, die diesen neuen Statusgewinn der Thurn und Taxis einfach nicht zur Kenntnis nehmen wollen. „In der That", so liest man im Staatshandbuch von Johann Stephan Pütter, „kam es darüber so weit, daß, so oft hernach die Stimme Thurn und Taxis im Fürstenrathe aufgerufen wurde, die

widersprechenden Gesandten weggiengen, und in ihren Protokollen diese Stimme nie mitschreiben ließen."

Ein Unglück kommt selten allein. 1754 eskaliert noch der Streit zwischen Alexander Ferdinand und Konkommissar Palm. Sofort schickt der Fürst einen geharnischten Brief nach Wien. Er sei bereit, so schreibt er, dem Kaiser „alles aufzuopfern, ihm es dannoch eine Ohnmöglichkeit wäre". Das Resümee des Taxis-Fürsten: Im Reichstag könne man mit Palm auf keinen grünen Zweig kommen.

Die Wogen in diesen trüben Gewässern haben sich kaum geglättet, da fließen 1755 viele Tränen. In Turin hat der Tod den einzigen Bruder des Erbprinzen, Friedrich August von Thurn und Taxis, hinweggerafft. Die Dynastie steht somit auf sehr schwachen Beinen. Erbprinz Carl Anselm ist nämlich auch im dritten Ehejahr noch ohne Nachwuchs. Allerdings wird im selben Jahr sein Vater Alexander Ferdinand wieder Vater. Seine junge Frau schenkt ihm die Tochter Maria Theresia, mit der es später sehr viel Ärger geben soll.
1756 trauert man in Regensburg um die einst bildhübsche Taxis-Prinzessin Maria Augusta, die 1727 in Frankfurt den württembergischen Herzog Karl Alexander geheiratet hat. Sie ist die Schwester des Fürsten Alexander Ferdinand und die Mutter der Erbprinzessin Augusta Elisabeth von Thurn und Taxis, von der man jetzt so dringend einen Knaben erwartet. Ein ungewöhnliches Leben ging zu Ende. Als Einundzwanzigjährige heiratete sie nach Württemberg, wo sie als Geschenk ein Kürassier-Regiment erhielt, in dessen Rüstung sie sich gern zeigte und auch malen ließ. Die schöne Ritterin bestach die Männer durch ihren Charme und brach eine Lanze für entrechtete Frauen. Im Taxis-Palast in Brüssel gebar sie als Zweiundzwanzigjährige ihren Sohn Karl Eugen von Württemberg, der sie am Ende ihres Lebens in Göppingen ins Gefängnis steckte. Hier starb sie jetzt – noch keine fünfzig Jahre alt.
Kaum sind die Trauergesänge verklungen, donnert und blitzt es über Regensburg wie seit Menschengedenken nicht mehr. Am Fürstenhof glaubt man an einen Wink Gottes. So läßt Alexander Ferdinand sämtliche Aufführungen der Komödianten verbieten. Der Himmel soll mit der Erde wieder versöhnt werden.
1756 ist auch das Jahr, in dem Alexander Ferdinand dem Bau- und Schreinermeister Anton Zoffany, der schon im Frankfurter Palais mitgearbeitet hat, den Auftrag für den Neubau von Schloß Trugenhofen gibt. Alles soll so schnell gehen, so ordnet er an, „daß bey etwa vor sich gehender Reyß in Schwaben dieses noch könnte bewohnt werden“.

Schloß Trugenhofen bei Dischingen – das ist künftig für den Postmeister eine Raststation. Hier kann er die Regensburger Sorgen vergessen. Noch 1756 pirscht er durch die Wälder und Felder rund um Dischingen. Einer Jagdaufstellung dieses Jahres ist zu entnehmen, daß er an siebenunddreißig Tagen auf alles schießt, was da kreucht und fleucht: Hirsche, Hasen, Wildenten, Waldschnepfen, Marder, Füchse, Otter, Iltisse, Wachteln und Wildsäue.

Als der Handschuhhändler Peter Prosch nach Dischingen kommt, traut er seinen Augen nicht. In seinen Memoiren berichtet er über seine Eindrücke: „Ich sahe allda Heiducken, Läufer und Bediente, und fragte, was dieses für ein Volk sei, und was es bedeute? Man sagte mir, es sei in diesem Schloß ein großer Fürst, nämlich der Fürst Taxis, und viele Herrschaften." Und Prosch fährt fort: „Es wurde zur Tafel geblasen, und wie das Konfekt aufgetragen ward, führte man mich in den Saal. Potz Plunder! was das für ein Gerenn, Geläuf und Gepräng war, auf und ab, hin und her; alles hatte die Hände voll zu tun."

1756 beginnt auch der Siebenjährige Krieg, der dem Fürsten eine Schimpfkanonade einbringt. Einerseits kommt er nicht umhin, wichtige Briefe in seinen Hauptstationen (Schwarze Kabinette) öffnen und abschreiben zu lassen, wie es der Kaiserhof in Wien verlangt. Andererseits weiß er, daß ihn das in einen bösen Mißkredit bringt. So auch bei Friedrich dem Großen! Als es dem Preußen zu dumm wird, schreibt er nach Regensburg, daß er sich die Verletzungen des Briefgeheimnisses verbitte und „diese Treulosigkeit mit den rigoureusesten Repressalien vergelten werde".

Alexander Ferdinand antwortet wahrheitswidrig, daß er von den Betrügereien keine Ahnung habe, was ihm der große Friedrich aber nicht glaubt. Er besteht noch während des Waffenganges darauf, überall in seinem Einflußgebiet die Taxisschen Posten dicht zu machen. Denn er könne unmöglich, das „gegen Mein Postwesen bezeigte, gehässige, unvernünftige und übermüthige Betragen" der Taxis dulden, richtet er dem Regensburger aus.

Und schon erreicht den Fürsten neue Unbill. Im Fasching 1758 droht ihm der Weihbischof seiner Residenzstadt den päpstlichen Bann an, wenn er einen seiner beliebten Faschingsbälle hält. Es hat sich herumgesprochen, daß man dort den schönen Frauen nicht nur die Masken abstreift. Mit einem Interdikt ist gewiß nicht zu spaßen, mit einem Taxis aber auch nicht. Und so entschließt er sich, „dem Wey-Bischof recht zu Tort“ (Regensburger Stadtchronik), die Herrschaften der Stadt zum Mummenschanz zu bitten. Nach den tänzerischen Bewegungen zu den Klängen der Geigen und den intimeren Begegnungen zum Takt der Herzen wartet man auf das Strafgericht. Doch der Weihbischof hat mit seiner päpstlichen Drohung einen Kardinalfehler begangen. Rom weiß von nichts, hört man. Die Glaubwürdigkeit des hohen Geistlichen ist dahin. Der Fürst hängt nun die Blamage der Domkirche genüßlich an die große Glocke.

Und nochmals kann er sich 1758 freuen: Die Schwiegertochter ist zum zweitenmal schwanger. Doch dann die Enttäuschung – sie bringt wieder nur ein Mädchen (Sophie Friederika) zur Welt.

Aber schon im Jahr darauf hofft man abermals. Sowohl die Fürstin als auch die Erbprinzessin erfreuen sich gesegneter Umstände. Am Schluß wieder lange und bange Gesichter! Die Fürstin schenkt der Tochter Josephine das Leben, die Erbprinzessin einem Sohn Franz. Kaum hat man in Regensburg die glückliche Mutter als „Stuttgarts Fürstensonne“ ausgiebig gefeiert, da findet man den Buben tot in der Wiege.

Für die fürstliche Familie bricht eine Welt zusammen. Nach wie vor gleicht der einst blühende Stammbaum einer Trauerweide. Zwei Männer – Vater und Sohn – schaffen mit zwei jungen Frauen einfach keinen lebensfähigen männlichen Nachwuchs. Das Jahr 1759 vergeht, das Jahr 1760. Alle Liebesmühe vergeblich! 1761 ist man verzweifelt.

1762 endlich kann man wieder hoffen. Fürstin und Erbprinzessin sind schwanger. Doch die erste Entbindung löst wieder nur Verzweiflung aus; die Erbprinzessin gebiert Tochter Henrica Carolina. Dann kommt im Herbst die Stunde der Fürstin auf Schloß Trugenhofen. Endlich ist ein Bub da: Heinrich Alexander. Am Wochenbett steht aber schon wieder Gevatter Tod. Der Bub lebt nur kurz.

Das Jahr 1763! Es geht in den „heiligen Eheständen“ beider Taxis erneut wie mit dem Teufel zu. Der Fürst wartet seit dreizehn Jahren, der Erbprinz seit zehn Jahren auf einen Stammhalter. Da gebiert die Erbprinzessin einen Sohn: Alexander Karl. Man bangt und betet. Der kleine Prinz lebt nur zwei Tage.

Das Wettrennen um den Erben geht weiter. Im Frühjahr 1764 können sich die jetzt zweiunddreißigjährige Fürstin und ihre dreißigjährige Schwiegertochter mitteilen, daß die Bemühungen ihrer Männer wieder einmal gefruchtet haben. Mit Spannung und Zittern werden die Erntemonate September und Oktober erwartet. Zuerst stellen sich die Wehen der Erbprinzessin ein. Nach ihnen wieder nur Schmerz! Das Mädchen wird (am 11. September) auf die Namen Friederica Dorothea getauft. Drei Wochen später jubelt Fürst Alexander Ferdinand. Am 2. Oktober liegt der kleine Franz Joseph an der Brust der Fürstin. Während er gesund ist, kränkelt die kleine Friederica Dorothea. Im November findet man sie tot in ihrem Bettchen.

Es kommt das Jahr 1765, aber kein Nachwuchs. Statt dessen stirbt auch noch der kleine Franz Joseph. Nichts im Fürstenhaus ist mehr im Lot. In der Freimaurerloge „Charles de la Constance", so melden die Annalen, sucht der Erbprinz Carl Anselm jetzt die so notwendige Ablenkung.

1766 abermals ein Jahr des Wartens. Es bleibt aber nicht nur der männliche Nachwuchs aus, sondern auch der zehnjährige Wunderknabe Wolfgang Amadeus Mozart, dessen Europareise eben zu Ende geht. Es sei sein dringendes Verlangen, so erklärt Alexander Ferdinand, das Kind aus Salzburg zu hören. Schon hat man die Einladung akzeptiert, da erkrankt der Kleine. Vater Leopold sagt von Augsburg aus ab.

Vielleicht läßt sich der Vater aber auch nur eine Ausrede einfallen. Er mag nämlich die Taxis nicht. Als er vor dreizehn Jahren eine Schmähschrift gegen einen Vertreter der Augsburger Linie der Thurn und Taxis verfaßt hat, wurde er vor den Kapitel-Syndikus zitiert, der ihn zwang, Abbitte zu leisten, „widrigenfalls derselbe zur ganz wohlverdienten Strafe in das Stockhaus verwiesen würde". So etwas vergißt man natürlich nicht.

Indes ist für Alexander Ferdinand diese Dissonanz mit den Mozarts so schlimm auch wieder nicht. Gravierendere Probleme drängen. Auch 1767 kann man am Fürstenhof in Regensburg kei-

ne Hebamme rufen. 1768 ebenso Fehlanzeige! Zu allem Unglück erkrankt in diesem Jahr die Erbprinzessin schwer.
In Regensburg ist man am Tiefpunkt. Eine bettlägerige Augusta Elisabeth muß man schonen, und die Fürstin geht schon auf die siebenunddreißig zu; die Geburten werden riskanter. Doch, siehe da, 1769 gebiert sie wieder einen Knaben (Maximilian Joseph). Der inzwischen fünfundsechzigjährige Vater Alexander Ferdinand weiß, wenn dem Kleinen nichts geschieht, kann er einmal Fürst von Thurn und Taxis werden.
Da die leibliche Frucht des Paares kerngesund ist, wird sofort ein großes Fest gefeiert. Der kurbayerische Gesandte Schneidt berichtet am Tauftag nach München: „Abents bey der zahlreichen Gesellschaft seynd die maisten gesandten in galla erschienen, und haben der Fürstin ihren Glückwunsch abgestattet.“ Diese Zeilen werden am 12. Juni 1769 geschrieben.
Erbprinz Carl Anselm und seine Frau wissen jetzt, daß dieses freudige Ereignis für sie aller Voraussicht nach traurig enden kann. Nicht sie führen die Hauptlinie weiter, sondern der alte Vater und seine dritte Frau. Immerhin ist Augusta Elisabeth jetzt schon fünfunddreißig.
Da kann sie zwei Wochen nach der großen Taufe des kleinen Maximilian Joseph ihrem Mann abermals ein süßes Geheimnis anvertrauen. Sie ist erneut guter Hoffnung. Eine der letzten Möglichkeiten, nach sechzehn Ehejahren zu einem Stammhalter zu kommen!
Im Februar 1770 wird mit der Niederkunft gerechnet. Wieder nur ein Mädchen? fragt der Vater. Dann die Überraschung! Die Erbprinzessin hat einen Buben zur Welt gebracht. Er erhält die Namen seines Großvaters mütterlicherseits: Karl Alexander.
Im Sommer 1770 können Carl Anselm und seine Augusta Elisabeth unbeschwert Sommerferien in Württemberg machen, wo der namensgebende Großvater einmal Herzog war. Sie besuchen dessen Sohn, den württembergischen Herzog Karl Eugen, der 1728 im Taxis-Palast in Brüssel das Licht der Welt erblickt hat und der Bruder der Regensburger Erbprinzessin ist. Man schießt auf der Jagd auf zwanzig Hirsche. Die junge Mutter zielt gut, stellt ihr Mann fest, Jahre bevor sie auf ihn selbst eine Kugel abfeuern wird.

Nach dem Halali haben die fürstlichen Jäger das Städtchen Ludwigsburg im Visier, wo man sich abermals prächtig amüsiert.
In Frankfurt indes tritt Goethes Jugendfreund Johann Crespel als Archivar in den Dienst des Fürsten. Als er sich später einmal kurz in Regensburg aufhält, fragt ihn seine Schwester Katharina (nach Goethe „der Jungfrauen-Flor“) brieflich nach den Regensburgerinnen: „Sind sie schön, sind sie artig, verständig galant?“
Dieses Jahr 1770 ist aber noch aus einem ganz anderen Grund bemerkenswert. Mozart trifft sich in Italien jetzt wirklich mit einem Taxis-Sproß. Doch Michael von der Augsburger Linie behandelt ihn wie einen dahergelaufenen Gassenjungen. Damit haben die Taxis bei dem Musiker endgültig ausgespielt. Welchen Glanz hätten sie erlangen können, wenn sie dieses Genie engagiert hätten! Ein Klagelied!
1772 kündigt sich in Regensburg erneut ein freudiges Ereignis an. Die jetzt achtunddreißigjährige Erbprinzessin kommt wieder mit einem Buben (Friedrich Johann) nieder. Die Dynastie scheint somit gerettet zu sein.
Doch jetzt schlägt die Geburtsstunde der Zwietracht. Die Erniedrigung der beiden Frauen zu Gebärsklavinnen und ihre gnadenlose Konkurrenz untereinander über Jahre hinweg haben den Frieden im Haus zerstört. Als 1772 der nachmalige preußische Staatskanzler Hardenberg in Regensburg weilt, stellt er dies auch fest. „Wenn der alte Fürst Ceremonien-Tafel hielt, so erachteten sie (Erbprinz und Frau) es nicht für ihre Pflicht, dabei zu erscheinen und gaben in ihrer Behausung ihr eigenes Mittagsmahl.“ Spezielle Probleme habe der Fürst mit der „vornehmen Schwiegertochter“.
Nach der Zwietracht schreitet auch noch die Trauer über die fürstlichen Schwellen. Im Sommer 1772 stirbt die Fürstin Maria Henriette im Alter von gerade mal vierzig Jahren. Nur neun Monate später folgt ihr der Ehegatte, genau am 17. März 1773. Wie Schneidt an den Münchner Hof schreibt, habe sich der Fürst „noch am verwichenen Samstag wohl befunden, und in der Gesellschaft erschienen, Montags darauf aber erkrancket“.
„Nach dreitägiger Aussetzung der Leiche“, so heißt es in einer weiteren Depesche nach München, wird Alexander Ferdinand „nachher St. Emmeram in die St. Wolfgangs Gruft unter Ein-

segnung des schon cum Infula mit dem Conduct gegangenen dasigen abbten und Fürsten zur Erde bestattet". Der Leichenzug besteht aus neunundsiebzig Gruppen. Den Auftrag für das mehrere Meter hohe Epitaph im Hinterteil der Kirche erhält Bildhauer Simon Sorg.

Die schönste Würdigung des Fürsten stammt wohl von Peter Prosch, dem Tiroler Handschuhhändler: „Alles lebte bei diesem Hofe und war vergnügt. Leute, die er auch nicht brauchte, fanden bei ihm Brot, und er war in vielen Ländern berühmt: kurz, es war nur Ein Fürst Taxis."

Zu den markantesten und bekanntesten Gestalten des 18. Jahrhunderts gehört in Deutschland Carl Anselm von Thurn und Taxis, der nach dem Tod des Vaters vom Kaiser zum neuen Prinzipalkommissar am Immerwährenden Reichstag bestellt wird. Ihn kann man ohne Übertreibung den Prototypen eines aufgeklärten Barockfürsten nennen. Er gilt als eitel und ausschweifend, als Liebhaber schöner Musik, langer Jagden, rauschender Ballnächte, hübscher Frauen und teurer Roben. Gleichzeitig schildern ihn die Zeitgenossen nicht nur als reich, sondern auch als hilfreich.
Carl Anselm hängt als treuer Katholik an seiner Kirche und als Freimaurer am Zeitgeist. Immer interessiert er sich für den technischen und medizinischen Fortschritt. Mit seiner Vorliebe für blutige Tierhatzen und protzige Auftritte, mit seinem unerträglichen Männlichkeitswahn und Dynastiegehabe treten allerdings auch weniger schöne Eigenschaften zutage. Von Rechtsangelegenheiten versteht er nichts, behaupten einmütig die Juristen. Gegenüber fremden Frauen kann man sich keinen angenehmeren Partner als ihn vorstellen, schreiben die Gesandten an ihre Kommittenten.
Vor allem dirigiert er einen Hof, an dem die Musikpflege europäische Bedeutung erlangt. Für ihn musizieren und komponieren der Straßburger Theodor Schacht, der zweiundzwanzig Symphonien schreibt und später Napoleon begeistern wird, dann der Böhme Franz Pokorny, aus dessen Feder gar einhundertneun Symphonien fließen, weiter der Linzer Joseph Riepel, von dem mehrere Werke bis vor kurzem Mozart zugeschrieben wurden, ferner der Nürnberger Johann Küffner, Spezialist vierhändiger Klaviermusik. Diesen Kreis erweitern noch der Franzose Joseph Touchemolin, der die zauberhafte Oper „Orlando furioso“ komponiert, und nicht zuletzt der überragende Intendant Schikaneder, der Librettist der „Zauberflöte“ von Mozart.
Das sind Namen, die man damals kennt und anerkennt, was die Loblieder der Zeitgenossen eindrucksvoll zeigen. Wahrscheinlich hört auch Mozart das Taxissche Orchester. Jedenfalls berichtet er,

Freund schöner Frauen und Feste: Carl Anselm (1733–1805), 4. Fürst

in Regensburg einer „göttlichen Tafelmusik“ gelauscht zu haben. Der Aufklärer Johann Pezzl rühmt Carl Anselms „schönes Orchester“, Schubart aus Württemberg, den Carl Anselms Schwager Karl Eugen später auf dem Hohenasperg interniert, berichtet, daß der Taxis-Hof „durch die Tonmusik Aufsehen erregt“. Für den Hamburger Jonas Ludwig Heß ist die „Capelle des Fürsten vielleicht eine der besten in Deutschland“. Daß die „auserlesensten Meister“ dem Orchester angehören, erklärt die *Allgemeine Literatur-Zeitung*, die in Jena erscheint.
Natürlich fördert den guten Ton in seinem Hause immer frohgestimmt der Fürst selbst, von Haus aus ein exzellenter Musiker! Er zieht sich gerne in seinen Musiksaal zurück, in der Regensburger Schottenkirche begleitet er Jahr für Jahr in den letzten Tagen der Karwoche die „Lamentationen“ auf der Orgel. Bei Festen in Gesandtenkreisen setzt er sich öfter an das Klavichord. Auf diesem Instrument, so erzählt Schubart, „spielen die Prinzessinnen wie Engel“.
Geprägt wird der Taxis-Hof aber auch von vielen Forschern. In Regensburg leben Pastor Jakob Christian Schäffer, der 1765 das Holzstoffpapier erfindet, Star-Jurist Johann Philipp Ostertag (Verfasser vieler Bücher) und die beiden Botaniker Kaspar Maria von Sternberg und David Hoppe. Letzterer gründet in der Reichsstadt die erste botanische Gesellschaft der Welt. Schließlich begegnet Carl Anselm in St. Emmeram tagtäglich Wissenschaftlern von europäischem Rang. Abt Frobenius Forster ediert die Werke des Angelsachsen und Ratgebers Karls des Großen, Alkuin. Sein Nachfolger Coelestin Steiglehner ist ein berühmter Physiker, der als Professor an der Universität Ingolstadt erstmals in der deutschen Geschichte Vorlesungen in Meteorologie hält. Schließlich forschen in St. Emmeram noch Johann Baptist Enhueber, der die Werke des um 780 geborenen Erzbischofs von Mainz, Rhabanus Maurus, bearbeitet, und Heinrich Mayer, der bedeutendste Numismatiker Süddeutschlands.
Vor diesem Hintergrund muß man auch Carl Anselms ersten Erlaß sehen. Kaum ist die Druckerschwärze der Nachrufe auf seinen Vater trocken, ordnet er seine vielen Bücher für seine Bibliothek. Nach dem Abschluß dieser Tätigkeit öffnet er als einer der ersten

deutschen Fürsten uneigennützig seinen Schatz der Öffentlichkeit und trägt sich so in das Buch der Geschichte ein.
Im Mittelpunkt seines Denkens steht aber die Repräsentation. Carl Anselm versteht sich zu Recht als Beauftragter des Kaisers. Und als solcher erscheint er an Festtagen in der kostbarsten Robe, die man sich vorstellen kann. Er übertreibt seinen Protz dermaßen, daß ihm einmal ein Geistlicher auf die Schulter klopft und fragt: „Wieviel, Fürst, sind Sie heute wert?“ Die Antwort: „Auch ohne meine Diamanten immer viel mehr als Sie.“ Um seine bleiche Gesichtsfarbe zu röten, nimmt das blaue Blut sogar gesundheitliche Schäden in Kauf. Er trägt nämlich absichtlich stets enge Hals-, Knie- und Armbänder. Ärzte, die ihn auf die Unzweckmäßigkeit seiner Kleider aufmerksam machen, schickt er lächelnd weg.
Höchstes Fest am Immerwährenden Reichstag zu Regensburg ist in jedem Jahr der Namenstag des Kaisers. An diesem Tag läßt sich Carl Anselm in einem langen Festzug zum Dom bringen. In seiner Prachtkutsche sieht ihn einmal der Erlanger Apotheker Ernst Wilhelm Martius, der über den Fürsten folgendes schreibt: „Er trug bei diesem Anlaße die prächtige Tracht eines Granden von Spanien, schwarzseidenen Mantel, Agraffe und Knöpfe reich von Brillanten, und saß in einer von acht Rossen gezogenen Staatskutsche, welche mit dem Pferdegeschirre von karmoisin-rother Seide, stark mit Gold durchwirkt, 80 000 Gulden gekostet hatte.“
Wahre „Staatsaktionen“ sind auch jedesmal die Neujahrsempfänge mit ihrem altväterlichen Zeremoniell. Besonders gut sind wir über Carl Anselms ersten Auftritt informiert. „Den 31. Dezember 1773“, so beginnt das Statement des Hofmarschallamts, „legten S. Excellenz der kurmainzische Herr Gesandte Freiherr von Linker nomine imperii bei S. Hochfürstl. Durchlaucht dem Herrn Principal-Commissario den neuen Jahreswunsch ab.“ Und weiter: „Es wurde zu dieser Audienz der sämtliche Hofstaat beordert, zwei Lauffer stunden unten an der Treppe und die sämtliche Livree ware ein Spalier von der untersten Treppe an bis an den Rittersaal, allwo die Heiducken auf beiden Seiten des Rittersaals ihren Platz hatten, die sämtlichen Hausofficiers und Music waren in den Rittersaal und die Kanzlei machte die Schiedwand von den Rittersaal und zugleich die Spalier.“

Als der Portier den Besuch mit zwei Glockenschlägen einläutet, schreitet dem Gesandten der Truchseß mit sechs Pagen und fünf Kavalieren bis zur ersten Treppe des Aufgangs entgegen. Drei Schritte vor dem dritten Zimmer begrüßt Carl Anselm den hohen Besuch, „behielten jedoch allezeit die rechte Hand und einen halben Schritt vorwärts“. Dann geht es ab in den Audienzsaal. Das Hofmarschallamt meldet dazu, daß der Stuhl des Fürsten „mehr zur rechten stunde, wo jedoch des Herrn Abgesandten sein Stuhl so gesetzt wurde, daß solcher mit beeden Füssen auf dem Teppich zu stehen kam“. Im Sitzen machen sich beide Herren ihre „Neu-Jahrs-Complimente“.
Viele Stunden brauchen viele Kanzlisten, um die nach dem jeweiligen Rang der Gesandten verschieden ablaufenden Empfänge zu notieren. Kubikmeterweise stapelt sich ihr Material heute in den Archiven. Es geht immer darum, mit wie vielen Pferden, Dienern und Kleiderschmuck ein Gratulant vorfahren darf, wie und wo er empfangen wird, ob er bei den Komplimenten sitzen darf oder stehen muß, ob er seine „Vorder-Füsse“ auf den Teppich setzen darf oder nicht und so weiter. Oft kommt es da zu argen Streitigkeiten.
Gerade diese mehren sich jetzt auch zu Hause bei Carl Anselm. Während er die Gesandten stolz zu Neujahr begrüßt, hält die Fürstin absolut nichts mehr von Empfängen im Schlafgemach, genauer gesagt nichts mehr von Empfängnissen. Sie wird jetzt bald vierzig Jahre alt und will nichts mehr wissen von Neun-Monats-Zyklen und Wochenbetten. Die zwei Buben Karl Alexander (3) und Friedrich Johann (1) sind gesund, das möchte nun auch sie bleiben. Der Fürst antwortet ihr, wenn beiden Buben etwas zustößt, avanciert Halbbruder Maximilian Joseph zum neuen Erbprinzen. Und das müsse unter allen Umständen verhindert werden.
Doch in andere Umstände will sich seine Frau nicht mehr bringen lassen. Acht Kindern hat sie in einem mörderischen Wettlauf das Leben geschenkt. Jetzt, so sagt sie sich, bedeutet jede Schwangerschaft Lebensgefahr. Wenn Liebe – dann nur noch mit Vor-, Nach- und Rücksicht!
So bahnt sich in der Postmeisterfamilie ein Briefwechsel an, der in der deutschen Geschichte wohl einmalig und noch bis heute (im Fürstlichen Archiv) erhalten ist. Zunächst wünscht Carl Anselm

von Thurn und Taxis in diesem pittoresken Gedankenaustausch, „daß ein Theil dem anderen mit wahrer Zuneigung entgegentrette, Lieb und Leid auf gleichen Schultern trage, und sich selbstens untereinander das Leben zu versüßen beschließen seye". Dann fährt er fort: „Gedencke Ich, in derjenigen Gebühr und Ordnung wie Christliche, Tugendsame und Vernünftige Ehegatten sich gegeneinander zu betragen gewöhnt und schuldig sind, ebenfalls mit meiner Gemahlin fortan in Freundschaft, wahrer Zuneigung und Vertrauen zu leben und also aus Liebe zum Frieden und zu Befestigung mehrerer Einigkeit alles dasjenige, was etwa in Ruckerinnerung vormaliger Ergebenheit, unter andern die betrübte Grundlage und Hauptveranlassung zur jetzigen leidigen Mißverständnis gegeben haben dörfte, an seinen Ort der Vergessenheit gestellt seyn lassen, und vor dermahlen in keine weitere Anregung zu bringen, wann nur auch eine aufrichtige, dauerhafte und beständige Versöhnung erzielet werden kan."

Augusta Elisabeth diktiert sofort die Antwort. Sie ersehne sich pfeilschnell „eine baldige vollkommene Vereinigung der gemüther und nachsinnige fortwährige gute Christ und Eheliche Einverständnus, mit gantzlicher und Ewiger Vergessenheit alles dagegen Geschehene". Freilich beleidigen will sie sich nicht mehr lassen. Wenn er ihr etwas zu sagen habe, soll er dies „in Ehelich vertrauen und liebe" tun. Sie wünsche, „insonderheit aber vor anderen und fremden Personen, und bey offentlich zusammenkünften, tafeln, und andern Gelegenheiten" als Fürstin behandelt zu werden. Eindringlich ihre Bitte: „Da die sonderung von den Ehe Betten eine Entfernung der gemüther zu werden pflegt, und diese Sr. Durchlaucht ganzlich zu beheben wünschen, so verlangen dieselbe, daß die einige zeit her obgewesene sonderung zu bett ganzlich aufgehoben werde."

Daraufhin wird der Fürst, der seine Frau offensichtlich öfter öffentlich beleidigte, ganz schön konkret. Er wolle „sich willfähig bezeigen", sie soll aber „die gähe Empfindlichkeit Ihro Drtl. (Durchlaucht) nicht reizen". Was das heißt? Sie muß ihre Ehepflichten ganz erfüllen. Voller verletzender Stiche dann der Satz: „Da aber der physikalische Trieb mit der moralischen Neigung in einer gar zu genauen Verbindung stehet, und der Zweck des einen ohne Mitwürckung des anderen nicht erreicht wird; So ist das Beste von der Zeitfolge zu hoffen, und kommet es sonderlich von Seiten der Frau Fürstin Drtl. auch darauf an, daß weder vor noch in der Handlung selbsten das mindeste in den Weeg geleget werde, was an der Erfüllung der jenseitigen Wünsche mehr hinderlich dann beförderlich ist."

Gerade zu diesen „jenseitigen Wünschen" sagt die Fürstin nie und nimmer amen. Diese blinde Fixierung auf den Stammbaum der Dynastie bringt sie auf die Palme. Für sie bedeutet das heilige Sakrament der Ehe mehr als nur Kindersegen. Lust ist kein Verlust des Lebens, sagt sie. So verflucht die gläubige Fürstin ihren Gatten als frauenfeindliches Monster. Sie mag nichts mehr hören von der Verlogenheit der Männer. In ihre Wut schließt sie gleich die Benediktiner von St. Emmeram mit ein und kann nur noch lachen über diese ganze scheinheilige Moral. Bei einem Gottesdienst ruft ihr daher einmal der Mönch Erhard Putz von der Kanzel aus zu: „Sie hören das Schwätzen oder ich das Predigen auf."

Kurz nach diesem Vorfall in der Emmeramskirche steigt die Fürstin Anfang März in eine Kutsche nach Paris, wo sie sich ein Palais mietet. Als ihr dort das Geld ausgeht, so berichtet der sächsische Gesandte nach Dresden, nimmt sie Kredite auf. Da aber der Fürst in Regensburg den Gläubigern gegenüber erklärt, er sei auf keinen Fall gewillt, diese Schulden zu tilgen, kommt Augusta Elisabeth nicht nur in Bedrängnis, sondern auch auf die Idee, „ihren Gemahl, Bruder und mehrere andere Personen aus der Welt zu schaffen". Dann könne sie über die fürstliche Kasse verfügen, denkt sie. Sogleich erzählt sie ihre Pläne einem reichen Franzosen, der nach Darstellung des hannoveranischen Gesandten mit der nunmehr einundvierzigjährigen Fürstin „genaue Bekanntschaft macht". Ihn bittet sie auch, ihr „vier Pulver, welche zu der Absicht diensam seyn würden", zu besorgen.

Beinahe hätte sie dieses Giftpulvers gar nicht bedurft. Am 25. Juni 1775 springt nämlich Carl Anselm während eines Urlaubes in Donaustauf in die Donau, um die Passagiere eines gekenterten Schiffes zu retten. Er wagt sich dabei so weit in die Fluten, „daß er selbst in grosser Lebens Gefahr gestanden". So jedenfalls liest man es in der Regensburger Stadtchronik.

Nach diesem Schiffsunglück taucht plötzlich seine Frau auf und spielt ihm eine so perfekte Szene ehelicher Eintracht vor, daß der Fürst an eine Versöhnung und neue Söhne glaubt. Am 7. September 1775 gedenkt er in seinem Testament ausdrücklich jener Kinder, die ihm seine Frau Augusta Elisabeth noch schenkten wird. Tatsächlich wird dieser bald wieder das Mieder zu eng.

Doch das Trachten der Frau zielt auf Rache, Rache und nochmals Rache. Ihr Plan steht fest. Der Fürst soll die Hochzeit ihrer zweitältesten Tochter Sophie Friederika mit dem Großkämmerer Litauens, Hieronymus Vincenz Radziwill, am Silvestertag nicht mehr erleben.

Zunächst versucht sie ihr Glück auf einer Pirsch in der Nähe von Donaustauf. Dort feuert sie mit ihrer Flinte aus dem Hinterhalt auf ihren Mann. Um ein Haar wäre der Waidmann dabei in die ewigen Jagdgründe befördert worden. Die Kugel verfehlte nämlich nur knapp den Kopf des Familienoberhauptes. Einer sofortigen Verhaftung der Attentäterin stellen sich rechtliche Bedenken entgegen. Den zweiten Mordversuch, der ebenfalls mit Schießpulver ausgeführt wird, bereitet die Frau etwas sorgfältiger vor. Sie beauftragt ihre Kammerfrau, einen guten Schützen zu ermitteln, der Carl Anselm „bey einem Spazier-Ritte aus dem Weege" räumen soll, wie der hannoveranische Gesandte schreibt. Doch zum Pech der Fürstin verrät das Zoferl das Geheimnis dem ausgemachten Opfer. Zum Schein wird der Fürstin ein „in hiesigen Gegenden herum schwärmender Räuber, genannt der Paradießwirth aus Winzer", vorgeschlagen.

Unverzüglich geht Augusta Elisabeth ans Werk. Sie schreibt dem ihr Genannten drei Briefe und verspricht ihm eine Pension von vierhundert Gulden. Natürlich wird die Post abgefangen. Die Antworten des „Paradieswirtes" verfaßt ein Taxisscher Beamter. „Durch diesen Briefwechsel wurde ein Tag fest gesetztet, an welchem der Fürst, bey dem Eintritt in den Wald zu einer kleinen Jagd, solte erschoßen werden." Augusta Elisabeth legt sich auf die Lauer. Als sie Schüsse hört, ruft sie: „Nun ist es geschehen, und ich bin regierende Frau." Der hannoveranische Gesandte berichtet weiter: „Es waren Zeugen verstecket, die alles dieses vernehmen konnten." Da Carl Anselm die im Gang befindlichen Vorbereitungen zur Hochzeit seiner Tochter nicht stören will, bleibt die Fürstin weiter auf freiem Fuß.

Der zweite Fehlschlag ermutigt indes Augusta Elisabeth zu ihrem dritten Anschlag. Diesmal mit einem anderen Pulver! Sie überreicht ihrem Mann und dem künftigen Schwiegersohn Radziwill Kaffee mit einem Zusatz, den sie für Gift hält. Den Jüngling will sie nämlich töten, weil er ihre Liebe nicht erwiderte.

Doch der Zusatz ist harmlos. Ihr französischer Liebhaber täuschte sie und teilte Carl Anselm mit, daß man auf die Fürstin „genau Acht geben möge, weil sie in Hände verfallen könnte, die ihr ein würckliches Gift zubrächten".

In Regensburg wird in diesen Tagen der Anschläge des weiteren bekannt, daß Augusta Elisabeth noch den Taxisschen Beamten

Berberich umbringen wollte. Weil er erfolgreich beim Fürsten gegen verschiedene ihrer Anschaffungen intervenierte, sollte er von gedungenen Männern „auf seinem bey hiesiger Stadt angelegten Garten in das Waßer (Donau) geworffen werden". Auf der Liste der Todeskandidaten, so berichtet der österreichische Gesandte dem Kaiser, habe auch noch der württembergische Generaladjutant von Strahlendorf gestanden.
Die Frau muß unschädlich gemacht werden, sagt Carl Anselm. Aber wie? Auf keinen Fall sollen die Hochzeitsfeierlichkeiten der Tochter gestört werden. Daher entwickelt er mit seinen Vertrauten einen Plan, von dem auch im Prioratstagebuch von St. Emmeram zu lesen ist. Freilich dürfte der Mönch kaum die Hintergründe gekannt haben, als er am 20. Dezember 1775 folgendes schreibt: „Um diese Zeit gaben die Regensburger Zeitungen aus, daß der Herzog von Württemberg eine Reise nach London machen werde, und in ganz Regensburg sagte man, daß die Fürstin von Taxis ihren Herrn Bruder mitbegleiten werde. Ja, es wurden die Reisegefährten und Dienerschaft für die Fürstin wirklich aufgenommen und der 3. Januar wurde zur Abreise anberaumt."
Elf Tage nach diesem Eintrag, am 31. Dezember 1775, gibt die siebzehnjährige Sophie Friederika von Thurn und Taxis dem sechzehnjährigen Großkämmerer Radziwill das Jawort. Eine Kinderehe sozusagen! Da sich am selben Tag ein schweres Gewitter über der Stadt entlädt, glaubt man an ein böses Schicksal. Tatsächlich stehen der Brautmutter und Braut schlimme Zeiten bevor.
Am Tag nach der Kopulation (1. Januar 1776) bittet dann Carl Anselm zur großen Tafel und zu Konzert und Kartenspiel in sein Schloß. Vierundzwanzig Stunden später geht man in die italienische Oper. Am Tag darauf festlicher Ball! Während dort Masken und Maschen fallen, wird die Fürstin offiziell als Mörderin entlarvt. Zunächst warten im Schloßhof mehrere Kutschen auf sie. Das Emmeramer Prioratstagebuch hält das Ereignis fest: „1776, I.3: machte sich die Fürstin von Taxis auf den Weg nach Dischingen, allwo der Herzog von Württemberg tags vor ihrer Ankunft zu ihrem Empfange eintraf und sich anstellte, mit ihr die Reise nach London zu machen." „Man saget", so berichtet der österreichische Gesandte, „daß der Hertzog sich auch daselbst ein-

gefunden, jedoch nicht in Liebe und Freundschaft, sondern in dem allerheftigsten Zorn." Es habe sich bald gezeigt, „daß die gantze Reise eine zwischen denen Hertzoglich-Württembergischen und Taxisschen Seiten verabredete List gewesen sey."
Nach Darstellung des sächsischen Gesandten in Regensburg geleitet der Hauptmann des Schlosses Trugenhofen die einundvierzigjährige Fürstin mit allen Ehren über die Treppe in die Beletage. Dabei hält er geschickt die Kammerfrauen zurück. Plötzlich steht Augusta Elisabeth allein vor ihrem Bruder Karl Eugen. Erst als sie dieser barsch anredet, merkt sie, daß sie ihm ins Netz gegangen ist. Jetzt fallen ihr die Schuppen von den Augen.
Am Tag darauf sitzt man über die Fürstin zu Gericht, liest man im Emmeramer Prioratstagebuch. „Man zeigte ihr ihre eigene Handschrift und las ihr andere Proben und Aussagen vor, durch welche sie eines Attentats auf das Leben ihres Herrn überzeugt wurde." Und weiter: „Sie soll alles einbestanden haben." Der Depesche des Dresdner Hofes zufolge schreit ihr der Bruder ins Gesicht, daß sie den Tod verdiene. Als Strafe erhält die Fürstin schließlich eine lebenslange Klosterhaft in Frankreich.
Doch so ein Urteil steht dem Gericht nicht zu. Der österreichische Gesandte macht nämlich darauf aufmerksam, „daß ein Fürst des Reichs über seine Gemahlin, und ein Bruder über seine Schwester eine jurisdiction nicht haben, sondern diese unmittelbarer Person Ihrer Kayserlichen Mayestät allein gebühr."
So kann Augusta Elisabeth nicht nach Frankreich abgeschoben werden. „Man gab ihr unterdessen in Dischingen Arrest", schreibt der Regensburger Mönch ins Klostertagebuch. Hier bringt die Fürstin auch ihr letztes Kind, dessen Vater der einst von ihr geliebte Franzose ist, zur Welt. „Nach der Hand", so liest man im Emmeramer Tagebuch weiter, „wurde sie in das württembergische Städtchen und Schloß Hornberg gebracht." Dort genießt sie „eine ihrer hohen Geburt angemessene Bedienung und hat nebst einem Kavalier und einer Dame auch einen eigenen Beichtvater".
Mehr über die Gefangenschaft weiß offenbar der hannoveranische Gesandte. Er berichtet, daß Augusta Elisabeth „ihre Zeit mit spielen und trincken zubringet". Und er fährt fort: „Sie giebet nicht die geringste Reue zu erkennen, und bedauret nur, daß sie so

schimpflich sey hintergangen, und an der Ausführung ihrer Rathschläge, die sie noch beständig für heilsam und gut hält, behindert worden. Die öftern Briefe an den Fürsten enthalten die zärtlichsten beweglichsten Ausdrücke deren die Verstellung nur immer fähig seyn kann; auf dem einen dieser Briefe waren einige Tropfen angeblicher Thränen zu sehen, welche den Fürsten bewegen solten; die Wache bezeugte, daß diese Tropfen ganz mit lachendem Munde aus einem Glaß voll Waßer auf das Papier wären gegoßen worden."

Der Gesandte schließt seinen Bericht: „Ein fremder, und Geld gedungener Mensch hat sich als einen Geistlichen ankleiden und eine Hostie reichen müßen, welche aber nicht geweihet gewesen, wobey dem die Cammerfrau das gewöhnliche Läuten mit der Glocke verrichtet, damit die außenstehenden desto fester glauben solten, es geschähe eine Messe."

Daß es der Fürstin hinter Schloß und Riegel nicht schlecht ergeht, verrät auch ihre Garderobe, die ihr aus Regensburg nachgeschickt wird und die eine Kammerzofe genau registriert. Demnach hängen in ihren Schränken: „2 Kleyder von schwarzen attlaß, 2 Kleyder von schwarzen grodestour, 1 Negligee von schwarzen grodestour, 1 Polonoise von gestickten attlaß, 2 Kleyder von grauen Tafent, 2 schnür brüst." Und man liest weiter von zwölf Halstüchern, vierundzwanzig Paar Schuhen, vierzig Schnupftüchern, Kopf- und Stirnbinden, Hauben und Mänteln, goldenen Ringen und acht „Bruststücken vorm magen". Die Pariser Dessous ihrer Jugend sind freilich nicht mehr vonnöten.

Kaum hat sich Augusta Elisabeth an ihre neue Umgebung gewöhnt, läßt sich ihr Mann scheiden. Doch schon trifft ihn neues Unglück. Eineinhalb Jahre nach ihrer Hochzeit stirbt seine älteste Tochter Maria Theresia im Alter von nur achtzehn Jahren im Wochenbett (9. März 1776). Einen Monat später verfaßt er ein neues Testament. Er enterbt Augusta Elisabeth wegen „Ihrer bekannten gefährlichen, auf Unser eigenes Leben fürgehabten boshaften Anschläge".

Gleichzeitig gibt er Weisung, daß die Söhne Karl Alexander und Friedrich Johann auf keinen Fall die Mutter im Arrest besuchen dürfen. Ihn plagt die Angst, daß sie ihnen ein Leid zufügt. Wie sehr er um das Leben dieser Buben besorgt ist, zeigt eine Anordnung vom gleichen Jahr 1776. Er bittet den kaiserlichen Leibarzt, den Prinzen „die Blattern einzuimpfen". Obwohl die Kirche solche medizinischen Eingriffe verteufelt, läßt sich der Fürst nicht beirren. Der sonst so aufgeklärte bayerische Kurfürst Max III. Joseph lehnt diese Impfung ab und stirbt kurz darauf an den Blattern.

Die Entschlossenheit Carl Anselms, in medizinischen Fragen der Geistlichkeit seine Prinzipien nicht zu opfern, bringen ihm 1776 mehrere Huldigungsadressen ein. Der Schriftsteller Wilhelm Ludwig Wekhrlin, der im gleichen Jahr in Regensburg weilt, meint über den Taxis-Sproß: „Er würde vermöge der Anlage seines Charakters und der Hochachtung, welche ihm ganz Europa huldigt, der glücklichste Fürst von der Welt seyn, wenn seine Ruhe nicht von häuslichen Unannehmlichkeiten unterbrochen wäre."

Diese „häuslichen Unannehmlichkeiten" sind auch die Ursache dafür, daß Carl Anselm immer mehr die Flucht in die Öffentlichkeit antritt. Er liebt plötzlich das Vergnügen unter den Leuten. Noch 1776 gibt er den Befehl, ein Hatztheater zu bauen. In kurzer Zeit wird so im kurbayerischen Stadtamhof ein ovales Amphitheater fertig.

Die Zeitgenossen schwärmen von dieser Arena des Fürsten. Ringsum bergen am Boden stabile Behälter die Bären, Hunde, Stiere, Hirsche und Hyänen, die sich gegenseitig zerfleischen sollen. Mechanische Öffnungen geben ihnen den Zutritt auf den Kampfplatz frei, in dessen Mitte ein Mastbaum mit quergesteckten Holzstäben steht. Da ein Hatzmeister einmal dem Prinzipalkommissar ein Buch mit zweiunddreißig farbigen Abbildungen schenkt, sind wir gut über die Scheußlichkeiten in diesem Rund informiert.

Pfui, würden wir heute sagen. Edler ist da schon die Allee, die Carl Anselm den Regensburgern stiftet. 1779 stellt er den Antrag, einen Grüngürtel um die graue Stadtmauer anlegen zu können. Er soll „zur Zierde der Stadt und zur Gesundheit der Einwohnerschaft dienen", schreibt der Fürst. Tatsächlich wird die Promenade sehr rasch zum beliebten Boulevard der Bürger und Liebespaare.

Aber auch im Schloß wird nach wie vor gefeiert. „Gardarobbe und Theaterverzierung sind unverbesserlich", liest man im *Theater-Journal für Deutschland.* Johann Caspar Risbeck, der äußerst kritische Herausgeber der *Neuen Zürcher Zeitung*, bezeichnet den Fürsten als „einen herzensguten Mann, der durch sein edles Betragen und seine Großmuth seinem Stand, seinem Souverän und seinem Vaterland Ehre macht".

Über sein Transportwesen gehen freilich die Meinungen auseinander. 1780 stimmt Mozart nach einer Reise von Wasserburg bis München einen schrillen Ton über die harten Sitze in der Kutsche an. „Zwei ganze Posten fuhr ich die Hände auf dem Polster gestützt und den Hintern in Lüften haltend", lamentiert der große

Musiker. Künftig ziehe er es vor, „lieber zu Fuß zu gehen, als in einem Postwagen zu fahren".

Der Himmel hängt in diesem Jahr 1780 voller Mozartscher Geigen für Carl Anselms fünfundzwanzigjähriges Schwesterlein Maria Theresia. Das Patenkind der Kaiserin in Wien hat Musik im Blut, ist immer voller lustiger und listiger Gedanken. Sie komponiert und musiziert, liebt und flirtet. Für Carl Anselm wäre das nun alles in feinster Harmonie, wenn sie nicht ausgerechnet mit dem dreiunddreißigjährigen dänischen Grafen Ferdinand von Ahlefeld im Zweiklang leben würde. Der baß erstaunte Fürst hält ihr prompt eine Standpauke und verlangt von ihr wegen Unebenbürtigkeit des Geliebten den Schlußakkord des Liebesspiels.

Doch das erhoffte Finale gerät zu einer grandiosen Ouvertüre für ein klangvoll-heiteres Sommerstück. „Nun trug sich zu", so liest man in den handgeschriebenen *Comitial-Nachrichten,* „daß die Frau Berberich der Prinnzeßin, alß diese am verwichenen 13ten Julij in ihrem Garten am Oberen Wörth allhier einige Wochen war, über den Grafen von Ahlefeld und der zu genauen Freundschaft mit ihm, einige empfindliche Vorwürfe machte, die die Prinzeßin nicht verdauen konnte, sondern der Frau von Berberich sagte: Sie nehme hierunter von ihr keinen Unterricht an, indeme Jedermann davon zu reden wüßte, in welchem vertrauten Umgang, sie mit dem Fürstlichen Leib-Medico, Dr. Breuer stünde."

Dieser Paukenschlag, so fährt der Journalist von damals fort, „gab den Zunder zu Anfachung eines größeren Feuers". Man schaltet zuletzt den Fürsten ein. Vor ihm und der Frau Berberich posaunt Maria Theresia dann weitere Einzelheiten aus: „Damit Sie es nur wißen, Madame, so wie Sie mit Dr. Breuer einhalten, so kan kein geheimeres Einverständniß seyn, als das zwischen Ihrem Mann und der Gräfin von Lerchenfeld."

Da der Fürst seine Schwester mäßigen will, gibt sie „dem gereitzten weiblichen Affekt und ihrem Unwillen vollen Raum". Der Graf Ahlefeld, so erklärt sie, ist „ohnstreitig von einer der besten Familien aus Dänemark", die Mätressen des Fürsten dagegen sind nur ganz gemeine „Bürgers-Weiber" oder „wohl gar Commoediantinnen".

In diesem Intermezzo furioso werden also nicht nur Höflinge des ständigen Ehebruchs geziehen, da muß sich der Fürst höchstper-

sönlich Vorhaltungen machen lassen. Er gibt sofort das Einsatzzeichen für die Verhaftung der aufmüpfigen Schwester. Doch Maria Theresia entschlüpft ihm zu seinem großen Ärger mit Hilfe zahlreicher Adeliger. Dem Fürsten zu Trotz heiratet sie dann am 10. August 1780 schließlich im kurbayerischen Stadtamhof gleich jenseits der Steinernen Brücke den Grafen aus Kopenhagen. Tatenlos muß Carl Anselm zusehen, wie seine bockige Schwester im Gasthof „Weißes Lamm" unten an der Donau die Flitterwochen genießt.
Im Jahr darauf (am 24. Mai 1781) steigt in diesem „Weißen Lamm" dann Kaiser Joseph II. ab, der als Graf Falkenstein incognito den Immerwährenden Reichstag besucht. Carl Anselm ist vom Eintreffen des hohen Gastes nicht informiert worden, liest man. Doch man begegnet sich im Theater. Weil man keine Loge für den Habsburger vorbereiten konnte, setzt er sich „in dem Parterre nahe an dem Proscenium nieder", wie der Erlanger Apotheker Martius schreibt. Zu den Gesandten spricht der Kaiser, dessen Mutter Maria Theresia im Vorjahr starb, recht abfällig über die Reichsversammlung.
Ebenfalls abschätzig redet man über Carl Anselms zweite Tochter Sophie Friederika, die an Silvester 1775 den Fürsten Radziwill geheiratet hat. Sie plündert eines Tages die Schatzkammer und erleichtert sie um mehrere tausend Dukaten. Dann kehrt sie ihrem Fürsten den Rücken und flieht mit dem liederlichen Musiker Kasimir Duszek, einem Müllerssohn aus Nieswiez, bei Nacht und Nebel westwärts nach Tilsit und anschließend nach Königsberg. Am Ende bekommt sie ein Kind, das aber nur ein paar Tage lebt.
Vor und nach der Niederkunft erreichen die Radziwillowa nun zahlreiche Briefe (auch von Carl Anselm), in denen sie zur Heimreise aufgefordert wird. Tatsächlich läßt sie sich in den Armen des Musikus umstimmen und kehrt zurück zu ihrem Mann. Der Vater lädt deshalb im Januar 1782 zu einem Versöhnungsfest nach Regensburg. Und da treffen gleich die zwei bekanntesten „Sünderinnen" des Reiches zusammen. Am Fest nimmt nämlich auch der württembergische Herzog Karl Eugen teil, dessen Seite seine dreiunddreißigjährige Freundin Franziska von Hohenheim nicht verläßt. Sie gilt als die schönste Mätresse diesseits des Rheins. Da

das in Todsünde lebende Paar unmöglich in St. Emmeram wohnen kann, vertröstet man die schwarzen Schafe in das „Weiße Lamm". Im Jahr 1783 steht dann das nächste große Hoffest in Regensburg an. Carl Anselms dritte Tochter, die einundzwanzigjährige Henrica Carolina, heiratet Fürst Johannes Alois II. zu Oettingen-Spielberg. Zur Trauung fährt Abt Frobenius Forster von St. Emmeram in einem sechsspännigen Galawagen die wenigen Schritte vom Prälatentrakt des Klosters zum fürstlichen Speisesaal, der in eine Kapelle umgewandelt worden ist. Zum Abschluß der Kopulation finden sich tausend Gäste zu einem Maskenball ein. Genau ein Jahr später ist die schöne Fürstenbraut tot. Von Carl Anselms vier Töchtern sind somit drei nicht mehr am Leben.

Dann folgt das Jahr 1785! Zunächst erfährt der Fürst, daß sein Schwager Karl Eugen von Württemberg seine Franziska heiratet. Die Vermählung wird allerdings geheimgehalten. Immerhin lebt ja noch der erste Mann der Braut, deren Ehe der Papst nach vielen Anflehungen erst 1791 annulliert. Die seinerzeit berühmteste Frau Deutschlands gehört damit zur weiteren Familie der Taxis.

Diese Pikanterie geht einher mit einer wenig schmeichelhaften Äußerung über Carl Anselm. Noch im gleichen Jahr, 1785, schreibt nämlich über ihn der habsburgische Gesandte Trauttmansdorf an das Kaiserhaus, der Prinzipalkommissar sei zwar höflich und habe „gewiß den besten willen", doch nehme er an den Reichstagsgeschäften „nicht den mindesten Anteil". Führen lasse er sich von seinen sich immerfort in Intrigen befindlichen Räten.

Solche Briefe sind allerdings für Carl Anselm kein Grund, gleich in die Luft zu gehen. Das überläßt er im wahrsten Sinne des Wortes 1785 seinem Haus-Ingenieur Joseph Maximilian von Lütgendorf, der aufsehenerregende Versuche mit Ballons unternimmt. Die *Gelehrten Nachrichten* melden dazu: „Herr Baron von Lütgendorf, dessen vorzügliche Geschicklichkeit in der Experimentalphysik, und besonders in diesem Versuche, auch den Ausländischen bekannt ist, verfertigte drey ärostatische Maschinen, welche den 22, 23 und 24sten April in dem Hochfürstlichen Thurn und Taxis Palais losgelassen wurden." Carl Anselm, der diese Experimente bezahlt, schaut neugierig zu. „Seine Durchlaucht geruheten", so erklären die *Gelehrten Nachrichten*, „in eigener hoher

Person sich in das Zimmer zu verfügen, wo man die Ballone mit brennbarer Luft füllte, alles mit forschendem Auge zu betrachten." Dem „Luftballon-Onkel", wie ihn die Zeitgenossen nennen, geht aber am Taxisschen Hof bald der Atem aus. Weil er sich ohne Genehmigung Carl Anselms verehelicht, muß er aus Regensburg scheiden.

1786 tätigt dann der Fürst den wohl spektakulärsten Kauf in der Geschichte der Dynastie. Für 2,1 Millionen Gulden erwirbt er die Grafschaft Friedberg nebst den Herrschaften Scheer, Dürmetingen und Bussen in Oberschwaben. Das ist eine Riesensumme. Zum Vergleich: Die Posteinnahmen des Hauses betragen pro Jahr rund vierhunderttausend Gulden.

Carl Anselm gibt aber diesen Mammutbetrag gerne aus. Damit gehen nämlich wieder weite Ländereien in seinen Besitz über, die erstens seine landesherrliche Macht vermehren und auf denen sich zweitens die Sommerferien äußerst angenehm verbringen lassen. Dort genießt er von jetzt an das adelige Landleben mit Spazierritten und Parforcejagden, Sauhatzen und Wildentenschießen.

Inmitten seines Waidwerkes erlebt ihn und sein Gefolge einmal der ehedem in schwedischen Diensten stehende Schriftsteller Jonas Ludwig Heß. „Vorauf", so schreibt er, „rannten einige Läufer mit ein paar leichten Windspielen in die Wette". Im nahen Gasthof erlebt er dann einen Jubel und Trubel ohnegleichen. „Alles war voll Bediensteten, Heiducken, Läufer, Jäger, Jägerbursche und Stallknechte. Man soff, spielte, sang, pfiff; krächzte auf Jagdhörnern und knallte durch das Haus mit Parforcepeitschen." Und weiter: „Eine Menge Hunde vermehrten das Unwesen, das allem Ansehen nach die Nacht hindurch gedauert hat, da die hohe Herrschaft erst um elf Uhr sich zu Tische zu setzen pflegte."

Während sich Carl Anselm 1786 gerade auf seinen schwäbischen Gütern vergnügt, weilt in seiner Residenzstadt Regensburg Johann Wolfgang Goethe. Der Dichter steigt im „Weißen Lamm" ab und schmökert im größten Buchladen der Stadt, wo man ihn auch alsbald erkennt. Vielleicht findet Goethe dort bereits die soeben erschienenen „Kleinen Geschichten und Aufsätze" des Taxisschen Hofbibliothekars Albrecht Christoph Kayser, ein Büchlein, das als Standardwerk für die Mädchenerziehung angesehen wird. Ein wohlgemeinter Rat an die Mutter bei der Erziehung der Tochter lautet: „Hütet dieselbe vor Gelehrsamkeit, wie vor einem Verführer."

Im Jahr darauf kommt dann ein anderer Taxis-Bediensteter groß auf dem Buchmarkt heraus. Carl Anselms Leibmedikus Jakob Christian Schäffer ediert den „Versuch einer medicinischen Ortsbeschreibung der Stadt Regensburg". Darin wird in einer für die Zeit beispielhaften Methodik eine Zustandsbeschreibung derjenigen Stadt gegeben, die nach Wien die zweitwichtigste Rolle in der Reichspolitik spielt. Man liest in Schäffers Anthologie von den häufigsten Krankheiten, von „kleinen Galanterien, Trippergeschichten etc", von „unerlaubten Schwangerschaften", von Miedern, Bier und Nahrung („von vorzüglicher Güte"), von Sitte, Religion, Heirat und Freizeit („Luxus steigt, Ehen werden sparsamer").

Im Erscheinungsjahr dieses Buches, das bald in allen wichtigen Bibliotheken steht und den Fürstenhof in Wissenschaftskreisen aufwertet, gewinnt Carl Anselm eine weitere Kapazität, die im Reich einen guten Namen hat. Er engagiert Emanuel Schikaneder an das Hoftheater. Dieser in Straubing geborene Intendant, Schauspieler und Dichter („Die Zauberflöte") ist der Stadt in vielerlei Hinsicht verbunden. Unter anderem wird hier seine Tochter Anna geboren, für die Mozart kurz nach dem Regensburg-Aufenthalt des Vaters die Partie des ersten Genius in der „Zauberflöte" komponiert.

Allerdings wird Carl Anselm mit Schikaneders Engagement von den laufenden Ereignissen gründlich eingeholt. Denn 1787 bräuchte man am Hof wirklich keinen Theaterdirektor. Die Mitglieder der Taxisschen Familie sind nämlich die Akteure eines Schauspiels mit pittoresken und grotesken Szenen, wie sie kein Dichter und Regisseur besser hätte erfinden und arrangieren können.
Bühne frei! Als Konkommissar Lehrbach am 2. Mai 1787 nach Wien meldet, daß Carl Anselm „gestern nach Scheer in Schwaben, mit ihrem ganzen Hof Gefolge abgereyset sind", ahnt der Diplomat nicht, daß er als kaiserlicher Berichterstatter in diesem Jahr den Rahmen für dieses Stück liefern wird, über das man sich auch in Wien amüsiert. Selten in der fast einhundertfünfzigjährigen Geschichte des Immerwährenden Reichstages werden nämlich am Kaiserhof die Depeschen aus Regensburg so begierig gelesen wie 1787.
Zunächst einmal erfährt man in Wien, daß Carl Anselms ältester Sohn, der sechzehnjährige Karl Alexander, in Mainz nicht mehr von der Seite der vierzehnjährigen (protestantischen) Mathilde Therese von Mecklenburg-Strelitz weicht. Obwohl noch Kinder, wechseln sie tausend Liebesschwüre und geloben sich ewige Treue. Die Absicht und Aussage der kleinen hübschen Prinzessin, sie werde nie und nimmer katholisch, trübt den siebten Himmel beider nicht im mindesten.
Dann erfährt man das Neueste von der Radziwillowa. Sie wird in diesem Jahr 1787 Witwe, Mutter und Gefangene. Nach dem Tod ihres Mannes, der wahrscheinlich nicht mehr der Vater ihres eben erst geborenen Sohnes ist, nehmen sie Hofschergen fest und sperren sie in Nieswiez ein. Doch es gelingt ihr bald, nach Warschau zu fliehen, wo sie sich in einen Krautjunker verliebt, der ihr einen Heiratsantrag macht. In Wien und Scheer schüttelt man den Kopf über die Fürstin und ihre Flausen.
Danach steht in diesem Sommertheater der Auftritt einer hübschen Frau an, die dem Fürsten Carl Anselm am 7. Mai 1787 in

Scheer den Sohn Nikolaus Joseph schenkt. Es ist seine Mätresse Elisabeth Hildebrand, die ihm den Gesandtenberichten zufolge schon länger als seine „Bett-Magd“ am Herzen liegt.
Kaum ist sie nach der Entbindung genesen, fährt der Postillon aus Hornberg vor. Dort stirbt am 4. Juni 1787 überraschend die von Carl Anselm geschiedene Fürstin Augusta Elisabeth am „Steck- und Schlagfluß“. Fleißig notiert der Emmeramer Mönch in das Prioratstagebuch: „Liefen Nachrichten von Scheer ein, daß die seit dem 5. Jänner 1776 in Hornberg arretierte Frau Fürstin Taxis, geb. Prinzessin von Württemberg tot im Bette gefunden worden sei. Sie war geboren den 30. Oktober 1734, vermählt mit dem Erbprinzen Taxis 1753 den 3. Sept., von ihm geschieden und eingesperrt propter machinationem in mortem viri sui 5. Jan 1776, gest. 4. Juni 1787. Sie hat im Jahre 1776 eine unglückliche Reise gemacht, da soll sie böse Grundsätzte gelernt haben. Der Fürst von Taxis war nach ihrem Tode sehr traurig geworden, indem er fürchtete, seine Frau zu scharf behandelt zu haben. Die Hochselige verlangte nichts so sehr, als ihren ältesten Prinzen zu sehen. Allein sie starb – gählings.“
Aus ganz Europa gehen Kondolenzschreiben ein, die noch heute im Fürstlichen Archiv aufbewahrt werden. Die Unterzeichneten tun so, als sei dem vorbildlichen Gatten die teuerste Gattin gestorben. Tatsächlich geht Carl Anselm der Tod der einst so lustigen und charmanten Frau, auf die er unsagbar stolz war, sehr nahe.
Doch noch näher ist ihm die Neue, die jetzt auf den Brettern des Sommertheaters dem Haupt der Familie Taxis den Kopf vollends verdreht. Sie wird als eine der gefeiertsten Schönheiten und verführerischsten Frauen der Zeit geschildert. Man rühmt ihr originelles, witziges und spritziges Auftreten. Ihr Lebenslauf ist ein einziges Wettrennen um Männergunst und Liebesstunden.
Geboren wurde dieses quirlige Wesen in Berchtesgaden, wo sie auch aufwuchs. Als junges Mädchen arbeitete sie dann in einem Münchner Haushalt. Weil sie dort immer wieder gewissen Verlockungen erlag, sperrte man sie bei Wasser und Brot ein. Nach ihrer Freilassung eilte sie dann an den Taxis-Hof, wo sie als Wirtschafterin eine Anstellung fand, doch offensichtlich mehr der Venus diente. Als ihr Carl Anselm begegnete, war er sofort von

ihren Reizen gefesselt. Im Sommer 1786 brachen die Frühlingsgefühle des hohen Herrn voll durch.
Jetzt, im Jahr darauf, wird die Sache ernst. Carl Anselm fragt seinen Beichtvater Balthasar Kitzinger und zwei Hofräte, ob er noch einmal heiraten soll. Da sie ihm zuraten (Kitzinger schreibt sogar ein Gutachten), schließt der vierundfünfzigjährige Fürst am 18. August 1787 „im Nahmen der Allerheiligsten Dreyfaltigkeit" heimlich den Ehevertrag in Scheer. Darin heißt es: „Nachdem Ich der regierende Fürst Carl Anselm von Thurn und Taxis Mich entschlossen habe, zur Beruhigung Meines Gewissens eine Ehe ad morganaticam einzugehen, so habe ich dazu die Elisabeth Hillebrandin ausersehen." Ausdrücklich wird festgehalten, daß weder sie noch ihre vorehelichen und ehelichen Kinder den Taxis-Namen führen dürfen.
Umso mehr bemüht sich der Bräutigam, sie in den Grafenstand zu erheben. Er schreibt an den kaiserlichen Hof nach Wien und bittet um das entsprechende Diplom. Ausdrücklich fügt er hinzu, daß er sich im Weigerungsfalle an den bayerischen Kurfürsten Karl Theodor wenden wolle.
Jetzt ist etwas los im Reich. Der Taxis-Fürst und eine Buhlschaft aus Berchtesgaden, die Fürstentochter und ein polnischer Krautjunker! Die Zeitungen haben viel zu berichten, auf Assembleen und im Theater, beim Kirchgang und im Gasthof kolportiert man nur zu gerne den neuesten Klatsch. Eine rege diplomatische Tätigkeit setzt in Wien, Regensburg, München und Berlin ein. Es rollt nahezu keine Postkutsche durch das Reich, in der nicht ein Brief mit dieser Sensation befördert wird.
Anstatt sich über das neue Glück zweier Menschen zu freuen, spricht man von beiden wie von Aussätzigen. Gerade diejenigen Männer und Familienväter, die mit allerlei dubiosen Versprechungen Bademägde, Bedienungen und Bürgermädchen in ihre Paläste zwischen Stadtamhof und Fürstenhof locken, erheben sich zu widerlichen Moralisten. Wie weit das geht, illustriert ein Brief, den am 2. November 1787 Konkommissar Lehrbach von Regensburg nach Wien schickt. Er ist, so erzählt er, beim sächsischen Gesandten Hohenthal gewesen, der das Gespräch auf Carl Anselm „und dessen Verehelichung mit seiner bisherigen Bett-Magd geflißent-

lich“ gelenkt habe. Für Hohenthal sei das ein „Ärgernißе“, denn Elisabeth Hildebrand habe in Regensburg „mit Preußischen Werb-Unterofficieren, mit mehreren andern selbst Fürstlich Taxisschen Hofleuten von aller Gattung in öffentlicher Unzucht gelebt“. Für den Fall, so depeschiert Lehrbach weiter, daß der Fürst die Absicht habe, seine zweite Frau „öffentlich aufzustellen und zu produzieren“, hätten die Gesandten einen teilweisen Boykott des Hofes ausgemacht. So sollten „ihre Gemahlinnen bey dem Herrn Principal-Commissarius in diesem Falle vor der Hand nicht erscheinen“.
Am 29. November 1787 schreibt dann der hannoveranische Gesandte Ompteda nach Hause, Carl Anselm habe „eine Person ganz geringen Standes, welche in seinem Haus als Magd gedienet, sich ehelich antrauen lassen“. Jetzt werde „die Sache“ geheimgehalten. „Die Person“, gemeint ist die junge Ehefrau, behandle man „größtentheils ihrem vorigen Stande gemäß“.
Im selben Monat November noch berichtet das *Göttingische Historische Magazin* über „die Revolution an dem Fürstlichen Taxischen Hofe“. In dem Artikel ist eine böse Prognose enthalten: „Ich zweifle“, so schreibt der Redakteur, „ob sie je bey Tafel oder im Schauspiele mit dem Fürsten erscheinen wird; eben so wenig wird sie je mit Ihro Durchlaucht in einem Wagen ausfahren“.
An die Öffentlichkeit tritt auch Jonas Ludwig Heß. Er schreibt über Carl Anselm: „Seine Leidenschaft für das weibliche Geschlecht verleitete ihn zu einer Handlung, die den Frieden aus seiner Familie bannte und ihm selbst viel Verdruß zuzog. Er heirathete sein Dienstmädchen, die schon der Dubarry Handwerk vor ihrer Erhebung getrieben haben soll.“
So sind sie, die sauberen Männer. Zuerst küssen sie den hübschen Kindern die Hände, dann mehr. Schließlich verachtet man sie, weil sie genau das taten, was die Galane von ihnen verlangten.
Trotz all der Schmutzkübel, die über den Fürsten und seine junge Frau tagtäglich ausgegossen werden, erhebt der bayerische Kurfürst die Geschmähte 1788 in den Adelsstand. Sie heißt jetzt Elisabeth von Train, so benannt nach dem Gut Train bei Abensberg, das ihr der Gemahl kauft. Seinem Sohn Nikolaus Joseph von Train gibt der Fürst im gleichen Jahr folgende Zusicherung: „a) den

Bezug einer lebenslänglichen Appanage von 1000 Gulden, b) den dereinstigen auf den Tod der Mutter bestimmten unbelasteten Besitz des Landguts Train."
Carl Anselm hilft und hält also zu seiner Frau. Doch diese verträgt das immerwährende Aufwärmen der alten Süßspeisen, die sie zweifelsfrei genossen hat, auf die Dauer nicht. Früher hat sie mit einem frechen Lied oder Ausschnitt den Geliebten in ihr Liebesreich geködert, hat tausend Worte für den einen Begriff Seligkeit gewußt, jetzt ist der Frau ihr vielsagendes Lächeln und speziell das Lachen gründlich vergangen.
Und so geht der zweite Lebensbund Carl Anselms ehebaldig in die Brüche. Als der Fürst erfährt, daß seiner hübschen Frau ausgerechnet der Theaterdirektor Schikaneder nachstellt, fällt der Vorhang zum letzten Akt eines Schauspiels, das zeigte, wie schwer sich die Menschen mit der schönsten Gabe der Götter tun, mit der Liebe.

Im selben Jahr, in dem Frau von Train und Schikaneder Regensburg verlassen, heiratet Erbprinz Karl Alexander von Thurn und Taxis in Neustrelitz die gerade sechzehn gewordene Mathilde Therese von Mecklenburg-Strelitz, seine große Liebe von Mainz. Der Bräutigam kam eben von seiner Kavalierstour, die ihn bis London, Lyon, Rom und Paris geführt hatte, nach Regensburg zurück. Hier hatte er sich zwischen der reichen italienischen Prinzessin Doria und der eher armen Mathilde Therese zu entscheiden. Er zögerte nicht einen Augenblick.
Seine Braut wurde am 5. April 1773 in Hannover geboren. Ihr Vater ist der nachmalige Herzog Karl von Mecklenburg-Strelitz, die Mutter Friederike eine Tochter des Landgrafen Georg von Hessen-Darmstadt, die während ihrer Schwangerschaften immer schöne Statuen anschaute, damit ihre Kinder auch einmal so hübsch werden sollten. Tatsächlich gehören ihre zwei Mädchen Luise und Mathilde Therese zu den gepriesenen Schönheiten des ausgehenden Jahrhunderts. Nach dem Tod der Mutter (1782) wächst Mathilde Therese in bescheidenen Verhältnissen bei ihrer Darmstädter Großmutter, der Landgräfin Marie Luise von Hessen-Darmstadt, auf.
Schon mit vierzehn sprechen sich bei den adeligen Freiern Europas Reife und Reize Mathilde Thereses herum. Sie gibt mehreren Bewerbern einen Korb, darunter auch einem ihrer Onkel. Ihren Freund Karl Alexander aus Regensburg, dem sie ewige Treue gelobt hatte, kann sie dagegen schon gar nicht mehr erwarten. Ihre Bekenntnisfreiheit hat er ausdrücklich bestätigt.
Man feiert eine große Hochzeit an jenem 25. Mai 1789 im Norden des Reiches. Mit dieser Kopulation knüpft das Taxis-Haus verwandtschaftliche Bande zu den bedeutendsten deutschen Höfen. Aus dem Brautkleid fertigt man in Regensburg ein weißes Meßgewand mit reichem Silberstoff und Goldborten an. Diesen Ornat mit dem Wappen der Brautleute und dem Hochzeitsdatum trägt ab und zu der Abt von St. Emmeram.

Allerdings sieht Mathilde Therese diese Robe nicht oft. Sie bekennt sich, wie angekündigt, zum evangelischen Glauben und ernennt sogleich auch einen eigenen Hofgeistlichen.
Ihre Wahl fällt auf den neunundvierzigjährigen, aus Oettingen gebürtigen Georg Heinrich Lang, der als Prediger bekannt ist und schon mehrere Bücher (darunter „Religion der Damen") geschrieben hat.
Obwohl man weiß, daß Mathilde Therese nicht von ihrer Konfession ablassen will, ist es doch eine Sensation, als sie in Regensburg das erstemal die protestantische Neupfarrkirche besucht. Der Stadtchronist: „Predigte der Kirchen Rath und Hofprediger der Durchlauchtigsten Frau Erb Prinzessin von Thurn und Taxis, Herr Lang, in der evangelischen Kirche zur Neuen Pfarr vor hochgedachter Prinzessin und einer Menge anderer Zuhörer verschiedenen Standes." Dem Fürstenhaus ist das alles nicht gerade angenehm, an vielen katholischen Höfen zeigt man sich empört. Seit Bestehen des Immerwährenden Reichstages (1663) sind die Prinzipalkommissare und ihre Familien zuverlässige Katholiken. Jetzt soll sich auf einmal alles ändern?
Es soll aber noch schlimmer kommen. Plötzlich gibt die Erbprinzessin Order, den evangelischen Gottesdienst auch im Benediktinerkloster St. Emmeram, das ja dem Taxis-Haus als Wohnsitz dient, abzuhalten. Die Mönche des heiligen Benedikt sind entsetzt. Einem sechzehnjährigen Kind, einem Mädchen, sollen sie ihre gottgefälligen Regeln opfern? Noch glauben und hoffen sie, daß der Fürst und Erbprinz das freche junge Ding ins Gebet nehmen wird. Doch letzterer himmelt das wunderbare Geschöpf Gottes an.
Genau zehn Monate nach der Hochzeit gebiert Mathilde Therese (noch als sechzehnjährige) ihr erstes Kind: Charlotte Luise. Sie lebt aber nur sieben Monate. „Heute hat Therese ihre Tochter und ihr Glück verloren", schreibt Schwester Luise in ihr Tagebuch.
Von dieser Luise trifft auch einen Monat später aus Darmstadt Post ein: „Endlich finde ich einen Augenblick Zeit, liebe, vielgeliebte Therese, um Dir zu schreiben. Wie lange Zeit ist vergangen, seitdem wir uns gesehen haben, wann wird mir endlich dieses Glück gewährt, dies Glück, das eine Dich verehrende Schwester so ersehnt. Unsere liebe Charlotte hat uns seit bald drei Jahren

verlassen. Der Abschied war schrecklich, von der Dir wohlbekannten Art; in Frankfurt in den Zimmern, die Du bewohnen wirst, im Taxischen Palais, fand diese schreckliche Trennung statt."
In dem von Luise erwähnten Taxis-Palast in der Mainstadt steigt in diesem Jahr auch der neue Kaiser Leopold II. ab. Er wohnt dort während der Krönungsfeierlichkeiten. Kurz darauf läßt Carl Anselm den Palazzo für das Regensburger Erbprinzenpaar renovieren. Doch Karl Alexander und seine Frau finden selten den Weg dorthin.
1790 wird im Haus Taxis noch eine Hochzeit gefeiert. Carl Anselms dreiundzwanzigjährige Schwester Maria Elisabeth heiratet in Prag Carl Joseph von Fürstenberg. Es soll eine kurze, aber glückliche Ehe werden. Im Jahr darauf (1791) führt dann Carl Anselms Halbbruder Maximilian Joseph, der Begründer der „Jüngeren Speziallinie", wie man die böhmische nennt, die zweiundzwanzigjährige Marie Eleonore von Lobkowitz an den Traualtar. Aber auch Ärger stellt sich ein. Man beklagt den Verlust mehrerer großer Postgebiete, so vor allem Flanderns und Brabants.
Am 26. März 1792 lang anhaltender Glockenklang in Regensburg! Erbprinzessin Mathilde Therese hat einen Sohn zur Welt gebracht. Er wird auf die Namen Georg Karl getauft. „Georg werd' einst ein Fürst, um dessentwillen man Theresen selig preise", sagt Hofprediger Lang. „Hoffentlich", so schreibt Schwester Luise aus Darmstadt, „befindet Dein lieber Georg sich weiterhin wohl und ebenso die liebe Mutter; küsse ihn von mir." Weiter erfährt die Erbprinzessin in Regensburg, daß Luise während der Kaiserkrönung von Franz II. in Frankfurt einen Ball besuchen wird. Sie eröffnet den Tanz mit dem jungen Grafen Metternich, dem späteren österreichischen Staatskanzler.
Mathilde Therese wird 1792 aber nicht nur Mutter eines Buben, sondern auch Tante einer Prinzessin, die später den bayerischen Königsthron besteigen soll. Schwester Charlotte, die mit Herzog Friedrich von Sachsen-Hildburghausen vermählt ist, schenkt einer kleinen Therese (spätere Frau Ludwigs I.) das Leben. Und noch ein freudiges Ereignis! Auch Maximilian Joseph von der böhmischen Taxis-Linie und seine Frau bekommen einen Buben. Er heißt wie der Regensburger Onkel: Karl Anselm.

Der jetzt ins sechste Lebensjahrzehnt gehende Onkel erlebt freilich auch Verdruß. Am 6. Mai 1792 brennt der Freisinger Hof neben St. Emmeram, seine erweiterte Residenz, ab. In einem zeitgenössischen Bericht heißt es, daß „von den vielen kostbaren innern Verzierungen nichts als Schutt und morsches Mauerwerk übrig“ blieb. Carl Anselms erste Frage lautet, ob jemand „am Leben verunglückt ist“. Daß „dieß Unglück nur Seine höchste Person betroffen, und sich auf andere nicht erstreckt habe, beruhigte den besten Fürsten“, liest man weiter.
Eine sensationelle Meldung trifft dann 1793 im Taxis-Haus ein. Mathilde Thereses Schwester Luise, die gerade siebzehn geworden ist, hat sich mit dem preußischen Thronfolger Friedrich Wilhelm verlobt. Aus Frankfurt schreibt die Braut: „Auch für Dich ein paar kurze Worte, meine liebe, vielgeliebte Therese. Du weißt alles durch Frau von Vrints, die ich gestern gebeten habe, Dir in meinem Namen zu schreiben. Engel meines Herzens, sei immer die gleiche zu mir. Du kannst nicht glauben, liebe Therese, wie zufrieden ich bin.“ Am Ende des Jahres heiraten dann Luise und der Hohenzoller. Die verwandtschaftlichen Beziehungen der Taxis reichen somit bis in die zweitwichtigste Dynastie des Reiches.
Im Jahr darauf (1794) dichtet Klopstock eine Ode auf die jetzt einundzwanzigjährige Mathilde Therese, die am 6. Juli in Regensburg von der Tochter Maria Theresia entbunden wird. Einen Sohn erhält dagegen abermals Maximilian Joseph von der böhmischen Linie. Der Kleine wird auf die Namen August Max getauft.
Dann aber noch eine ganz böse Nachricht: Die Franzosen beschlagnahmen 1794 die Taxisschen Besitzungen in Braine-le-Château und Haut-Ittre. Die Wolken, die nach der Französischen Revolution vom Westen her aufziehen, werden immer dunkler.
Noch schlimmer aber wird das Jahr 1795! Am 20. Januar stirbt der knapp dreijährige Georg Karl. Mutter Mathilde Therese ist untröstlich. Aber auch bitterböse. Man bedeutet ihr, daß nunmehr auf den ersten Plätzen der Erbfolge Carl Anselms Halbbruder Maximilian Joseph und dessen zwei Söhne stehen. Der Fürst ahnt Böses.
Vergleichsweise harmlos nehmen sich dagegen die Nachrichten von seiner Tochter Sophie Friederika, der Radziwillowa, aus. Sie heiratet 1795 den polnischen Landedelmann Pan Kanzanowski,

einen verarmten Gutsbesitzer. Der Fürst in Regensburg schickt seiner verlorenen Tochter einen Fluch nach und wendet sich endgültig von ihr ab. Erbprinzessin Mathilde Therese wiederum erklärt, sie wolle Frau sein und nicht Gebärerin.

Ende des Jahres trifft man sie in Berlin bei ihrer Schwester Luise, die schon ganz aufgeregt auf den Besuch wartet. In einem Brief an Bruder Georg in Mecklenburg fragt sie nach ihr: „Wie zieht sich Therese an? So wie wir? Besser oder schlechter? Mit oder ohne Halstücher?"

1797 ist Luise dann (nach dem Tod ihres Schwiegervaters) preußische Königin. Die Schwester in Regensburg freut sich riesig. Doch auch sie erlangt eine neue Ehre. Schwiegervater Carl Anselm dankt als Prinzipalkommissar ab. Das Amt geht auf seinen Sohn Karl Alexander über. Mathilde Therese ist damit First Lady am Immerwährenden Reichstag und protokollmäßig die Vertreterin der Kaiserin.

So recht freuen kann sie sich aber über diese Standeserhöhung nicht. Die Familie schaut immer auf ihren Bauch, und das kränkt die junge Frau. Zur Aufheiterung trägt da die Nachricht, daß Maximilian Joseph vom böhmischen Zweig der Familie den vierten Sohn (Karl Theodor) bekommen hat, gewiß nicht bei.

Neben dieser Geburtsanzeige liegt 1797 noch ein kleines Buch auf ihrem Sekretär, das Hofbibliothekar Albrecht Christoph Kayser geschrieben hat und den Titel „Versuch einer kurzen Beschreibung der kaiserlichen freyen Reichsstadt Regensburg" trägt. Darin werden der Fürstenhof, der Reichstag und die Reichsstadt gewürdigt. Über Carl Anselm liest man: „Hält sich jährlich nur vom November bis zum 1sten May zu Regensburg auf; die übrige Zeit verbringt Höchstderselbe in Seinen Reichslanden in Schwaben zu."

Im selben Jahr 1797 erhalten die Taxis noch ein dickes Lob von Klement Alois Baader, der in Augsburg seine „Reisen durch verschiedene Gegenden Deutschlands in Briefen" herausbringt. „Diese Familie", so schreibt er über die Thurn und Taxis, „blendet nicht blos durch ihren Fürstenglanz, sondern leuchtet durch viele erhabene und bewundernswürdige Eigenschaften, worunter sich auch eine besondere Herablassung und Gefälligkeit auszeichnet, die jeder erfährt, der das Glück hat, derselben vorgestellt zu wer-

den.“ Nicht ganz so emphatisch gibt sich 1798 der Dichter und Freiheitskämpfer Ernst Moritz Arndt. In seinem Reisebericht meint er: „Der Fürst von Thurn und Taxis als erster kaiserlicher Minister, macht eine Art Hof, aber alles ohne Glanz.“ In der Stadt werde nach dem „steifen spanischen Ceremoniel“ gelebt.
In diesem Jahr 1798 darf man in Regensburg wieder hoffen. Mathilde Therese ist schwanger. Dann enttäuschte Gesichter! Am 28. August kommt sie wieder nur mit einem Mädchen nieder, das zudem bald stirbt.
In dieser grausamen Zeit, in der die Erbprinzessin ein Schicksalsschlag nach dem andern trifft, blüht und gedeiht die böhmische Taxis-Linie auf fast provozierende Weise. 1799 kann sich Maximilian Joseph über die Geburt des fünften Sohns (Friedrich Hannibal) freuen. Das Glück Carl Anselms in Regensburg beschränkt sich darauf, daß in diesem Jahr seine Freimaurerloge „Die Wachsende“ ihm zu Ehren in „Carl zu den drei Schlüsseln“ umbenannt wird.
Resigniert reist Mathilde Therese im Sommer 1799 nach Hildburghausen, wo sie mit zweien ihrer Schwestern und Jean Paul zusammentrifft. Der Dichter preist die drei Frauen und ihre abwesende Schwester als Göttinnen. Seinen „Titan“ widmet er ausdrücklich „den vier schönen und edeln Schwestern auf dem Thron“. Goethefreund Karl Knebel schreibt über die Begegnung: „Alle Herzen sind sein, und die versammelten drei Prinzessinnen hatten ihn täglich um sich, wo er acht Tage lang, vom Mittag bis Mitternacht, täglich zubringen mußte.“ Knebel weiter: „Sie können sich wohl denken, daß auch er etwas von ihnen bezaubert ist – aber sittlich und unschuldig wie ein Kind.“
Dann noch eine traurige Nachricht. Im Krieg gegen die Franzosen fällt Carl Joseph von Fürstenberg. Die Witwe, Carl Anselms zweiunddreißigjährige Schwester Maria Elisabeth, verläßt daraufhin die Einsamkeit ihrer böhmischen Schlösser und zieht nach Donaueschingen, um die Regierungsgeschäfte wahrzunehmen. Zur Begrüßung dieser lebenslustigen und charmanten Frau tritt unter dem Kommando des Landesoberforstmeisters Joseph von Laßberg das gesamte Forstpersonal an. Auf der Grenzbrücke über die Donau kommt es dann zwischen dem Taxis-Sproß und Laßberg

zur schicksalhaften Begegnung. „Die Zuneigung, die beide erfaßte, begleitete sie bis an das Grab“, berichtet ein Zeitgenosse über diese Liebe auf den ersten Blick.

Carl Anselms Schwester streift unverzüglich ihr Trauerkleid und die Etikette ab und bietet dem neunundzwanzigjährigen Freund aus Donaueschingen, der sofort seine Familie verläßt, im Schloß ein Leben voll Luxus und Liebe. Er wiederum ersetzt seinen geringen Stand durch eine glückliche Hand bei der Führung der lustigen Witwe, die in jeder Hinsicht an seinen Lippen hängt. Zu gerne hört sie von ihm alte Geschichten und Gedichte, die Epen des Mittelalters, Minnelieder und Meistergesänge.

Genau nach dem Glück dieser zweiten Liebe sehnt sich zur selben Zeit auch Mathilde Therese in Regensburg. Sie will nicht mehr, daß über ihren Unterleib nur noch dynastische Begierden walten. „Ich war nicht mehr als ein Ofen“, klagt sie später. Als sie im Frühjahr 1800 wieder nur mit einer Tochter (Maria Sophia) niederkommt, ist sie am untersten Tiefpunkt. Sie will sich so schnell wie möglich mit ihrer Schwester Luise in Charlottenburg aussprechen, doch wegen des Krieges und der Angst um ihre Töchter sagt sie wieder ab.

Darauf schreibt Luise verständnisvoll aus Potsdam: „Gesiegt hat das Muttergefühl, sobald ich Deine Gründe las, und die Schwester stehet gern bei den Kindern nach.“ Und weiter meint die Preußenkönigin: „Tausend Wünsche schicke ich zum Himmel für Dein Wohl, für das moralische Wohl Deiner Therese und für die Stärkung Deiner kleinen Sophie.“

Kurz nachdem dieser Brief in Regensburg eingetroffen war, erreicht Carl Anselm aus dem fernen Polen die Nachricht, daß seine Tochter Sophie Friederika, die verwitwete Fürstin Radziwill, gestorben ist. Sie hatte kurz vorher in dritter Ehe noch einen Grafen Ostrorog geheiratet.

Im September 1800 reist Mathilde Therese dann überraschenderweise doch zu Luise. In ihrem Regensburger Schloß fühlt sich ihr Herz einfach eingesperrt. Da ist alles so eng und kleinkariert, so frauenverachtend, klagt sie der Schwester. Als Mathilde Therese wieder nach Süden aufbricht, zerschellt die letzte Illusion. „Der Abschied von Therese war nicht angenehm, ich empfinde ihn noch“, schreibt dazu Luise.

Zu Hause in Regensburg scheint der Fluch Gottes über St. Emmeram zu liegen. Prinzen bleiben aus, Posten gehen verloren, Prälaten vergessen sich und werden vertrieben. Eine neue Zeit kündigt sich an, auf die Ewigkeit bauen immer weniger. Die Auflösung der reichen Klöster und des armseligen Heiligen Römischen Reiches Deutscher Nation zeichnet sich am Firmament ab.

Mit einem dreisten Überfall auf die Posten beginnt das 19. Jahrhundert für die Taxis recht unfein. 1801 verlieren sie nämlich mit dem Frieden von Luneville das gesamte linksrheinische Transportwesen. Und das ist Buße und Einbuße zugleich. Für die Schwarzen Kabinette, in denen man fremde Briefe öffnet, wird dem großen Taxis-Postamt ein Quittungszettel ausgehändigt, der eigentlich schon lange ausgestellt ist.

Weil die Lage allmählich bedrohlich wird, setzt sich Carl Anselm von Schloß Trugenhofen aus mit dem neuen bayerischen Kurfürsten Max IV. Joseph (dem späteren König) in Verbindung. Er soll ihm helfen, daß nach dem linksrheinischen Desaster der Postbestand nicht noch mehr beschnitten wird. Unter anderem bittet Carl Anselm den Wittelsbacher, dessen Diplomaten „die vorläufigen Instruktionen dahin schon zu ertheilen, daß sie meinen Vorstellungen geneigtes Gehör geben, und solche zu einer gewährenden Entschließung bestens unterstützen mögten". Dann die Floskel: „Mein Dank und meine Ergebenheit für diese mir versprechende gnädige Willfahrung soll gränzenlos seyn."

Gleichzeitig kümmert sich Carl Anselm um die ehemaligen Angestellten in den verlorengegangenen Gebieten. Das ist kein neuer Charakterzug an ihm. Denn schon in der Vergangenheit wurde er verschiedentlich als ein Fürst geschildert, der „gegen die Postbediensteten ein gerechter Mann" (Jonas Ludwig Heß) und für alle Witwen und Waisen seiner Angestellten „sehr väterlich sorgt" (Klement Alois Baader).

Jetzt, 1801, da die linksrheinische Post unwiederbringlich verloren ist, nimmt sich Carl Anselm „der Zukunft seiner Beamten mit

einer Sorgfalt an, die manchem Souverän zum Vorbild hätte dienen können". Diese Zeilen schreibt nicht irgendwer, sondern der erklärte Taxis-Gegner Heinrich Stephan, der Begründer der Deutschen Reichspost und des Weltpostvereins.
Die ihr eigene Art von Nächstenliebe praktiziert indes in Regensburg Carl Anselms Schwiegertochter Mathilde Therese, von der Arnim-Neudorf, Bettina von Arnims Schwager, 1801 schreibt: „Sie wußte durch Jugend, Schönheit und Liebenswürdigkeit sich viele Herzen zu gewinnen." Wahrscheinlich Ende dieses Jahres 1801, just als Halbbruder Maximilian Joseph die Geburt des sechsten Sohnes (Wilhelm) meldet, erfährt Carl Anselm das Unfaßbare: Die siebenundzwanzigjährige Erbprinzessin hat einen anderen, der sie begreift.
Einer, der genaue Kenntnis von der Buhlschaft hat, ist der bayerische Reichstagsgesandte Alois von Rechberg-Rotenlöwen. „Es wäre wahrscheinlich wünschenswert gewesen", so schreibt er später, wenn Carl Anselm und Karl Alexander die „Gefälligkeiten" Mathilde Thereses unterbunden und sie „auf den geraden Weg zurück gebracht hätten". Aber, so fährt Rechberg-Rotenlöwen fort, „man ließ ihr mit ihrem Liierten freien Lauf".
Gut informiert über das neue Verhältnis ist auch Schwester Luise in Berlin. Sie schreibt 1801 an den gemeinsamen Bruder Georg nach Mecklenburg, Mathilde Therese habe sich „des Todes verwundert, wie es möglich wäre, so ganz seinen Pflichten zu leben wie ich, seinen eigenen Geschmack verleugnen und alles zu tun, was zum Glück eines guten, geliebten Gatten beitragen könnte".
Jetzt auf einmal versteht man Graf Labes, den Schwiegersohn des preußischen Gesandten Goertz, an den noch heute unweit des Taxisschen Schlosses ein Denkmal erinnert. Schöner als bei Carl Anselm, so schreibt der junge Mann, ist es abends bei Mathilde Therese: „Spiele des Witzes und der frohen Laune waren da an der Tagesordnung, Aufführungen von Sprichwörtern, improvisierte Schauspiele." Am Ende der Gaudi ruft alle ein Gott „zu einem Tanz in das Leben zurück". Der Mann der Erbprinzessin nimmt an diesen Freuden nicht teil. Er wird auch mit keiner Silbe erwähnt.
Dann das Jahr 1802, in dem unter anderen Achim von Arnim, Metternich, Schmeller und Hölderlin in der Taxisschen Residenz-

stadt Regensburg weilen! Am 5. Januar gibt der bayerische Kurfürst dem Taxis-Fürsten Brief und Siegel für den Fortbestand der Post in seinem Lande. „Euer Liebden können versichert seyn, daß ich meinem Gesandten eine solche Instruktion ertheilen werde“, schreibt er nach Regensburg.

Jetzt folgt eine der längsten Faschingszeiten des Jahrhunderts. Bis zum 2. März erfreuen sich die Regensburger der Maskeraden, wilden Tänze, Galatafeln und so mancher verbotener Früchte. Im Gewühl entdeckt der bayerische Gesandte Rechberg-Rotenlöwen eine junge, elegante Frau mit einem Mann, der nicht der ihrige ist: Mathilde Therese von Thurn und Taxis.

Über den Liebhaber schweigt er sich aus, doch es kann nur der Sohn seines Vorgängers auf dem bayerischen Gesandtenposten sein, Maximilian von Lerchenfeld. Dieser ist seit drei Jahren mit Maria von Groschlag verheiratet, die jetzt einsam auf Schloß Köfering sitzt. Ihr treuloser Mann residiert dagegen im großen Lerchenfelder Hof an der Ecke Untere Bachgasse/Gesandtenstraße. Eine sturmfreie Bude also, in der man genießen kann, was das Herz begehrt ...

In den Kirchen der Stadt wird am 7. März 1802 der erste Fastensonntag gefeiert, da weiß die Erbprinzessin, daß sie in gesegneten Umständen ist. Als Vater des werdenden Kindes gibt sie selbstverständlich ihren Ehemann an. Und so teilt Fürst Carl Anselm an Mariä Himmelfahrt vom Schloß Trugenhofen aus dem bayerischen Kurfürsten Max Joseph den Zustand seiner Schwiegertochter mit. Dann folgt der Satz: „Bey dem sehnlichen Wunsche, daß sie mich mit einem Enkel (!) erfreuen möge, habe ich mit ihr und ihrem Gemahle auch noch jenen, Euere Durchlaucht mögten sodann erlauben, daß ihrer Höchst Dero Nahmen in der heiligen Taufe beygeleget werden dörfe.“

Tatsächlich kommt Mathilde Therese am 3. November 1802 mit einem Buben nieder. Jetzt passiert etwas Merkwürdiges. Das im Fasching gezeugte Kind will die Mutter nicht Max Joseph nennen. Sie setzt vielmehr Maximilian Karl durch. Und sie gedenkt mit dem Namen Maximilian nicht des Kurfürsten in München, sondern ihres Herz-Obers von der Unteren Bachgasse. Erst mit dem zweiten Namen wird sozusagen anstandshalber an ihren Ehemann erinnert.

1803 dann der Reichsdeputationshauptschluß am Reichstag! „Zur Schadloshaltung für die Einkünfte der Reichsposten in den an Frankreich abgetretenen Provinzen“ werden Carl Anselm das Damenstift Buchau und die Abteien Marchthal und Neresheim geopfert. Das hat eine neue Stimme am Reichstag und eine Erweiterung des Wappens zur Folge.

Carl Anselm, der in diesem Jahr 1803 seinen siebzigsten Geburtstag feiert (so alt ist bis dahin kein Taxis-Fürst geworden), weiß aber genau, daß neue Stimmen und Insignien kein annähernder Ausgleich für die verlorenen Posten sind. Weitere Enteignungen würden den Anfang vom Ende bedeuten. Das sagen ihm auch seine Beamten.

Der Trend ist aber nicht mehr aufzuhalten, wie die nächsten Jahre zeigen. Noch 1803 kommen jetzt in Bayern die Schwarzen Kabinette ins Gerede. Einer, der sich fürchterlich aufregt, ist Johann Michael Sailer, der Erzieher des bayerischen Kronprinzen Ludwig und spätere Regensburger Bischof. Nach seiner Darstellung ist ein Brief von ihm „auf der Post zu Landshut erbrochen, in ein neues Kuvert gelegt und von fremder Hand überschrieben und gesiegelt worden“.

Die Sorgen um die Familie zu Hause in Regensburg werden für Carl Anselm gleichfalls nicht weniger. Die Frau Schwiegertochter dominiert das Geschehen immer mehr. Im Sommer reist sie nach Wilhelmsbad bei Hanau, wo sie Schwester Luise und Frau Rat Goethe trifft. „Ich wurde in ein schönes Zimmer geführt, da erschien die Königin wie die Sonne unter den Sternen – freute sich herzlich, mich zu sehen, presentirte mich Dero drei Schwestern“, schreibt Goethes Mutter.

Schließlich holt den alten Fürsten auch noch die Vergangenheit ein. Es klopft nämlich seine zweite Frau Elisabeth von Train mit dem gemeinsamen Sohn Nikolaus Joseph (inzwischen siebzehn Jahre alt) bei ihm an. Sie ist unter einem fremden Namen nach Regensburg gekommen und will empfangen werden.

Tausend Erinnerungen werden wach. Vor fast zwanzig Jahren bezauberte ihn das einst so hübsche Wesen aus Berchtesgaden. Carl Anselm hat seit dem Abschied nichts Gutes über sie gehört. Der kleine Adelssitz, den er ihr einst geschenkt hatte, kam arg

herunter. Und häßlich sei sie geworden, wird ihm mitgeteilt. „Stat der vorigen Schönheit sieht man nur eine abscheuliche Larve in ihr", schreibt Schmeller.
Brieflich teilt ihm jetzt Elisabeth mit, wie es Nikolaus Joseph geht: „Die Kinderjahre dieses von Euer Durchlaucht erzeugten Sproßes sind vorüber; ich ließ es nicht an Kosten und Anstalt fehlen, daß er seiner Geburt und Standes gemes erzogen, und mit jenen Wissenschaften ausgebildet wurde, die ihm einst im künftigen Leben durch die Verhängnisse des Schicksalles sicher fortführen sollte. Nebst Musick und nöthiger Sprachen Erlernung verfehlte ich nicht, ihm auch in den anständigst und erforderlichen Leibes Übungen satten Unterricht ertheilen zu lassen." Vor kurzem, so erfährt Carl Anselm schließlich noch, sei der Bub in kaiserliche Kriegsdienste getreten.
Von einer Aussprache mit der ehemals verehrten und begehrten Frau will der Fürst aber nichts wissen. Ein Beamter erhält „den gnädigsten Auftrag, der Frau von Train zu bedeuten, daß Höchst Sie dieselbe nicht sehen wollten, sondern vielmehr ihre baldige Abreise man hier gnädigst verlangten".
Dann folgt Carl Anselms letztes Lebensjahr. Er ist ein gebrochener Mann, der ahnt, daß seine impulsive Schwiegertochter das Taxis-Imperium beherrschen wird. Als diese am 29. Januar 1805 ihrem Sohn Friedrich Wilhelm das Leben schenkt, weiß man wieder nicht sicher, wer wirklich der Vater ist.
Im März reitet Mathilde Therese dann nach Darstellung der Emmeramer Benediktiner der Teufel. Sie läßt im Kloster eine Orgel für ihren protestantischen Gottesdienst einbauen. Mitten in der erzkatholischen Abtei soll also von jetzt an die Königin der Instrumente für die ketzerische Prinzessin aufbrausen! Das wollen die Mönche keinesfalls hinnehmen.
Im Namen von Fürstabt Steiglehner wird sofort ein Pater bei Carl Anselms Schwiegertochter vorstellig und erklärt, jetzt sei das Maß der Unverschämtheiten voll. Doch er bemerkt sehr schnell, daß seine heilige Mission zum Scheitern verurteilt ist. So teilt der Prälat persönlich mit, „künftighin zu ignorieren, was in der Wohnung des Durchlaucht Erb-Prinzen geschieht". Doch müsse man jetzt unbedingt darauf dringen, daß der protestantische Kirchen-

rat in Zukunft leise predige. Man wolle seine Stimme im Klostergarten auf gar keinen Fall hören. Weiter dürfe niemand mehr von der Stadt an den Gottesdiensten teilnehmen („sey er wer er wolle"). Schließlich könne man es nicht mehr dulden, daß die Prinzessin und ihre Leute die protestantischen Gottesdienste in der Stadt ständig lobpreisen. „Denn wenn sie selbst, wie bisher geschehen, in den Zechstuben und anderen Orten von dem erzählen, was im Kabinette ihrer Durchlaucht Gebieterinn geschieht, wie können wir es ignorieren?"

Steiglehner bittet sich abschließend noch ein besseres Benehmen gegen seine Mönche aus und erinnert an den vormaligen Prinzipalkommissar: „Die Herablassung und das gütige Benehmen des Fürstenbergischen Hofes, wovon einige noch lebende Glieder unsers Klosters Augenzeugen waren, und welches wie ein Erb-Lehen den Nachkommenden erzählt wird, macht einen nicht geringen Eindruck auf die gemüther, wenn es mit jenem des fürstlich Thurn und Taxischen verglichen wird." Doch all diese salbungsvollen Worte bekehren Mathilde Therese nicht im mindesten. Von den Mönchen hält sie genausowenig wie von ihrem Mann.

Im Mai muß sich Carl Anselm schon wieder aufregen, wofür allerdings diesmal Mathilde Therese nichts kann. Seine zweite Frau Elisabeth hat eine Urkunde gefälscht, weswegen sie sich vor dem Hofgericht in Straubing verantworten soll. Doch darf die Gemahlin eines Reichsfürsten so ohne weiteres vor den Kadi gestellt werden? Lange juristische Erörterungen finden statt.

Durch eine Mitteilung vom 13. Mai erfährt der Münchner Hof konkret von „einer peinlichen Untersuchungssache". Frau von Train und ihr Verwalter Johann von Kürmair, so heißt es, seien „wegen Verfälschung eines Bürgschafts-Instruments von 20 000 Gulden und anderer Gegenstände" kriminell geworden. Die kurbayerischen Juristen fordern in ihren Gutachten, daß Erbprinz Karl Alexander bei einem Prozeß als Zeuge geladen wird. Seine Aussage „muß nach unserm und den allgemeinen teutschen peinlichen Gesetzen eidlich und mündlich geschehen", schreiben sie. Doch der sonst so schwache Karl Alexander zeigt sich wenigstens jetzt einmal stark. Er will nicht. Letztlich erspart ihm dann der

Kurfürst den Gang zum Gericht und gibt endlich am 30. Mai die Anweisung, „die Sache auf sich beruhen zu lassen".
Am 9. August eine weitere Erschütterung in der Familie! Die von Liebeskummer gepeinigte Erbprinzessin gürtet ihre Lenden und reist nach Schwaben. In Stuttgart wirft sie sich in die Arme ihres Geliebten Maximilian von Lerchenfeld, dem man bald den zweideutigen Titel „Leiblakai" gibt. Die letzte Gemeinsamkeit mit Karl Alexander ist dahin, was die kommenden Ereignisse schlaglichtartig illustrieren: Sie wird schwanger und ihr Mann Präfekt der Marianischen Congregation.
Der Unglücksfaden reißt auch weiter nicht. Einen Tag nach der Abreise Mathilde Thereses aus Regensburg stirbt in Salzburg Mariana Josepha, eine Halbschwester Carl Anselms und Fräulein des Stiftes St. Gertrud in Nivelles, in das sie als Dreizehnjährige eingetreten war. Der Fürst übermittelt von Schloß Trugenhofen aus dem bayerischen Kurfürsten am 14. August die Trauernachricht. Mit sehr zittriger Hand unterschreibt er die Depesche.
Seine Zeit ist abgelaufen. Er stirbt am 13. November 1805 in Winzer bei Regensburg „an einem Nervenschlag ganz unvermuthet", wie Sohn Karl Alexander dem Kurfürsten mitteilt. Die Trauergäste erleben am Beisetzungstag ein Zeremoniell, das man mit dem am Wiener Kaiserhof vergleichen kann. Aus siebenundsechzig Gruppen setzt sich der Zug zum Grab zusammen. An siebenundvierzigster Stelle, so besagt das ausführliche Protokoll, steht „die Hochfürstliche Leiche in einem, mit schwarzen Sammet überzogenen Todtenwagen, an welchem zu beiden Seiten die Hochfürstlichen Ahnen-Wappen zu sehen waren, und der mit 6 schwarz drappirten Pferden bespannt war".
Die Trauerpredigt hält der einunddreißigjährige Benediktiner Coelestin Weinzierl. Und er traut sich was. Wörtlich sagt er vor den schockierten Gästen aus nah und fern: „Ja wir müssen es, um der Wahrheit getreu zu bleiben, aufrichtig gestehen: das Gemälde seines Lebens war nicht ganz ohne Schatten. Auch der Höchstselige hatte während seines Lebens von zweiundsiebzig Jahren öfters das Unglück eine Schwäche zu begehen."

Als der neue Fürst von Thurn und Taxis, der jetzt fünfunddreißigjährige Karl Alexander, dem bayerischen Kurfürsten Max IV. Joseph am 14. November 1805 mitteilt, daß er nach dem Tod des Vaters „sogleich die mir angehaltene Regierung des fürstlich Thurn und Taxisschen Hauses angetreten habe" und jetzt oberster Postmeister sei, hat er zwar nicht gelogen, doch andererseits die Realität nicht richtig wiedergegeben.
Zum ersten leitet er zwar offiziell als neuer Chef sein Haus, doch de facto regiert seine Frau Mathilde Therese, die bei der Bestattung ihres Schwiegervaters Carl Anselm schon im dritten Monat ein Kind von ihrem Freund Maximilian von Lerchenfeld unter dem Herzen trägt. Sie ist guter Hoffnung, auch politisch etwas bewerkstelligen zu können. So gibt sie sich denn auch mit Leib und Seele den Herausforderungen und Herausforderern hin.
Zweitens ist die alte Taxissche Post längst und unwiederbringlich abgefahren. Man weiß nämlich, daß mit der unmittelbar bevorstehenden Auflösung des Reiches durch Napoleon auch das Erbpostgeneralat der Thurn und Taxis enden wird. Parallel dazu sind viele Landesherren ernsthaft entschlossen, die Post in eigener Regie zu übernehmen, so auch Max IV. Joseph in München.
Bestärkt wird der Wittelsbacher vom Präsidenten der Generallandesdirektion, Joseph Maria von Weichs, der ihm in diesen Tagen einen Brief schreibt, über den er sich gar nicht beruhigen kann: „Euer Kurfürstl. Durchlaucht ist es bekannt, daß die hiesige Briefpost seit mehreren Wochen durch Kaiserlich-französische Komißarien bewacht wurde, welche jeden Brief von Wien, Salzburg und Regensburg entweder öffneten oder unter Siegel nahmen."
Weichs gibt den Rat, „daß der gegenwärtige Zeitpunkt der schicklichste sey, das Postregal (der Thurn und Taxis) einzuziehen und unter landesherrlicher Verwaltung auszuüben". Max IV. Joseph reagiert bereits am 19. Dezember 1805. „Ich will, daß die Posten mir gehören, die Einkünfte aber meiner Nichte überlassen."

Von seiner Frau entmachtet und verachtet:
Karl Alexander (1770–1827), 5. Fürst

Das ist ein sehr bezeichnender Satz. Mit seiner Nichte meint der Kurfürst keine andere als Mathilde Therese von Thurn und Taxis. Von ihrem Mann Karl Alexander redet er schon nicht mehr. Ein Vorgang, der für die Zeit wirklich unerhört ist!
Der fünfte Fürst derer von Thurn und Taxis hat es also alles andere als einfach. Zudem verwandeln zusätzlich zur Herzenskälte seiner Frau noch hitzige Fieber und andere Krankheiten seine Residenz in einen Vorhof der Hölle. Zu allem Unglück teilt ihm die Stuttgarter Post in diesem Elend auch noch mit, daß sein um zwei Jahre jüngerer Bruder Friedrich Johann am 7. Dezember gestorben ist. Er war kurwürttembergischer Generalmajor und wird neben der unglücklichen Mutter Augusta Elisabeth in der Herzoglichen Gruft in Ludwigsburg beigesetzt.
Gleich darauf folgt neue Unbill! Dazu die Vorgeschichte: Aus München kommt die Depesche, daß dort Kaiserin Josephine eingetroffen ist. Die Vorbereitungen zum Empfang ihres Mannes, des großen Kaisers Napoleon, und zur Proklamation des Kurfürsten Max IV. Joseph zum ersten bayerischen König (1. Januar 1806) laufen auf Hochtouren.
Was aber liegt jetzt für Fürstin Mathilde Therese von Thurn und Taxis näher, als sofort nach München zu reisen, mit dem Korsen zu verhandeln und ihm klarzumachen, daß die Post ihrer Familie gehört? Doch sie kann nicht, weil sie ja von ihrem Freund Max im Mai ein Baby erwartet. So schickt sie ihren Ehemann in die bayerische Landeshauptstadt, der bei Napoleon „Schutz und Garantie für das Kaiserliche Reichspostgeneralat" erreichen soll. Ein Ton nur von ihm, und die Taxisschen Posthörner würden weiter überall in deutschen Landen erklingen! Doch Karl Alexanders Ansinnen wird eiskalt abgeschmettert.
Er kann in Regensburg über diese Dissonanzen gar nicht richtig sprechen, da bläst seine Frau schon zum Aufbruch nach Berlin. Dort will sie ihre hübsche Schwester Luise besuchen. Der Ehemann merkt natürlich am Körper der Gemahlin, daß da wieder einmal etwas nicht stimmt, daß nicht nur sie, sondern noch etwas anderes unterwegs ist. Er müßte jetzt ihren Extratouren zu Leibe rücken, doch er hat sie nicht mehr im Griff.

Kaum ist Mathilde Therese von Königin Luise geschieden, fliegt sie in Dresden ihrem geliebten Lerchenfeld in die Arme. Mitte Mai kommt sie in der Sachsenmetropole mit ihrem Sohn Georg Adolf nieder. Getauft wird der Bub am 17. Mai in einer katholischen Kirche. Daß dies die überzeugte Protestantin zuläßt, ist natürlich auf ihre schier grenzenlose Liebe zum andersgläubigen Partner und Kindsvater zurückzuführen.
Wenige Wochen später entlädt sich das aufziehende Gewitter. Mit dem Rheinbund wird dem Heiligen Römischen Reich Deutscher Nation der Todesstoß versetzt. Kaiser Franz II. tritt am 6. August 1806 auf ein Ultimatum Napoleons hin zurück und verkündet das Ende des Reiches. Das heißt gleichzeitig, daß der Immerwährende Reichstag, den der Korse „ein Affenhaus voll der Lächerlichkeit" nennt, aufgelöst wird. Mit einem Schlag ist somit Karl Alexander von Thurn und Taxis, wie er längst befürchten mußte, nicht mehr Prinzipalkommissar und Generalpostmeister.
Im Zuge dieser Umwälzung ist natürlich auch die Landeshoheit in seinen schwäbischen und bayerischen Ländern verloren. Dreiundvierzigtausend Untertanen leben dort in insgesamt einhundertfünfundzwanzig Dörfern und erwirtschaften jährlich dreihundertzehntausend Gulden.
Einen Tag nach diesem schwärzesten aller schwarzen Tage in der Geschichte des Geschlechtes lassen auch einige brave Regensburger wissen, was sie von den Thurn und Taxis halten. Es passiert etwas Ungewöhnliches. Karl Alexander wird mitgeteilt, daß der Obelisk in dem von seinem Vater Carl Anselm gestifteten Stadtpark neben dem Schloß mit Kot besudelt wurde. Eine Bagatelle gewiß, aber wegen der Publizität des Vorfalles wieder ein Grund zum ärgern.
Und die Demontage hält an. Die Posten sind das Hauptproblem, aber auch die Etikette bringt Unannehmlichkeiten. Der württembergische König Wilhelm, übrigens ein Verwandter der Taxis, schickt einen Brief an Karl Alexander zurück und weist ihn zynisch darauf hin, daß er nicht mit „gehorsamster Vetter und Diener" (wie sich der Regensburger ausdrückte), sondern mit „allerunterthänigst treu gehorsamst" zu unterzeichnen habe.

1807. Die Fürstliche Residenzstadt Regensburg, in der Jahrhunderte der Puls des Reiches schlug, ist eine Provinzstadt geworden. Die meisten Gesandten und ihr Personal ziehen ab. Das Rathaus, in dem Menschen aus halb Europa fast eineinhalb Jahrhunderte lang stritten und litten, verfällt zur Rumpelkammer der Geschichte. Mäuse und Fledermäuse nisten sich im Re- und Correlationssaal ein, liest man. „Es ist herzergreifend", so schreibt Joseph von Eichendorff 1807 in sein Tagebuch, „wie diese alte berühmte Stadt jetzt durch die Auflösung des Reichstages öde und leer ist; nur die Kirchen schauen, erhaben über die kleinlichen Jahre, einsam aus den alten kräftigen Zeiten der Herrlichkeit herüber."

Soll man noch in diesem unbedeutenden Regensburg bleiben? fragt man sich auch im Fürstlichen Haus. Dort werden jetzt erstmals Umzugspläne erörtert. Unter anderem sind Frankfurt mit seinem prächtigen Taxisschen Schloß und Paris als neue Residenzstädte im Gespräch. Doch dann gibt man sich andererseits wieder realistisch. In Regensburg ist rein äußerlich alles so perfekt und bequem. 1807 baut der Portugiese Herigoyen im Park des Schlosses einen reizenden Pavillon. Es ist das spätere Schlößchen Theresienruhe der Fürstin Mathilde Therese. 1944 wird es bei einem Bombenangriff zerstört.

Plötzlich ein neuer Schock! Am Hof bangt man um das Leben des fünfjährigen Erbprinzen Maximilian Karl. Er kann kein Essen mehr behalten. Der Hausmedikus warnt am 20. August vor den üppigen Hoftafeln. Der Kleine soll vielmehr unter ärztlicher Aufsicht mit dem jüngeren Bruder Friedrich speisen, „weil diese einfach bereitete Kost seinem Alter angemessen ist". Gottseidank erholt sich der Bub allmählich wieder.

Kaum ist er genesen, reist Mutter Mathilde Therese im Oktober 1807 nach Paris an den Kaiserhof. Es beginnt eine Phase, in der sie mit einem unglaublichen Engagement in halb Europa die Belange des Taxisschen Hauses vertritt. Die jetzt Vierunddreißigjährige ist als emanzipierte Politikerin ihrer Zeit weit voraus. Dort, wo Männer am Verhandlungstisch über die politische Neuordnung Deutschlands verhandeln, mischt sie mit Sachverstand und Charme mit. Kokett spielt sie manchmal auch einen Trumpf aus, den nur schöne Frauen haben.

Konkret hat sie sich zwei Ziele gesteckt. Erstens: Die Post muß wieder unter die eigene Regie. Zweitens: Die Landeshoheit über die schwäbischen und bayerischen Länder ist zurückzugewinnen. Bei Napoleon macht sie zunächst ihre Sache so gut, daß ihr Haus die einst in den Niederlanden beschlagnahmten Herrschaften Braine-le-Château, Haut-Ittre und Impden wieder zurückbekommt.

Was kann man fürs erste mehr begehren, denkt sich die hübsche Frau. Sie ist drauf und dran, Paris zu erobern und noch mehr. In ihrer Kutsche wartet nämlich Graf Lerchenfeld. Und jetzt beginnt ein Leben, das sie aus den großen französischen Liebesromanen kennt. Die „Liaisons dangereuses" von Choderlos de Laclos sind auf dem Markt, und darin findet sich in Gestalt der hübschen Pariser Marquise des Merteuil ein treffliches Vorbild. „Ich brannte darauf, Leib an Leib mit Ihnen zu ringen", schreibt sie ihrem Freund.

Als die Regensburger Kutsche im goldenen Oktober 1806 durch die Straßen entlang der Seine rollt, spürt die Thurn-und-Taxis-Fürstin, daß das Paradies und Paris unendlich viel gemeinsam haben, daß es kein größeres Glück als das mit diesem witzigen, draufgängerischen Spaßvogel Lerchenfeld gibt. Er wiederum erfreut sich ihrer ständigen Lust zur Ekstase. Und sie ist einfach schön wie die Sünde.

Natürlich gefällt dieses ungewöhnliche Liebespaar in Paris. Graf Labes sieht es und schreibt in seinen Memoiren, daß Mathilde Therese schon „viele Besieger" hatte, daß aber Lerchenfeld „wenigstens am längsten, im strengeren Sinn des Wortes, sie gefesselt hielt". Die Geliebte, so fährt Labes fort, „mit Willen und Verstande ausgerüstet, hatte beiden für Diesen (Lerchenfeld) entsagt".

Die Fürstin und ihr Galan tummeln sich am Hofe. Wenn es in die großen Säle der Pariser Gesellschaft geht, hakt sich die Fürstin bei ihm unter. Die Liebenden, ihre Blicke und Küsse werden vielerorts aufmerksam verfolgt, wie wir noch sehen werden. Und die verliebte Frau nimmt sich, was ihr Herz begehrt, unter dem bald wieder neues Leben entsteht.

In diesen Tagen, die von Leidenschaft und Lebensfreude geprägt sind, greift Mathilde auch zur Feder und schreibt an ihre Schwester Luise, die preußische Königin, einen Brief, der das alte Sprichwort, wonach Liebe blind macht, voll bestätigt. Die Fürstin bittet die Schwester am 25. Oktober darum, für Napoleon, der dem Haus Thurn und Taxis so entgegenkam, mehr Verständnis aufzubringen.

Das ist angesichts der Angriffe Frankreichs gegen Preußen ein böses Ansinnen. Am 18. November 1807 entwirft die Königin in Memel die Antwort. „Ich gestehe Dir ganz offen, ich bin so entrüstet über Deinen Brief, daß ich Dir wenigstens meine Empfindungen ausdrücken möchte."

Diesen Brief mit vielen Vorwürfen verwirft Luise aber wieder und beginnt mit einem zweiten Avis. Sie freue sich, so teilt sie Mathilde Therese mit, „daß Deine Reise glücklichen Erfolg gehabt hat, daß Euer Los gemildert" ist. Dann aber der Satz: „Ich kann Dir nicht verhehlen, daß Dein Brief mir aufs tieffste wehgetan hat, denn Du sprichst darin so, daß man glauben könnte, alle Schuld sei auf unserer Seite."

Am 17. Dezember 1807 schreibt Luise auch an den gemeinsamen Bruder Georg: „Ein Brief, ihrer ganz unwürdig und mich bis in den Tod deshalb kränkend, der Strafe entgeht sie nicht, sobald ich sie in Regensburg weiß." Dorthin ist Mathilde Therese in diesen Tagen abgereist. Am 20. Dezember trifft sie „im besten Wohlseyn" (*Allgemeine Zeitung*) wieder in Regensburg ein.

Doch dort hält sie es abermals nicht lange aus. Was geschieht? Anfang 1808 empfängt in München der allmächtige Minister Montgelas belastendes Material gegen die Taxis. Nach den bereits erwähnten und lange schon kursierenden Verdächtigungen legt der Politiker dem König Max I. Joseph, der ja der Onkel der Fürstin ist, jetzt handfeste Beweise auf den Tisch, daß die Thurn und Taxis in ihren Schwarzen Kabinetten Briefe heimlich öffnen und lesen. Nach der Aussprache zwischen Monarch und Minister schreibt man Mitte Februar kategorisch und kompromißlos nach Regensburg, daß Bayern die Posten in eigene Regie übernehmen werde.

Das Material ist in der Tat so erdrückend, daß man sich an der Donau keine Mühe der Entgegnung macht. Der Taxissche Beamte Alexander von Vrints gibt alles zu. Seit hundert Jahren sei dies Praxis der Taxis, räumt er ein. Doch Mathilde Therese ist anderen

Sinnes und gibt noch nichts verloren. Am 21. Februar sucht sie um eine Audienz beim König nach. Dieser lehnt ab und rät ihr, sie soll sich eine „so peinliche Reise bei solcher Winterkälte" ersparen.
Am nächsten Vormittag stattet sie aber trotzdem Montgelas, bei dem die Fürstin alle Register ihrer Überredungskunst zieht, einen Besuch ab. Der Erfolg ist spärlich. Alles, was sie erreicht, ist eine teilweise Umwandlung der vorgesehenen Ablösesumme in Domänen. Aus dem ehemaligen Regensburger Hochstift (Besitz des Bischofs) erhält sie Wörth, Donaustauf und Wiesent. Die bayerische Post ist hiermit abgegolten und für immer verloren.
Bereits am 28. Februar 1808 wird die Zessionsurkunde unterzeichnet. Danach erhält Karl Alexander für das millionenschwere Postregal neben Domänen und sechzigtausend Gulden die Würde eines bayerischen Reichsoberpostmeisters mit der Funktion „der Oberaufsicht bei feierlichen Zügen und Auffahrten" und die Befugnis, bei hochoffiziellen Anlässen den Reichsapfel zu tragen.
Selten erklärt ein Symbol ein Ereignis so treffend wie an diesem Februartag des Jahres 1808. Für einen Apfel, so glaubt man, hat einst das biblische Paar Adam und Eva das Paradies aufgeben müssen. Die Thurn und Taxis, deren Residenz im Herzen des Königreichs Bayern steht, dürfen in diesem Lande zwar den Reichsapfel tragen, jedoch keine Briefe mehr befördern. Man spricht an den Höfen auch von einer Vertreibung aus einem „blühenden Garten".

Doch nicht nur im Alten Testament folgt dem Paradies eine rauhe und böse Wirklichkeit. Kaum sind in Bayern an den Poststationen die alten Schilder mit dem Taxiswappen abmontiert, bricht ein neues Gerücht und Gericht über die Familie herein. Es heißt, daß die ehemalige Reichsstadt Regensburg zum Königreich Bayern geschlagen wird. Karl Alexander hat schlaflose Nächte. Ein Thurn und Taxis will doch keinen Landesherrn über sich dulden.
Doch schon kündigt sich die nächste Katastrophe an. Der Fürst sieht, wie sich ohne sein Zutun abermals der hübsche Körper seiner Frau verändert. Er kennt die Formel: jeder Aufbruch ein Ehebruch. Am liebsten würde er in den Boden versinken. Welche Schande für einen Thurn und Taxis!
Als Mathilde Therese von einem Mädchen entbunden wird, läßt sie es auf den Namen Amelie taufen, auf ihren dritten Vornamen. In Hofkreisen heißt das Mädchen Amelie Stargard, nach der gleichnamigen Herrschaft in der mecklenburgischen Heimat der Fürstin. Viel will sich die Mutter allerdings nicht um ihr Kind der Liebe kümmern. Es wird zur Erziehung auf das Gut des Vaters Lerchenfeld nach Köfering gegeben. Wir hören später noch von ihr.
Während Mathilde Therese nicht daran denkt, die Pfade der Tugend zu betreten, findet ihr Mann immer öfter den Weg zur Kirche. Er spielt gerne die Orgel und hört Anfang März das Fastenedikt des Fürstprimas Dalberg: „Vom Donnerstag nach dem Aschermittwoch bis auf den Mittwoch nach dem Palmsonntag einschlüssig, ist Mittags und Nachts, keineswegs unter Tags (die Sonntage allein ausgenommen) der Genuß von Fleischspeisen erlaubt."
Wo wird meine Ehefrau sein? mag sich Karl Alexander in dieser ruhigen Zeit fragen. An eine Enthaltung des Fleisches denkt sie sicher nicht. Wieder gehen ihm Umzugspläne durch den Kopf. In Frankfurt gehört ihm doch ein großes Schloß. Dort lebt seit zwei Jahren Fürstprimas Dalberg recht komfortabel. Frau Rat Goethe ist Ende April bei ihm zu Gast und schreibt ihrer Tochter Christiane: „Der Fürst tranck meines Sohnes gesundheit und war gantz

Jeder Aufbruch ein Ehebruch:
Fürstin Mathilde Therese (1773–1839), Frau des Fürsten Karl Alexander

allerliebst.“ Sohn Johann Wolfgang von Goethe, dessen Werke übrigens die „regierende Frau Fürstin“ Mathilde Therese subskribierte, soll noch vierundzwanzig Jahre leben, die Mutter dagegen nur noch einundzwanzig Wochen.

Als sie am 13. September 1808 in Frankfurt stirbt, bricht von dort Clemens von Brentano (seit kurzem wegen seines „Knaben Wunderhorn“ ungemein populär) nach Regensburg auf. Dort schmiedet Mathilde Therese gerade Reisepläne. Sie fühlt sich noch immer auf dem Zenit ihrer diplomatischen Verhandlungskunst, und ihr Ziel ist diesmal Erfurt, wo am 27. September ein Friedenskongreß beginnt. Frankreich und Rußland wollen hier ihren Pakt erneuern, doch schon deutet sich die Umkehr des Zaren Alexander I. an. Vielleicht vertraut er sich der Regensburgerin in ihren Salons an, er stellt sich doch öfter dort ein.

Allerdings taucht auch der eifersüchtige Talleyrand auf. Und dieser behauptet in seinen Memoiren, es werde bei der Fürstin nicht nur politisiert. Die Fünfunddreißigjährige läßt sich vom französischen Minister und dem Zaren, der laut Talleyrand in Erfurt „wie immer im siebten Himmel ist“, ganz schön hofieren. Oft bleibt der Russe „länger als gewöhnlich“. Nach dem Theater werde zunächst heißer Tee getrunken, man höre „frivole Reden“, erlebe Eifersuchtsszenen und ein langes Rendezvous mit der „excellente personne“, wie Talleyrand die Regensburgerin in seinen Memoiren nennt. Am 14. Oktober enden die Kongreßbeiträge und Koseworte. Die Fürstin gab alles und bekommt jetzt nichts.

Bitter enttäuscht reist sie von Erfurt nach Kassel, wo ihr Freund Maximilian seit kurzem bayerischer Gesandter ist. Sie wird auch vom westfälischen König Jerome, dem jüngsten Bruder Napoleons, empfangen, dem sie einige Versprechungen macht, falls er ihr die Post seines Reichs überläßt. Abgesehen davon, daß er mit Sachsen bereits eine Postkonvention auf zehn Jahre verabredet hat, verweist er die Fürstin direkt an den mächtigen Bruder. Spöttisch spielt er dabei auf die Verletzungen des Briefgeheimnisses an. Als sie in der Kutsche nach Regensburg rollt, wird ihr erstmals so richtig bewußt, daß sie eigentlich auf verlorenem Posten steht. Doch die hübsche Frau schminkt sich immer noch nichts ab. Kaum zu Hause, packt sie schon wieder das Fernweh und die Kof-

fer. Am 16. Dezember reist sie nach Frankfurt. „Wann Se. Durchlaucht“, so schreibt die *Allgemeine Zeitung*, „von hier nachfolgen, ist noch unbestimmt.“ Alles ausgestreute Propaganda! Bereits am 25. Dezember bricht Mathilde Therese nach Dresden auf. Der um seine Ehe und Ehre betrogene Mann weiht indes am 28. Dezember mit Dalberg in Regensburg das Keplerdenkmal ein. Am Abend erscheint er beim Souper „von mehreren Hundert Gedeken und einem Ball“ (*Allgemeine Zeitung*). Die First Lady fehlt.
Im Jahr 1809 hält sich Mathilde Therese abermals nur wenig in Regensburg auf. Anfang März treffen wir sie wieder in Kassel. Dort hat sie mit Freund Max „ein Rendezvous, halb aus Liebe halb aus Politik“, wie sich Graf Reinhard ausdrückt. Unter Küssen und heiligen Schwüren versichert sie ihm, daß sie ihn trotz vieler böser Meinungen und Mahnungen beileibe nie verlassen wolle und werde.
Im April erstürmen Napoleon und die mit ihm verbündeten Bayern die Taxissche Residenzstadt Regensburg. Zwei Klöster, das Chorvikarenhaus der Alten Kapelle, fünf Gaststätten und viele Privathäuser gehen in Flammen auf. Napoleon erleidet bei der Attacke die erste und einzige Verwundung seines langen Militärdienstes. Und Regensburg? „So wurde der Wohlstand von mehr als 3000 zum Theil wohlhabenden Bürger und Einwohner in wenigen Stunden ganz zu Grunde gerichtet“, liest man in einer zeitgenössischen Darstellung über diesen Waffengang.
In diesem Jahr 1809 begeht Mathilde Therese einen schweren und folgenreichen Fehler. Man weist sie darauf hin, daß der sechsjährige Erbprinz Maximilian Karl dringend seiner Mutter bedarf. Auf den Buben reden zwei verfeindete Hofmeister ein. „Bedeutende Strafen“, so entnimmt man einem Schreiben vom 30. Juni, rasseln auf das Kind nieder. Mathilde Therese aber hat nur Politik und Amouren im Kopf. Hier ist zweifelsohne die Wurzel einer späteren lebenslangen Feindschaft zwischen Mutter und Sohn zu sehen.
Eine Woche nach dem Aktenvermerk mit den „bedeutenden Strafen“ reist Mathilde Therese nach Darmstadt. Dort teilt sie ihrem Mann ironisch mit, daß sie sich „ganz vortrefflich unterhalte“. Das sind schon böse Worte. Die einst so sympathischen Züge der Fürstin schwinden zunehmend.

Doch sie büßt ihre Bosheit. Plötzlich erfährt sie, daß ihr Liebhaber Maximilian von Lerchenfeld schwer erkrankt ist. Sofort eilt Mathilde Therese an sein Krankenlager in Kassel. Doch auch hier verläßt sie das Glück. Am 19. Oktober 1809 stirbt der Freund – erst siebenunddreißig Jahre alt. Kurz vor seinem Tod bat er noch seine Ehefrau, sich der kleinen Amelie Stargard anzunehmen, was Gräfin Lerchenfeld in Köfering auch tut.
Jetzt steht Mathilde Therese am Scheideweg. Soll sie zurück zu ihrem Mann oder erhofft sie neues Liebesglück? Letzteres! Schon kurz nach dem Trauerfall sitzt die Fürstin in der Kutsche nach Paris, wo sie am 2. April 1810 an der Hochzeit Napoleons mit Marie von Österreich teilnimmt. Beim Bräutigam geht sie jetzt aufs Ganze. Sie bietet ihm an, den Taxisschen Hof nach Paris zu verlegen. Doch was soll er damit?
Ihre Schwestern sind entsetzt und verletzt. „Schade, wahrlich recht schade, daß so ein kraft- und geistvolles teutsches Weib den Teutschen verloren geht“, schreibt mehr mit Tränen als Tinte Friederike, die Frau des späteren Königs von Hannover. Und Königin Luise, die Napoleon für einen „Teufel“ und ein „Ungeheuer“ hält, meint im Juni 1810 voll tiefer Trauer: „Es gibt Wunden, die unheilbar sind.“ Es ist ihr letzter Brief. Kurz darauf stirbt die schöne Schwester im Alter von nur vierunddreißig Jahren bei Neustrelitz.
Dieser Schlag läßt Mathilde Therese plötzlich erwachen. Nach dem Tod des Freundes und der Schwester redet sie wieder mit ihrem Mann Karl Alexander. Wie aus einem Brief des Baron Rechberg-Rotenlöwen vom 6. Dezember 1810 hervorgeht, sieht es jetzt so aus, „als ob nach langen und grausamen Erfahrungen die Ordnung und der Friede im Haus Thurn und Taxis wieder einkehrten“. Rechberg-Rotenlöwen will sogar bemerkt haben, daß „beide Eheleute Schwamm über vorherige Ereignisse legten“.
Karl Alexander freilich ist seelisch fast am Ende. Überall nur Zwänge und Enge, Schelte und Kälte! Im regenreichen Sommer 1810 teilt ihm Mathilde Therese zu allem Überfluß mit, daß im Oktober ihre Nichte Therese von Sachsen-Hildburghausen in Regensburg übernachten wird. Auch das noch! Therese ist nämlich die Braut des bayerischen Kronprinzen Ludwig. Dieser wird

einmal König und Landesherr der Thurn und Taxis. Und das kann Karl Alexander überhaupt nicht vertragen. Noch vor einem halben Jahr schrieb er: „In keinem Fall kann ich und meine Generaldirektion hier bleiben, sobald Regensburg bayerisch wird." Seine Meinung über die Wittelsbacher hat er nicht geändert, seinen Aufenthalt allerdings ebensowenig.

Da soll er jetzt seine künftige Landesherrin empfangen. Willenlos fügt er sich dem Druck. „Heute mittag", so schreibt die *Allgemeine Zeitung* am 11. Oktober 1810, „ist bei dem Herrn Fürsten von Taxis große Tafel, Abends Oper im Schauspielhause, nachher Assemblee und Familientafel". Am nächsten Tag reist die achtzehnjährige Braut weiter. Im Oktober wird dann in München groß Hochzeit gefeiert, die zugleich als erstes Oktoberfest in die Geschichte eingeht. Der Festplatz heißt noch heute Theresienwiese, so nach der Braut benannt.

Dann eine arge Peinlichkeit! Am 23. Oktober 1810 läßt der Regensburger Bischof ein strenges Mandat verkünden: „Wegen sich vervielfältigenden unehelichen Geburten sollen die Prediger und Beichtväter gegen Hurerei als Todsünde strenge eifern und verfahren." Oberhirte in der Donaustadt ist 1810 Fürstprimas und Erzkanzler Karl Theodor von Dalberg. Und er weiß natürlich über die Verhältnisse am Hof derer von Thurn und Taxis Bescheid. Mit großer Wahrscheinlichkeit hatte er mit seinem Hirtenbrief die Postmeisterin aber nicht einmal im Auge gehabt, als er diese Zeilen schrieb.

Doch gibt es – und das ist das Folgenschwere an diesem Rundschreiben – sehr wohl Menschen, die den Hirtenbrief in einen Zusammenhang mit Mathilde Thereses Liebesleben bringen. Zu ihnen gehört der ehemalige Taxissche Rat Ludwig Friedrich Grub. Unmittelbar nach dem Bischofswort beginnt er, ein ganzes Königreich zu erschüttern.

Was passiert? Grub weiß offensichtlich etwas über die Aufenthalte der Erbprinzessin in jenen ersten Februarnächten des Faschings 1802, als sie ihren Sohn Maximilian Karl empfing. Weiter hat Grub ausführliche Unterlagen über die schwachen und gottseligen Stunden der Fürstin in Paris, wo sie die Abwechslung und einen fremden Mann liebte, wo sie nur wegen ihres schönen (und nicht

wegen eines gesegneten) Leibes begehrt wurde, wo ihr politische Zugeständnisse und überströmendes Glück sozusagen in den Schoß fielen. Jetzt, so sagt sich dieser grobe Intrigant Grub, soll das Taxis-Haus demontiert werden. Er wolle nicht mehr warten und all seine Erkenntnisse publizieren.
In Regensburg ist man konsterniert. Freunde der Fürstin entschuldigen sie vor König Max I. Joseph: „Wer in der Welt hat nicht gefehlt; das Mehr oder Weniger hängt von dem Temperamente ab, das uns die Natur gab – von Verhältnissen, in die man nur zu oft geschleudert wird." Dem Monarchen wird weiter eröffnet, daß Grub Papiere habe, „deren Oefentlichmachung die Ehre der Frau Fürstin brandmarken würde".
Das Dossier ist so brisant, daß sogar die sonst so selbstsichere Mathilde Therese an Max I. Joseph schreibt: „Sie haben immer viel Verständnis für mich gehabt und sehr oft habe ich Ihnen meine geheimsten Gedanken anvertrauen dürfen. Heute lieber Onkel will ich mich zu Ihren Füßen und in Ihre Arme werfen, wie in die eines Freundes." Dann gibt sie ihm plötzlich recht, daß er ihrem Haus vor zwei Jahren die Post genommen hat. Doch jetzt soll der König seine „unglückliche Nichte" nicht vergessen, der drohe, daß man öffentlich über ihre Unzucht redet.
Wir lesen weiter: „Nein, ich weiß, Sie werden mich nicht verlassen und in diese unglückliche Affaire eingreifen." Sie habe auch dem Baron Rechberg-Rotenlöwen „meine grausame Pein anvertraut", der ebenfalls noch schreiben werde. Dann zum Schluß: „Geben Sie mir meine Ruhe zurück, indem Sie mich in Ihren Schutz nehmen. Verschaffen Sie mir die Papiere wieder, die Herr Grub gegen mich verwenden will. Beweisen Sie der Welt, daß sich Herr Grub fürchterlich irrt, wenn er sagt, daß von Bayern bis Sachsen ich niemanden finden würde, der es riskiert, seine Stimme für mich zu erheben."
Wie ernst die Lage ist, zeigt dem König dann der von Mathilde Therese angekündigte Brief Rechberg-Rotenlöwens. Dem Schreiben entnimmt man, daß Grub drohe, „die Geschichte ihres Lebens zu veröffentlichen". Natürlich berichtet Rechberg-Rotenlöwen auch über Mathilde Thereses leicht entflammbares Herz und ihre vielen Ehebrüche und die Schwierigkeiten, die Fürstin,

„die mit einer Leidenschaft und mit unzähligen Vorteilen, wie Geburt und Reichtum, versehen ist, auf den geraden Weg zurückzubringen". Dann versucht man noch dem gehörnten Postmeister Karl Alexander einen Teil der ganzen Schuld in die Schuhe zu schieben. Rechberg-Rotenlöwen: „Aber es war damals so, daß man ihr mit ihrem Geliebten freien Lauf ließ." Der König hilft schließlich zur Dame und verhindert die Veröffentlichung der (heute nicht mehr vorhandenen) Papiere.

Kaum hat Max I. Joseph nach seinem gütigen Herzen entschieden, regt sich in der Brust der Fürstin ein starkes Verlangen, nach Dresden zu reisen. Was sie dort will? Die Antwort ist einfach. Dort wartet schon ungeduldig der sächsische Freiherr Alexander von Miltitz, Sohn des Königlich Sächsischen Hofmarschalls und Bruder des Dichters und Komponisten Karl Borromäus von Miltitz.

Der neue Freund, so erfährt man sehr schnell in Regensburg, ist ein Frauenheld, gescheit, verwegen und berüchtigt. So geht auch diese Reise dem Fürsten zu weit. Er könnte in seinem Palast heulen wie ein Schloßhund. Aber er kann, und das spürt er deutlicher denn je, seine Frau nicht (mehr) fesseln. Am 25. Dezember steigt die Fürstin in Regensburg in die Kutsche, die sie nach Sachsen führt. Draußen Frost, drinnen ein heißes Herz! Sie schüttelt alle Bedenken ab, eine neue Beziehung beginnt.

In Sachsen wünscht man sich für 1811 alles Gute. Die Liebe dauert ungefähr fünf Jahre und ist deshalb so schwierig zu verfolgen, weil Mathilde Therese ständig ihre Tapeten und Taktik, aber nahezu kein Wort mehr mit ihrem Eheherrn wechselt. Wir finden sie in den nächsten drei Jahren in Paris, Budapest, Wien, Prag und Darmstadt, kaum jemals aber in Regensburg. Von einem Aufenthalt in Eger wissen wir nur deshalb, weil sie dort von einem Kind entbunden wird, das wahrscheinlich von Miltitz stammt.

Die Fürstin gebiert leicht und verschwindet schnell. Nestwärme kennen ihre Kinder nicht. Daß sie ihnen Mutter und Rabenmutter zugleich ist, hat man oft erfahren. Auffallend ist, daß sie ihren illegitimen Nachwuchs total vernachlässigt. Besonders 1811 bräuchte sie Erbprinz Maximilian Karl wieder einmal zu Hause in Regensburg. Doch sie kümmern seine Probleme abermals wenig. Ebensowenig tangiert sie der Tod der Elisabeth von Train, der ehemaligen Mätresse ihres Schwiegervaters Carl Anselm. Ob sich Mathilde Therese bewußt ist, daß sie im Prinzip noch tausendmal verwerflicher handelt, als diese einst so attraktive Frau aus Berchtesgaden jemals gehandelt hat?

Im Jahr 1812, in dem Dichter Platen und der spätere Kotzebue-Mörder Sand in Regensburg weilen, ergeben sich für die Dynastie einige Lichtblicke. Da fällt zunächst einmal St. Emmeram, das einst weltberühmte Benediktinerkloster, endgültig an die Fürstenfamilie. Sie bewohnt die Gebäude seit 1748 als Gast. Jetzt werden die Gastgeber vertrieben. Im April, so berichtet der ehemalige Mönch Placidus Heinrich, geht „an uns der allerhöchste Befehl, binnen vierzehn Tagen das Klostergebäude zu räumen". Dann die de- und wehmütige Feststellung: „So schlossen sich die stillen friedlichen Pforten der hohen ehrwürdigen geistlichen Emmerana", liest man in der Zeitung, „nachdem sie über ein Jahrtausend der Wissenschaft und Kunst, der frommen Betrachtung und Erbauung, der Wohltätigkeit, Humanität, Gastfreundschaft und Barmherzigkeit eine sichere, ruhige Freystätte eröfnet" hatte. Das Fürstliche Haus hat 1812 somit eine feste Residenz – und einen neuen Seitentrieb. Der Sohn der Mathilde Therese und ihres Freundes Max, der inzwischen sechsjährige Georg Adolf, wird zum Grafen von Stockau erhoben.

Am 16. Juni 1812 heiratet die achtzehnjährige Tochter der Fürstin, Maria Theresia, in Regensburg Paul Anton III. von Esterhazy, der für Napoleon um die Hand der Erzherzogin Marie warb. Der Bräutigam ist ein Luftikus, der prahlt, daß ihn sogar die schönste Frau nicht länger befriedigen könne. Publizist Friedrich Gentz nennt ihn den „ersten österreichischen Cavalier".

Ende 1812 dann wieder etwas Böses! Fürstin Mathilde Therese wird von einer „höchst gefahrvollen Krankheit" heimgesucht. Gibt es womöglich Komplikationen bei einer Geburt? Miltitz jedenfalls liegt ihr noch. Immerhin feiert sie am 5. April 1813 ihren vierzigsten Geburtstag. Im Monat darauf wird sie Großmutter (ihre Tochter Maria Theresia kommt mit einer Marie nieder).

Das alles in einem Jahr, von dem man hofft, endlich wieder glorreich in alte Rechte eingesetzt zu werden! Doch die Fürstin hat letztlich genausowenig Erfolg wie der große Physiker Ohm, der

sich in diesem Jahr in Regensburg vergeblich um eine Lehrerstelle bemüht. 1813 geschieht nämlich etwas Unverhofftes in Deutschland: Am 2. Mai siegt Napoleon bei Lützen gegen Preußen. Knapp drei Wochen später der Erfolg der Franzosen bei Bautzen! Da begeht der Korse am 4. Juni seinen größten und gröbsten Fehler. Er willigt in einen Waffenstillstand bis zum 20. Juli ein, der dann bis zum 10. August verlängert wird und letztlich nur seinen Gegnern nützt. In Prag will man danach weiterverhandeln. Auch Mathilde Therese begibt sich an die Moldau, wo sie am 20. August mit Wilhelm von Humboldt zusammentrifft. Gerade diese Zusammenkunft verrät den politischen Spürsinn. Humboldt hat es nämlich fertiggebracht, Österreich für die große Allianz gegen Napoleon zu gewinnen.
Am 11. August erklärt dann der Kaiser in Wien dem Kaiser in Paris den Krieg. Es sind dramatische Tage. Am 8. Oktober fällt Bayern von Napoleon ab. Schließlich Napoleons lang erhoffte Niederlage in der Völkerschlacht von Leipzig am 18. Oktober! Das rechtsrheinische Deutschland ist fast vollkommen frei.
Ende Oktober versuchen der bayerische General Wrede und sein Stabsoffizier August Max von der böhmischen Taxis-Linie dem geschlagenen Korsen den Rückmarsch nach Frankreich abzuschneiden. Napoleon kann aber entkommen. In Frankfurt wird indes das alliierte Hauptquartier aufgeschlagen. Natürlich eilt auch Mathilde Therese dorthin. Humboldt schreibt am 19. November an seine Frau Caroline: „Die Fürstin ist jetzt auch hier, ich war heute bei ihr. Sie hat mir ihre Angelegenheiten empfohlen. Diese Fürstenhetze ist göttlich."
Im Dezember 1813 schließlich hält man sich in Darmstadt auf, wo Mathilde Therese wieder Zar Alexander I. begegnet. Sie wittert jetzt ihre große Chance. Bevor der große Kongreß in Wien tanzt, will sie Vorabzusagen haben. Doch die Welt hat sich radikal geändert und – Ihre Durchlaucht ist keine zwanzig mehr!

Fürst Karl Alexander in Regensburg ist inzwischen vollends zur Marionette geworden. Da beendet man plötzlich die Spielzeit des achtjährigen Georg Adolf (von Stockau). Dieser putzige Bub, der noch nicht weiß, warum er kein Thurn und Taxis ist, obwohl seine Mutter sich so schreibt, soll weg vom Regensburger Hof. Ein langer Schatten fällt auf Mathilde Therese.

Am 10. Juli 1814 schreibt Karl Alexander an seine Beamten, „daß wir in Rucksicht einer, Uns überaus werthen Anempfehlung und auf die eingetrettene Verwendung Unserer Frau Gemahlin Liebden Uns freywilig verbindlich gemacht haben, dem Uns empfohlenen Georg von Stockau eine angemeßene Erziehung zu geben, und ihm seiner Zeit die erforderliche Unterstützung zur Begründung seiner künftigen Existenz angedeihen zu laßen."

Der Fürst fährt fort: „Wir haben in deßem Gemäßheit erwehnten v. Stockau die Erziehung und den Unterhalt seither mit und bey Unseren Printzen geben laßen." Das heißt, er ist überzeugt, daß Maximilian Karl sein Sohn ist. Schließlich begründet er den Wechsel mit „verschiedenen auf die Erziehung Unserer geliebten Printzen Einfluß habenden Rücksichten".

Im September reist der Bub nach Genf, seine Mutter in die österreichische Hauptstadt: Wiener Kongreß! Jetzt bestehen oder untergehen, sagt sich die Fürstin, die alles auf eine Karte setzen will. Die wichtigsten Ziele sind nach wie vor die Rückgewinnung der Posten und der Landeshoheit.

Doch bei all ihren Überlegungen hat sie einen Mann vergessen: Johann Ludwig Grub, der die Fürstin schon 1810 kompromittierte. Er läßt ein Pamphlet verteilen, das nichts als Beschuldigungen gegen die Taxissche Familie enthält. Mathilde Therese versucht und versucht, was noch zu retten ist. Schwimmen ihr jetzt an der schönen blauen Donau die Felle davon?

Sie eilt von Ballsaal zu Ballsaal, von Assemblee zu Assemblee, wo Sekt und Wein fließen, aber auch fürstliche Tränen. Einmal trifft sie ihren Onkel, den bayerischen König Max I. Joseph. Dieser verspricht, ihr zu helfen. „Und jetzt halts Maul", erklärt er im nächsten Satz und zieht mit seiner tiefdekolletierten Begleitung weiter.

Da spürt Mathilde Therese plötzlich, daß ihr Geist zwar willig ist, ihr Reiz aber nicht mehr überall gefragt. So nützen auch die Juwelen um Hals und Arm nichts mehr. Ihre mit Gold und Perlen bestickte Reizwäsche bestaunt offensichtlich nur noch sie selbst.

Graf August de la Garde berichtet zwar, daß die Fürstin zu jenen Damen gehört, „die sich das Szepter der Eleganz und Schönheit" streitig machten, doch in Wirklichkeit schätzen die Herren in diesem Alter nur den Gumpoldskirchner. Wer die Akten im Wiener Haus-, Hof- und Staatsarchiv liest, weiß, daß die Jugend unter dem weiblichen Geschlecht weit mehr um die Tugend zu kämpfen hat als die hochadeligen Frauen im Alter der Mathilde Therese.

Ähnlich ergeht es übrigens auch Maria Elisabeth von Fürstenberg, der achtundvierzigjährigen Tante ihres Mannes Karl Alexander, die mit Joseph von Laßberg durchs Leben geht. Auch sie versucht, für ihr Haus Fürstenberg die Landeshoheit zurückzugewinnen.

Solche Sorgen hat die Tochter der Mathilde Therese, Maria Theresia von Esterhazy, überhaupt nicht. Mit ihren zwanzig Lenzen (und mit vierundzwanzig Millionen Franken schweren Schmuckstücken) kann sie schon eher gefallen. „Sie ist ein junges verlangendes Weibchen mit brennenden Augen", charakterisiert sie ein Kongreßteilnehmer. Auch ihre Liebschaften hinterlassen Spuren, so in Eger, wo sie in dieser Zeit einmal heimlich niederkommt.

Mathilde Therese hat also in Wien einen schweren Stand. Ihre weiblichen Waffen sind stumpf geworden. Wilhelm von Humboldt drückt das sehr schön aus – am 21. Mai 1815 schreibt er seiner Frau Caroline: „Die Taxis brummt." Und trotzdem finde sie, daß er immer noch besser mit ihr umgehe als die anderen Gesandten.

Der Fürstin Ansehen ist nämlich mittlerweile so gering, daß ihr nicht einmal mehr die kleinste Bitte erfüllt wird. Kanzler Hardenberg lehnt die Anstellung ihres Galans Alexander von Miltitz in preußische Dienste brüsk ab.

So kehrt die Fürstin mit fast leeren Händen nach Regensburg zurück. Nur zwei winzige Erfolge kann sie zu Hause vermelden. Zum einen verweist sie auf den Artikel 17 der Bundesakte, in dem es heißt, daß die Thurn und Taxis in verschiedenen Bundesstaaten im Besitz der Post bleiben. Doch dann die folgenschwere Einschränkung: „Solange als nicht etwa durch freie Übereinkunft anderweitige Verträge abgeschlossen werden sollten." Wie die Geschichte zeigt, ist dieser Passus das Ende der Taxisschen Posten. Zweitens gilt die Fürstin nach Wien protokollarisch mehr als ihr Mann. Ihr Vater avanciert nämlich zum Großherzog von Mecklenburg-Strelitz und schreibt deshalb seinem Regensburger Schwiegersohn Karl Alexander: „Ew. Liebden können wir nicht verhalten, daß es Uns besonders angenehm seyn würde, wenn Diesselbe genehmigten, daß Dero Gemahlin, Unsere vielgeliebte Frau Tochter Liebden in der Folge der von Uns angenommenen Großherzoglichen Würde gleichfalls das Prädicat Hoheit annähmen." Solch eine Promotion ist absolut neu im Haus Thurn und Taxis.
Was aber bleibt wirklich? Mathilde Therese scheitert kläglich beim Versuch, die Landeshoheit über die fürstlichen Gebiete zurückzuholen. Sie alle bleiben nur in ihrem Privatbesitz. Regierende Fürsten sind die Thurn und Taxis damit endgültig nicht mehr. „Außer Spesen nichts gewesen", so kann man die beim Kongreß in Wien 1814/15 unternommenen diplomatischen Anstrengungen für die ehedem große Dynastie zusammenfassen.
Doch halt! Da sprüht noch ein winziger Hoffnungsfunke. Napoleon kehrt Anfang März nach Frankreich zurück. Müssen die Karten neu gemischt werden? Macht er Leipzig wett und so neue Schwierigkeiten? Nein! Am 18. Juni wird sein Heer bei Waterloo vernichtet.
Der Einfluß des Taxis-Hauses bleibt also beschränkt. Und so wechseln wir von der Welt- zur Familiengeschichte. Napoleon langweilt sich schon auf St. Helena, da trifft in Regensburg die Nachricht ein, daß sich Nikolaus Joseph von Train, Carl Anselms Sohn aus zweiter Ehe mit der Berchtesgadenerin Elisabeth Hildebrand, verehelicht hat. Seine Auserwählte ist immerhin eine Herzogin: Anna Francisca de Paula von Schönbrunn. Sie wird schon einen Monat nach dem Jawort vom Stammhalter Joseph

Eduard entbunden. Der Ehe entstammen noch die Kinder Theresia, Joseph, Carl, Anna und Anton, die alle zwischen 1818 und 1827 geboren werden.
Diese Nachricht interessiert die Fürstin Mathilde Therese natürlich überhaupt nicht. Schon eher zählt die Tatsache, daß Tochter Maria Theresia in London sie wieder zur Großmutter gemacht hat! Doch auch das hält sie letztlich für belanglos. Sie kommt nämlich auf die inzwischen schon fast fixe Idee, daß sich mit dem Deutschen Bund neue Möglichkeiten für ihr Haus ergeben. Bereits im Oktober ist sie in Frankfurt, wo am 5. November die Bundesversammlung eröffnet wird.
Tagungsort ist das Palais derer von Thurn und Taxis. Der österreichische Gesandte hat dort als Präsident sogar seinen Wohnsitz. Genau fünfzig Jahre behält das Palais diese neue Funktion bei. Bismarck beginnt hier 1851 seine politische Karriere. Von eben diesem ihrem Familienpalast aus fleht Mathilde Therese Ende 1815 Zar Alexander I., Metternich und Hardenberg brieflich erneut um die Souveränität ihres Hauses an. Vergeblich.
Am 12. Dezember erläßt sie in Regensburg „Bibliotheks-Gesetze“ für „Meine Fürstlichen Kinder“. Die Fürstin besitzt in der Tat einen bedeutenden Bücherschatz, wie man noch heute feststellen kann. In einem der Druckwerke erscheint sie im Vorsatz in einem derart tief ausgeschnittenen Kleid, daß schon ein halber Millimeter weniger den ganzen Stoff ihres Oberteils überflüssig machen würde. Die Gesichtszüge der Fürstin freilich stellt der Künstler bei weitem nicht so spannend dar.
Abermals das Weite sucht Mathilde Therese gleich nach dem Jahreswechsel 1815/16. Zwei ihrer Kinder, Maximilian Karl und Friedrich, bringt sie in den ersten Januartagen in das Erziehungsinstitut in Hofwyl (nahe Bern). In einem Brief an Müller in Berlin drückt sie die Hoffnung aus, daß „unsere Knaben dort zu tüchtigen Männern“ erzogen werden. „Sie begreifen“, so fährt sie fort, „wie sehr diese gegründete Hoffnung mein Mutter Herz im allgemeinen beglückt.“
In einem gesonderten Bericht heißt es: „Französisch wird in Hofwyl, da überhaupt teutscher Eltern Kinder zu teutschen Männern erzogen werden sollen, wie natürlich nur als Nebensache betrie-

ben." Dabei hätte Mathilde Therese noch vor wenigen Jahren um ein Haar ihren Sitz nach Paris verlegt.
Doch dieser Satz aus Hofwyl stammt nicht aus ihrer Feder, sondern aus der ihres Galans Alexander von Miltitz, der Durchlaucht bei der Erledigung ihrer Angelegenheiten auch diesmal zur Seite springt. Damit wird auch klar, warum sich die Fürstin plötzlich so vorsorglich um ihren Nachwuchs kümmert. Es handelt sich wieder einmal um eine Liebesreise. Beide schwören sich im Land der Eidgenossen weitere Zuneigung. Mitte Februar weilt die Fürstin schon wieder in Regensburg.
Dann eine erneute politische Offensive! Sie schreibt in diesem Jahr 1816 ihrem Hofrat Müller folgenden Brandbrief nach Berlin: „Versäumen Sie ja keine Gelegenheit, ich beschwöre Sie, um es recht fühlbar zu machen ... und (versuchen) Sie, eine neue politische Existenz, das heißt einen Zustand der unserer vorigen Unabhängigkeit gleich kömt, diesem Haus zu verschaffen. Nach dem Beyspiel des Landgraven von Homburg, der seine Souveränität auf Befehl der großen Mächte wieder erhalten hat. Kann eine Ausnahme an der Regel für uns keine Rede mehr seyn, haben die Söhne des ehrwürdigen Landgraven brav für Teutschland gefochten, so hat das Haus Taxis sich seit 300 Jahren durch seine Post Institution nicht weniger um Teutschland verdient gemacht."
Zum Verständnis: Das Landgrafentum Hessen-Homburg war gemäß Artikel 48 der Akte des Wiener Kongresses wiederhergestellt worden und erhielt Gebiete zurück, die ihm in der Rheinbundzeit geraubt worden waren.
Am 18. März 1816 der zweite Vorstoß! Mathilde Therese bittet jetzt den preußischen König, ihren Schwager, um die Souveränität der Thurn und Taxis, „einem unschuldig leidenden, ächt teutschgesinnten Hause". Mitleidheischend schreibt sie weiter: „Euerer Majestät genädigstem Wohlwollen stelle ich es gäntzlich anheim, ob unser tief gedrücktes Hauß einige Strahlen seines ehemaligen Glantzes Allerhöchst Ihrer Huld verdanken sollen, oder fortfahren müßte in unverdienter Dunkelheit zu schmachten."
Der König und Hardenberg können da nur lachen. „Teutschgesinnt" sind die Regensburger nun wirklich erst, seit sich die Nie-

derlage Napoleons deutlich abzeichnete. Und das Postregal haben sie gründlich mißbraucht. Also ein negativer Bescheid!
1817: Friedrich Hannibal von Thurn und Taxis aus der böhmischen Linie begleitet Erzherzogin Leopoldine, Tochter des Kaisers Franz I., nach Brasilien zu ihrer Vermählung mit dem dortigen Kaiser Dom Pedro. In Rio erklimmt der Taxis-Sproß in einer spektakulären Aktion den Sonnenfelsen, was den dortigen Soldaten strengstens verboten ist. Auf dem Gipfel hißt er die österreichische Kaiserflagge.
Eine (minder spektakuläre) Österreich-Aktion auch in Regensburg! Fürst Karl Alexander kümmert sich 1817 um den illegitimen Sohn seiner Frau, Georg Adolf. Er schreibt am 13. April dem Erzherzog Johann nach Wien: „Derselbe (Georg Adolf) zeigt bei seinen übrigen guten Talenten eine vorzügliche Neigung zum Militärstande." Der Fürst bittet den schneidigen Soldaten aus dem Kaiserhaus daher „um Aufnahme desselben in die Eurer Aufsicht untergeordnete K.-K.-Ingenieurakademie". Der wirklich mit allen Armeen und Amouren seiner Zeit vertraute Erzherzog, der natürlich auch die Waffen einer Frau kennt, sagt sofort zu. Der Knabe reist nach Wien.
Und was melden die Taxis-Annalen noch zum Jahr 1817? In London wird am 25. Juni das dritte Enkelkind von Fürst Karl Alexander und Mathilde Therese geboren. Man tauft es auf den Namen Nicolaus (von Esterhazy). Neun Tage später erblickt in Prag der erste Enkel Maximilian Josephs, des Begründers der böhmischen Taxis-Linie, das Licht der Welt. Es ist Hugo Maximilian, von dem wir noch hören werden.
1818 kommt dann aus Wien die Nachricht, daß Georg Adolf von Stockau auf der Militär-Akademie an „skrophulösen Hautausschlägen" erkrankt ist. In Breslau erscheint aus der Feder des Germanisten Friedrich von Hagen eine Reisebeschreibung, in der es heißt, Karl Alexander sei in Regensburg „ein kleiner König". Besonders wird „der große Park des Fürsten" gewürdigt. Durch diesen spazieren am 8. April 1819 der baltische Edelmann Boris Uxkull und seine Freundin Helene, eine gefeierte Schönheit. Beide bewundern das Keplermonument und schreiten Arm in Arm

durch die gerade aufblühende „Promenade". Für beide ein unvergeßliches Erlebnis!
Es könnte also so schön sein, wenn es im Taxis-Palast mehr Freuden und Frieden gäbe, die Postmeisterin sich nicht beständig auf der schiefen Bahn befände und ihrem Mann nicht völlig die Zügel aus der Hand gerissen hätte. Wie es im Schloß 1819 aussieht, beschreibt recht eindrucksvoll der ehemalige Emmeramer Mönch Placidus Heinrich. Er bedankt sich für die Überlassung des im fürstlichen Hofgarten von Regensburg stehenden Turms. Ihn nutzt man als Sternwarte, die nach Darstellung Heinrichs der „regierenden Frau Fürstin als wirklichen Besitzerin" gehört.
1820 besteht Georg Adolf in Wien sein Soldatenexamen und will sich wieder in die Taxis-Familie einreihen. Sofort bricht er zu seiner Mutter nach Regensburg auf und reist von dort nach Schloß Trugenhofen, das jetzt offiziell Schloß Taxis heißt. Karl Alexander wird jetzt beim Anblick dieses feschen Burschen wieder Tag für Tag an seine einst heiße Liebe zu seiner Frau erinnert, die gerade abermals durchbrennt.
Der Fürst ballt wieder einmal behende seine Faust, da erlahmt sein Arm. Die Berichte über die arg angeschlagene Gesundheit Karl Alexanders sind erschütternd. Er geht auf Kur, nimmt Wechselbäder. Stundenlang reitet er allein mit seinen Hunden durch die Wälder. Dabei liegt die Therapie so nahe. Bei all seinem vielen Gold und Geld hat er nicht das, was Tausende von armen Männern seines Alters ihr eigen nennen können: die Liebe einer Frau! Er liest, so bekennt er einmal in einem Gespräch mit einem Rat, gerne Schiller. Und er kennt den Vers: „Wer ein holdes Weib errungen,/ Mische seinen Jubel ein!/ Ja – wer auch nur eine Seele / Sein nennt auf dem Erdenrund!/ Und wer's nie gekonnt, der stehle/ Weinend sich aus diesem Bund."
Und wieder schnürt die Fürstin sich und ihr Bündel. Abermals geht die Reise nach Hofwyl. Diesmal holt sie ihre Söhne zurück. Dazu könnte man gewiß einen Auftrag an den einen oder anderen der zahlreichen Taxis-Bediensteten erteilen, doch dann wäre Durchlaucht arg begrenzt im Reich ihrer Sehnsüchte. „Durch die dritte und vierte Hand", so schreibt sie, habe sie vernommen, daß sich im Hofwyler Institut „ein trauriges Laster" eingeschlichen

habe. Erbprinz Maximilian Karl wird kurz darauf vom Militärdienst befreit und beginnt seine Studien.
1821 veröffentlicht der Frankfurter Ludwig Börne seine „Monographie der Postschnecke“. Darin wirft er mit beißender Ironie den Thurn und Taxis das Schneckentempo auf ihren Routen vor. „Posthalter, Conducteurs, Postillione, Wagenmeister, Packer, wie überhaupt das ganze Hochfürstlich Thurn-und-Taxissch-fahrende Personal, gehen bei ihrem Geschäft mit solcher Bedächtigkeit zu Werke, daß man wohl sieht, es sind gute, ruhige Bürger die Deutschen, die nichts Gewagtes unternehmen.“
Dieses Bild übernimmt später auch das große österreichische Adelslexikon Wurzbach. Es bemerkt zum Taxisschen Schwager (so nennt man den Postillon), „daß er gewöhnlich grob, brummig, schläfrig und über alle Maßen langsam war“. Und weiter: „Wie er, war auch der Taxissche Schirrmeister der Inbegriff von Schwerfälligkeit, Unbehilflichkeit und Langsamkeit, sowie von tiefster Gleichgiltigkeit gegen die ihm anvertrauten Reisenden.“
1822 erhält Karl Alexander in Regensburg die Nachricht vom Tod seiner Tante Maria Elisabeth von Fürstenberg (geborene Thurn und Taxis), die mit ihrem Freund Laßberg „klandestin“ (so die offizielle Taxis-Genealogie), also heimlich ohne Trauzeugen, verbunden war. Nachdem er Maria Elisabeth in Heiligenberg bestattet hatte, irrt Laßberg ruhelos umher. Zwölf Jahre später heiratet der inzwischen vierundsechzigjährige Germanist die fünfunddreißigjährige Stiftsdame Jenny von Droste-Hülshoff, eine Schwester der Dichterin Annette gleichen Namens. Diese hatte Laßberg auch bereits am Grab seiner ihm „klandestin“ angetrauten Fürstin von Fürstenberg erlebt. Er hat „das Bewußtsein des Rechtmäßigen vor Gott und Menschen“, gibt seine zweite Frau ihre Erinnerung wieder.
Ende 1823 taucht im Regensburger Schloß ein bemerkenswerter Junge auf. Der dreizehnjährige Karl Anton von Hohenzollern besucht in der Stadt das Gymnasium. Seine Erlebnisse: „Sonntags war ich stets am Taxisschen Hofe, der damals ungemein brillant war und mit königlichen Allüren auftrat.“ Fürstin Mathilde Therese, die seine Patin ist, beschreibt er als „eine imposante Erscheinung“. Offensichtlich erlebt der junge Prinz einmal, wie die Brust

der Patentante wieder einmal durchwühlt ist, nachdem ihr jemand reichlich unziemlich auf den Leib rückte. Er hört und sieht nämlich „manches, was für mein Alter nicht passend war". 1834 heiratet Karl Anton von Hohenzollern die Tochter der Stephanie de Beauharnais, von der man sagt, sie sei die Mutter des Kaspar Hauser. 1858 wird er preußischer Ministerpräsident.

Doch zurück zu seiner Schulzeit, ins Jahr 1824 – da nämlich zeigt sich Mathilde Therese einmal buchstäblich von einer völlig anderen Seite. Es geht um große Bücher, und das Engagement der Fürstin von Thurn und Taxis spricht dabei Bände: Sie betreibt nämlich die Gründung der Monumenta Germaniae Historica. Das Institut besteht noch bis auf den heutigen Tag in München und ediert in vorbildlicher Weise die mittelalterlichen Quellen.

Am 7. September 1825 verunglückt auf der Jagd bei Schloß Taxis Mathilde Thereses 1805 geborener Sohn Friedrich Wilhelm tödlich, dessen Lebenswandel jenem der Mutter glich. Er verlobte sich mit seiner Cousine Augusta von Solms, beleidigte sie aber dauernd mit seinen Frauenbekanntschaften. „Schrecklich finde ich's, weil es beweist, wie so glücklich geglaubte Gefühle zu Eis erkälten können", meint Elisa von Radziwill in ihren Memoiren.

Kurz nach dem Jagdunfall in Württemberg stirbt der erste bayerische König Max I. Joseph in Nymphenburg. Sein Sohn Ludwig I. besteigt den Thron. Durch seine Frau Therese ist er ein angeheirateter Cousin von Mathilde Therese. Im Jahr darauf veröffentlicht der zu seiner Zeit bekannte Reiseschriftsteller Karl Julius Weber seine Erlebnisse. „Mein Besuch zu S. Emeram", so berichtet er über seinen Aufenthalt in Regensburg, „galt weder dem Heiligen, noch dem Fürsten Taxis, der hier wohnt, sondern dem Grabe Aventins."

1827 wohnt der Fürst allerdings schon nicht mehr in St. Emmeram. Es ist sein letztes Lebensjahr. Am 17. April erlebt er noch auf Schloß Taxis die Vermählung seiner Tochter Maria Sophia (27) mit Friedrich Paul von Württemberg (30), einem weitgereisten Wissenschaftler. Der Bräutigam hielt sich lange in Amerika auf und hat ein reiches ethnographisches Wissen. Der schwer erkrankte Fürst Karl Alexander blüht ein letztesmal auf und erfreut sich am Glück beider Brautleute. Nach der Prachthochzeit zieht

das Paar auf Schloß Mergentheim, das sich rasch in eine Ehehölle verwandelt. 1835 ist Scheidungstermin.
Karl Alexander erlebt dieses Abziehbild seiner eigenen Ehe nicht mehr mit. Total gedemütigt stirbt er am 15. Juli 1827 auf Schloß Taxis. „Der gute Fürst war so vielen ein helfender Vater", so lautet der Kommentar seiner treu- und rücksichtslosen Frau. Bestattet wird der unglückliche Mann in der Schloßkirche Neresheim. Später überführt man den Leichnam nach Regensburg.

Blauer Brief für den letzten Postmeister:
Maximilian Karl (1802–1871), 6. Fürst

Sechster Fürst von Thurn und Taxis ist Maximilian Karl, der vierundvierzig Jahre lang das Haus leiten soll. Er entmachtet sofort seine ihm verhaßte Mutter und setzt auch gleich ein Fanal.
Dazu die Vorgeschichte: Der neue Fürst kennt und liebt die 1804 in Ansbach geborene Wilhelmine Caroline von Dörnberg, eine Tochter des Königlich Bayerischen Regierungspräsidenten und Generalkommissars Heinrich von Dörnberg. Das Mädchen, das Maximilian Karl zärtlich „Mimi" nennt, ist zwar (wie Mathilde Therese) protestantisch, doch „nur" eine Baroneß, das heißt unebenbürtig.
Die Mutter sagt das ihrem Sohn in ihrer bestimmenden Art auch deutlich. Und sie fügt hinzu, daß eine solche Mesalliance schon deswegen nicht in Frage kommt, weil der Bruder der Freundin, Konrad von Dörnberg, im Taxisschen Dienst steht.
Aufgehetzt hat Mathilde Therese auch die Familie zu Hause in Mecklenburg-Strelitz und die Wittelsbacher in München. Am 18. Januar 1828 schreibt König Ludwig I. an einen Minister über Maximilian Karl: „Seine Verwandten in Norddeutschland sind gewaltig gegen diese Heyrath und von daher ist wiederholt in mich gedrungen worden."
Fürst Maximilian Karl macht sich indes nach dem Regierungsantritt zunächst einmal nach Italien auf. Zurück bleibt das feste Eheversprechen an die Geliebte. Im März trifft der Dichter Platen den Regensburger zusammen mit dem Grafen Larosee in Rom. Es wird gefachsimpelt. Im April unternimmt man gemeinsam Ausflüge. In Frascati bestaunen die Deutschen den Park der Villa Falconieri, in Tivoli die Villa d'Este, eine der herrlichsten Renaissanceschöpfungen überhaupt. Maximilian Karl läßt sich auch nach Neapel kutschieren, von wo aus er den gerade tätigen Vesuv anschaut.
Wieder zu Hause im Schloß gibt der Fürst das Programm zur Hochzeit bekannt. Im Paragraphen eins seiner „Anordnung" heißt es: „Die Vermählung findet Samstag den 24. dieß (August)

unter doppelter kirchlicher Einsegnung statt, von welchen die nach katholischen Ritus in der Pfarrkirche zu St. Emmeram, und die nach protestantischen in einem hiezu bestimmten Appartement des Palais St. Emmeram vollzogen wird."

Als an diesem 24. August 1828 der Fürst seine Frau stolz über die Schwelle seines Schlosses trägt, tut er dies ganz sacht – man hat seit Tagen ein süßes Geheimnis. Die neue Fürstin ist eine freundliche Frau, gerade vierundzwanzig Jahre jung und sehr hübsch. Überall lobt man ihre Höflichkeit und Hilfsbereitschaft, ihr nettes Wesen und ihre vornehme Zurückhaltung.

Ebenso als Schönheit gefeiert wird in diesem Jahr 1828 Mathilde Thereses illegitime Tochter Amelie Stargard, die Ludwig I. sogar für seine Schönheitengalerie von Joseph Stieler malen läßt. Auf dem Bild trägt die Zwanzigjährige ein weißes, eng geschnittenes Kleid mit weißen Puffärmeln. An ihrer Brust steckt eine Rose. Amelie hat nach den Sitzungen bei Stieler ein abenteuerliches Leben vor sich, das sie bis Petersburg führt, wo sie in zwei Ehen lebt und von niemand Geringerem als Zar Nikolaus I. bedrängt wird.

Aus Prag trifft die Nachricht in Regensburg ein, daß Karl Anselm, Erbprinz der böhmischen Linie, Oberdirektor des dortigen Armeninstituts geworden ist. Der seit 1815 mit Maria Isabella von Eltz verheiratete Taxis-Sproß hat es sich zur Aufgabe gemacht, den benachteiligten Menschen zu helfen. Er baut eine Zuckerfabrik, bessert den Lohn der Lehrer auf und sucht beim Ausbruch der Cholera mit seiner Frau die Hütten der Ärmsten auf. Immer haben beide Arznei und Brot dabei.

Im Jahr darauf, 1829, überlebt Mathilde Therese in Regensburg mit viel Glück einen Unfall. Anfang März fährt sie mit hoher Geschwindigkeit aus dem Schloß. Plötzlich neigt sich der Wagen, der Kutscher bringt das Gefährt in letzter Sekunde zum Stehen – und siehe da, alle vier Schrauben an den Federn fehlen. Ein Attentat! Gibt es da Zusammenhänge mit dem eiskalten Verhältnis zwischen der alten und neuen Fürstin?

Dann Böller auf Schloß Taxis! Am 14. April, nur siebeneinhalb Monate nach der Hochzeit, gebiert Fürstin Wilhelmine Caroline einen Buben (Karl Wilhelm). Doch nach dem Freudenfest setzt bald schon Trauermusik ein. Der kleine Erbprinz lebt nur drei Monate. Mathilde Therese sieht den Knaben im schwäbischen Sommerschloß, läßt aber kurze Zeit später nach Nürnberg einspannen.

Dann nimmt in Regensburg ein großes Projekt seinen Anfang. Am 14. Juli, auf den Tag genau vierzig Jahre nach der Erstürmung der Bastille in Paris, gibt Maximilian Karl dem Franzosen Jean Baptist Metivier den Auftrag für den Marstall. Der Architekt hält den Zuschlag in seinem Werkverzeichnis fest: „Reitbahn, Ställe und Remisen für Thurn und Taxis." Mitten in den Planungen wandert Anfang September der Theologe und oft verfolgte Urburschenschaftler Karl August von Hase über die Steinerne Brücke nach Regensburg, das sich „versammelt um die alte Herrlichkeit seines Domes".

Gleich im Jahr darauf erwartet Taxis-Fürstin Wilhelmine Caroline ihr zweites Kind. Geboren wird es am 31. August 1830 in Regensburg. Es erhält einen Namen der Großmutter: Therese. Nomen est omen. Dem Mädchen steht ein genauso wilder Lebenswandel, wie ihn Großmutter führte, bevor.

In diesem schönen und sorgenlosen Sommer 1830 verbringt Maximilian Karl ergötzliche Tage in Bad Brückenau, einem „königlichen Tusculum", wie die *Augsburger Abendzeitung* schreibt. Dort macht er jeden Morgen Bettina von Arnim seine Aufwartung. Es gibt viel zu erzählen: Ihre Mutter war die Jugendfreundin Goethes, sie selbst ist eine glühende Bewunderin des Dichterfürsten. Maximilian Karl speist auch mit König Ludwig I. Beide Männer fahren öfter mit Bettina aus. Doch Ludwig denkt nur an seine Marianna Florenzi. Er hatte diese „wahrhaft himmlische Schönheit" (Klenze) vor ein paar Wochen in Perugia besucht.

Nach Bad Brückenau treffen sich König und Fürst wieder am 18. Oktober, dem 17. Jahrestag der Völkerschlacht von Leipzig. Ganz in der Nähe des fürstlichen Schlosses in Donaustauf wird an diesem Tag der Grundstein zur Walhalla gelegt. Maximilian Karl schenkte dem Monarchen den Grund für den prächtigen weißen Tempel hoch über dem blauen Donaustrom.

Am 25. November 1830 heiratet Mathilde Thereses illegitimer Sohn Georg Adolf von Stockau, inzwischen vierundzwanzig Jahre alt, die neunundzwanzigjährige Witwe Franziska von Kesselstadt, eine geborene Gräfin von Fünfkirchen. Die Mutter des Bräutigams gedenkt natürlich seiner und seines toten Vaters Max Lerchenfeld. Vor vierundzwanzig Jahren kutschierte sie mit ihm verliebt und glücklich durch das schöne Paris.

Im nächsten Jahr (1831) abermals Hochzeitsglocken! In Wien vermählt sich (am 29. Juni) Fürst Friedrich Hannibal von der böhmischen Linie der Thurn und Taxis mit Maria Antonie Aurora, der Tochter des ungarischen Vizekanzlers Batthyanyi.

Am 28. September freut man sich in Regensburg über die Geburt des Erbprinzen. Die Taxis-Eheleute lassen ihn auf die Namen Maximilian Anton taufen. Nahe ihrem Schloß in Donaustauf geht es indes hoch her. „Es arbeiten jetzt bei 300 Menschen an dem Fundament von Walhalla", liest man am 12. November in der *Augsburger Abendzeitung.*

1832. Auf Schloß Taxis verletzt sich im Januar die Fürstenmutter Mathilde Therese. Die *Augsburger Abendzeitung* berichtet: „Ihre Kleider fingen, als sie sich über ein Licht niederbeugte, Feuer, und obgleich sie mit seltener Geistesgegenwart sogleich selbst mit einem rasch ergriffenen Tuche die Flamme zu ersticken suchte, und Hülfe schnell herbeieilte, wurde sie doch am Kopf und Hals sehr bedeutend verletzt."

1832 ist auch der Marstall in Regensburg fertig, der am 12. Mai feierlich eingeweiht wird. An den Wänden herrliche Stuckreliefs von Ludwig Schwanthaler! Für den Pferdestall mußte der Fürst zweihundertfünfzigtausend Gulden berappen. Über siebzig Rösser finden in den Pferdeboxen darin Platz. Reitknechte in schmucken Uniformen halten sie auf Trab. Die Gäule leben hier besser als viele Regensburger.

Die Fürstin ist beim Einweihungsfest im dritten Monat schwanger. Am 17. November gebiert sie abermals einen Sohn in Regensburg. Es ist Egon Maximilian, der später einmal zum Sorgenkind des Hauses werden soll – auf dem fernen Balkan!

Noch ein Stück weiter weg, in Amerika, dichtet um die Jahreswende 1832/33 Nikolaus Lenau sein bekanntes (sechzehn Verse umfassendes) Gedicht „Der Postillon", mit dem er der Heimat und ihrer Taxis-Posten gedenkt. Die Strophen fünf mit sieben lauten:

Rauher war mein Postillon,
Ließ die Geißel knallen,
Ueber Berg und Thal davon
Frisch sein Horn erschallen.

Und von flinken Rossen vier
Scholl der Hufe Schlagen,
Die durchs blühende Revier
Trabten mit Behagen.

Wald und Flur im schnellen Zug
Kaum gegrüßt – gemieden;
Und vorbei, wie Traumesflug
Schwand der Dörfer Frieden.

1833 trifft mit der Postkutsche der berühmte Theaterdichter Heinrich Laube in Regensburg ein. Er gedenkt der festlichen Einzüge der Fürsten zu den Reichstagen. „Ich eilte vom Postwagen nach dem Dome", schreibt er und meint: „Zur Demut beugen diese Dome." Laube kommt gerade aus Böhmen. Dort wird am 25. November 1833 der mit Abstand gescheiteste Sproß des Hauses Thurn und Taxis geboren: Rudolph. Er studiert und promoviert (Dr. jur.) einmal in Prag, komponiert (bekannt seine Polka Mazur „Rozmarna") und ist Republikaner. Als solcher lehnt er es später ab, eine Adelige zu heiraten.
Am 9. Februar 1834 erneut ein freudiges Ereignis im Regensburger Fürstenhaus! Sohn Theodor Georg wird geboren. Man gedenkt dabei einer Besonderheit. In fünfeinhalb Jahren schenkte die Fürstin fünf Kindern das Leben.
Doch irgendwie herrscht keine fröhliche Stimmung im Haus. Es hat allen Anschein, daß Mathilde Therese nach wie vor ihrer Schwiegertochter unversöhnlich gegenübersteht. Da bieten sich dem Fürsten Pläne Preußens, die millionenbringenden Posten einzuziehen, ideal an, um die Mutter nach Berlin zu schicken. Tatsächlich macht sie sich auf die Reise nordwärts. Dort empfängt sie Schwager Friedrich Wilhelm III., der ihre Schwester, seine 1810 gestorbene Luise, noch

immer nicht vergessen hat. Ergebnis dieser Reise: Die preußischen Posten bleiben (noch) im Besitz der Regensburger.
Neu in das Eigentum der Thurn und Taxis gehen 1834 große Grundstücke im Süden Regensburgs über, so in Zaitzkofen, Eggmühl, Laberweinting, Sallach und Neufahrn, sowie die Brauerei in Schierling. 1835 erwirbt man Güter in Alteglofsheim und Triftlfing und das Gut Haus, einen Lieblingsplatz vieler künftiger Familienmitglieder. Fazit dieses Jahres: Man ist mit Grund und Boden gesegnet wie wenige Dynastien.
Doch was nützt das alles, der Segen von oben fehlt. Fürstin Wilhelmine Caroline wird krank und kränker. Fünfeinhalb Jahre und fünf Geburten, dazu eine böse Schwiegermutter – das ist schließlich zuviel für dieses zarte Wesen. Die Vierunddreißigjährige stirbt am 14. Mai 1835 in Nürnberg, wo sie sich einer homöopathischen Behandlung unterzogen hat. Wie der Regierungspräsident der Oberpfalz, Eduard von Schenk, an König Ludwig I. schreibt, wird sie jetzt plötzlich auf ihrem Totenlager von ihrer Schwiegermutter gepflegt. Schenk: „Die edelmütige verwitwete Frau Fürstin hatte ihrer Schwiegertochter, die ohne ihren Segen in das fürstliche Haus getreten war, während des ganzen Verlaufs der Krankheit die innigste wahrhaft mütterliche Theilnahme bewiesen." Wieder einmal steht Mathilde Therese als Frau der späten Reue da.
Nach dem Tod der jungen Mutter beginnt in Regensburg ein unwürdiges Schauspiel. Seit dem Jahre 1750 ist St. Emmeram die Begräbnisstätte der Familie. Alle Verstorbenen waren allerdings auch katholisch – jetzt muß erstmals ein protestantisches Mitglied zur letzten Ruhe gebettet werden. Nach dem Verständnis der katholischen Kirche ist das aber in ihren Gotteshäusern nicht möglich. Der Witwer kennt diese alte Litanei von anderen Familien und beendet die unseligen Zustände in seinem Schloß. Mit einer eigenen Familiengruft will er den alten Zwist begraben. Unverzüglich gibt er den Auftrag dazu. In weniger als drei Monaten liegt von dem in Schwabach geborenen Baurat Karl Victor Keim, der seit 1833 in Taxisschen Diensten steht, der Entwurf des Mausoleums vor.
Für die geplante Kapelle findet man keinen besseren Platz als ausgerechnet den Hof des phantastischen Kreuzgangs von St. Emmeram. Mit dem Neubau greift man massiv in die Struktur dieses

Juwels gotischer Baukunst ein. Es hagelt Proteste, die lange anhalten. Alles umsonst! Daß „die äußere Gesammtübersicht bedeutend verunstaltet wurde", schreibt noch 1896 der Chronist Hugo von Walderdorff. Der Stil des Neubaus lasse das „Verständniß für Gothik und überhaupt für Kirchenbau" vermissen. Da genießt die Walhalla Ludwigs I. schon eine andere Wertschätzung. Lady Frances Trollope aus England besucht 1836 die Baustelle: „Es ist gewiß das schönste und erhabenste Nationaldenkmal, das ich je in irgendeinem Lande gesehen habe", schreibt sie.
In unmittelbarer Nähe erlebt dann im Sommer 1837 Maximilian Karl das gleiche Unglück wie 1775 sein Großvater Carl Anselm. Am 23. Juni zerschellt an der Holzbrücke von Donaustauf ein „Wiener Ordinari-Schiff". Es ist hoffnungslos überladen und wird zudem von betrunkenen Schiffsknechten gelenkt. Doch der gerade anwesende Fürst läßt bei diesem schweren Leichtsinn auf dem Fluß die Hoffnung nicht sinken. Er „theilte mit seltener Entschlossenheit alle Gefahren der Geretteten, halt wo zu helfen war", liest man in der *Regensburger Zeitung* vom 24. Juni 1837. Da auch andere Blätter den Sachverhalt genauso schildern, wird diese Meldung wohl kein Seemannsgarn sein.
Den Geretteten stellt der Fürst „sein Schloß, seine Dienerschaft, seine Equipagen und Alles, was zu Gebote stand, zur Disposition", berichtet die *Regensburger Zeitung* weiter. Auf seinen Befehl werden die Schiffbrüchigen „mit trockenen Kleidern versehen, erquickt und später in Hofwagen nach Regensburg zurückgeführt". Dort erzählen sie von der Katastrophe und vom Luxus des Fürsten am Donauufer, der dort buchstäblich im Geld schwimmt.
1838. Am 24. Juli wird mit Fanfaren und Standarten die Zarin ins Regensburger Schloß gebracht, wo man exzellent speist. Im November besucht die bayerische Königin Therese die alte Fürstin auf Schloß Taxis. Es gibt nur ein Thema: die bevorstehende Verlobung des vierunddreißigjährigen Fürsten Maximilian Karl von Thurn und Taxis mit der dreiundzwanzigjährigen Fürstin Mathilde Sophie zu Oettingen-Oettingen und Oettingen-Spielberg. Am 24. Januar 1839 soll in Oettingen Hochzeit sein.
Da melden dreizehn Tage vorher die Zeitungen, daß Mathilde Therese „sehr bedenklich krank darniederliegt". Der von seiner

Mutter arg enttäuschte Sohn nimmt aber keine Rücksicht auf die Schwerkranke. Vier Jahre nach dem Tod seiner ersten Frau schreitet er mit seiner Braut zum Traualtar. Im Hochzeitsgedicht der Regensburger heißt es:

> Und nun entström, was unsre Busen schwellet,
> Der Wünsche höchster noch
> Max und Mathild nach Herzenslust vermählet,
> Sie leben, leben hoch!

Auch die zweite Frau des Fürsten ist hübsch. Schenk schreibt an Ludwig I., sie sei „eine echt teutsche, fromme Hausfrau und liebevolle Mutter“ ihrer Stiefkinder. Und weiter: „Gegen alle benimmt sie sich höchst freundlich, gegen die Armen wohltätig, gegen die Familie Dörnberg (aus der die erste Frau des Fürsten stammt) mit großer Klugheit.“

Bereits drei Wochen nach der Hochzeit ihres Sohnes ist Mathilde Therese nicht mehr am Leben. Sie stirbt am 12. Februar 1839 auf Schloß Taxis im Alter von sechsundsechzig Jahren. Ihre Verbindlichkeiten (vor allem auf Alimente zurückzuführen) sind beträchtlich. Schenk schreibt an Ludwig, daß der Sohn „sogleich ihre bedeutenden Schulden zur Bezahlung“ übernommen hat. Man spricht von zweihunderttausend Gulden. Das entspricht exakt den Ausgaben für die neue fürstliche Gruftkapelle. Zudem, so schreibt Schenk, erfüllt Maximilian Karl „alle ihre letztwilligen, zum Teil sehr onerosen Wünsche“.

In seiner Trauerrede für die verstorbene Fürstin von Thurn und Taxis sagt der evangelische Pastor Wilhelm Hoffmann: „Wie mußte die freudenvolle Erfüllung ihres letzten heißen Wunsches auf Erden, den fürstlichen Sohn an der Seite einer edlen, zärtlichen Gemahlin aufs Neue beglückt zu sehen, ihre der Vollendung nahe Seele so unaussprechlich erheben.“ Dann nennt sie der Prediger „eine Krone der Frauen, eine Zierde teutscher Fürstinnen“. Ihr Leben sei „überhaupt reich an Freuden und glücklichen, seligen Stunden“ gewesen.

In Berlin, Wien und Stuttgart wird an das Engagement der Verstorbenen erinnert, deren politisch-diplomatische Wünsche freilich großenteils unerfüllt blieben. Ungeachtet dessen probiert es ihr Sohn in ihrem Todesjahr noch einmal, die bayerischen Posten wieder zu erhalten. Eiskalt kontert König Ludwig I. am 23. November 1839: „Daß ich nicht gesonnen bin, die Posten dem Fürsten von Taxis zu übergeben!“

Bereits im Jahr nach Trauer und Trauung gebiert die neue Fürstin Mathilde Sophie ihren Sohn Otto. Er kommt am 28. Mai 1840 im Schloß Donaustauf zur Welt. Im Ort weilt im selben Jahr der große englische Maler William Turner. Er skizziert St. Salvator und die Walhalla. Sein Bild „The Opening of the Walhalla“ bietet er König Ludwig I. zum Kauf an. Doch dieser lehnt später entrüstet dieses „Spottbild“, wie man es nennt, ab.

Es sind fette Jahre in Regensburg. Der Reichtum der Fürstenfamilie ist gigantisch. Da faßt sich Ende 1840 der zweiundvierzigjährige Domherr Melchior Diepenbrock in der Silvesterpredigt ein Herz. „Ihr Reichen und Satten“, donnert er von der Kanzel, „bedenket, daß der Hunger, den ihr nur als seltene Würze eurer üppigen Male kennet, der nagende Todeswurm in den Eingeweiden von tausenden eurer Brüder ist.“ Und weiter: „Entledigt euch daher, da es noch Zeit ist, der Kamelhöcker des Ueberflusses, damit nicht – auch schon diesseits – das Nadelöhr des Gerichts, in welchem ihr stecken bleibet, euch zur Pforte der Hölle werde, die euch verschlingt!“ Starke Worte für einen Prediger. Nur acht Jahre später schreiben Marx und Engels das „Kommunistische Manifest“. Sozialismus und Gottesgnadentum stehen sich von nun an unversöhnlich gegenüber.

In Regensburg wird 1841 die Gruftkapelle im Kreuzgang von St. Emmeram fertig. Im Juni beruft Maximilian Karl eine Sorgenkonferenz seiner Verwalter ein. Er spürt in denjenigen Ländern, in denen noch seine Posten verkehren, die Konkurrenz der Eisenbahn, deren Schienennetz Zug um Zug erweitert wird.

Am 11. August schenkt die Fürstin in Regensburg ihrem zweiten Sohn Georg das Leben. In Donaustauf ziehen Arbeiter auf, um das Schloß umzubauen. Es soll zur Einweihung der Walhalla im nächsten Jahr strahlen. Architekt ist wieder Karl Victor Keim. Ende Oktober trifft in Mailand der nachmalige bayerische Prinzregent Luitpold den „Oberst Fürst Wilhelm Taxis, dessen freundliche Zuvorkommenheit während meines ganzen Aufenthaltes ich nicht genug rühmen kann“, wie sich der Prinz in einem Brief an seinen Vater, den Bayernkönig Ludwig I., ausdrückt. Der aus der böhmischen Linie stammende Soldat steht in Italien einem ungarischen Regiment vor. Sieben Jahre später soll ihn in Santa Lucia eine Kugel tödlich treffen.

Dann das denkwürdige Jahr 1842! In London heiratet Nicolaus von Esterhazy, der Cousin von Maximilian Karl, am 8. Februar Lady Sarah, die Tochter des Earl of Jersey, George Child Villiers. Der Vater des Bräutigams, Paul Anton von Esterhazy, erkrankt in Nürnberg und tritt seinen Gesandtenposten in London nicht mehr an.

Im Frühjahr stellt man plötzlich fest, daß die Umbauarbeiten in der Sommerresidenz Donaustauf nur schleppend vor sich gehen. Die Zahl der Beschäftigten wird erhöht. In der *Augsburger Abendzeitung* vom 10. April liest man: „Der Bauplatz wimmelt von Arbeitern. Bis längstens Ende August dieses Jahres wird das schöne Schloß mit seinem Uhrenthurme vollendet dastehen und malerisch in den Wellen der dicht unter seinen Mauern hinfließenden Donau sich abspiegeln.“ Anfang Mai reisen Fürstin und Fürst stromabwärts an den Wiener Kaiserhof.

Am 18. Oktober 1842 wird dann die Walhalla feierlich eingeweiht. König Ludwig I. ruft seinem Architekten zu: „Herrlich, herrlich, Klenze, prachtvoll, grandios, klassisch und schön wie ich nur jemals etwas sah!“ Dann fährt man nach Darstellung des so Gepriesenen „zu dem Landhause des Fürsten Taxis, wo ein koloßales Mittagessen dem Kunstenthusiasmus eine feste Basis gab, oder die Krone aufsetzte“. Lukull selbst führt im Donaustaufer Schloß jetzt die Regie, ein besseres Mahl hat man noch nicht erlebt. Ein besonderer Leckerbissen ist nach dem Bericht der *Augsburger Abendzeitung* eine einhundertzweiundachtzig Pfund schwere Schildkröte, die aus Hamburg angeliefert wurde.

Und Klenze schreibt in seinen Erinnerungen weiter, der König habe „die Trefflichkeit der Küche bei jeder neuen Schüßel fast eben so sehr wie die Walhalla“ gelobt. Weiter meint der Architekt in seinem umständlichen Deutsch: „Ohne Gourmand zu sein und in seiner eigenen Hofhaltung sich mit einer Küche und mit Malzeiten begnügend, welche ganz zweifelsohne an Schlechtigkeit mit

keinem europäischen Hofe verglichen werden können, und von keinem bemittelten Privatmann geduldet, sich einen europäischen Ruf erworben haben, freut sich der König doch immer, ich möchte sagen wie ein Kind, auf eine gute Malzeit an fremden Tafeln."
Beim Schmaus hat die Gemahlin des Fürsten selbstverständlich den Ehrenplatz neben dem König. Dieser gabelt mitten in der Speisenfolge etwas auf: Seine liebenswerte Nachbarin ist im dritten Monat schwanger.

Am Taxisschen Hof biegen sich weiter die Tische unter Köstlichkeiten aus ganz Europa. Köche und Kellermeister beziehen gar allerlei: Meeresfrüchte aus der Nordsee, Orangen und Feigen aus Italien, Rotweine aus Frankreich, Tokaier aus Ungarn, Tee aus England. Und schon damals hört man das Bonmot, Männer sind wie Wintermäntel. Wenn sie etwas taugen sollen, müssen sie gut gefüttert werden. Diesen Spruch kann man auch auf den Taxis-Fürsten anwenden, der sich im Frühjahr 1843 länger in England umsieht.
Am 27. Mai 1843 kommt dann seine Frau im Donaustaufer Schloß mit Sohn Paul nieder. Bereits im nächsten Jahr eine weitere Entbindung! Die Fürstin hält am 12. Mai 1844 in Donaustauf eine kleine Amalie in Händen. Und so geht es munter weiter.
Natürlich werden die freudigen Ereignisse immer wieder von diversen sonstigen Begebenheiten unterbrochen. Noch 1844 stattet die preußische Königin Elisabeth, Tochter des ersten bayerischen Königs Max I. Joseph und Schwester König Ludwigs I., den Thurn und Taxis eine kurze Visite ab. Sie will unbedingt die Walhalla sehen. Dann wird 1844 noch das Schlößchen Pürkelgut im Osten von Regensburg erworben.
Ende August trifft die Nachricht vom Ableben des böhmischen Fürsten Karl Anselm in Regensburg ein. Er stirbt am 25. August in Teplitz und gilt als der gute Hirte seines Heimatlandes Böhmen. In seinem Nachruf heißt es: „Da ist kein Stand, kein Alter, kein Geschlecht, welches nicht unzählige Beweise seiner Mildthätigkeit empfangen hatte." Dann der Gipfel einer adeligen Laudatio überhaupt: „Bald half er durch Fürsprache an Orten, wohin der Weg für den Unglücklichen mit vielen oft unübersteiglichen Hindernissen verlegt war, bald durch Anempfehlung des Muthlosen, aber Fähigen, bald durch warme Rechtfertigung des Verkannten und bald durch Entschuldigung des Verirrten." Ein großer Mann des Taxisschen Geschlechts ist abgetreten!
1845 heiratet sein achtundzwanzigjähriger Sohn Hugo Maximilian von Thurn und Taxis die Schwester des ungarischen Minister-

Geduld- und einsamer Erbprinz: Maximilian Anton (1831–1867)

präsidenten, Gräfin Almeria Belcredi – eine Dame, die fast hundert Jahre alt wird und bis zu ihrem Tod täglich fünfzehn Kilometer spazierengeht. Ihr Sohn Alexander soll später die Rilke-Freundin Marie Elisabeth heiraten.

Doch zurück zum Jahr 1845 und nach Regensburg! Die Fürstin ist im sechsten Monat schwanger, da passiert ihr „auf der eben einer Reperatur unterworfenen Regenbrücke bei Reinhausen der Unfall, daß das Sattelpferd an der Deichsel durchfiel, in dem die kurzen Bruckhölzer, mit welchen an jener Stelle die Brücke überlegt war, unter der Last aufschnellten" (*Augsburger Abendzeitung*). Zum Glück passiert nicht viel. Am 24. November schenkt Fürstin Mathilde Sophie dann ihrem fünften Kind (Hugo Joseph) das Leben. Wir halten das Los der Mutter in zwei Zahlen fest – auch sie gebar wie ihre Vorgängerin im Ehebette des Fürsten in fünfeinhalb Jahren fünf Kinder. Anschließend ein Rekord: Für eineinhalb Jahre ist sie von jetzt an nicht schwanger. Am 25. August dieses Jahres 1845 wird übrigens „Märchenkönig" Ludwig II. in Nymphenburg geboren.

Im Jahr darauf bewirtet Fürst Maximilian Karl das preußische Königspaar, Friedrich Wilhelm IV. und Elisabeth, im Schloß Donaustauf auf seine gewohnte Art gar köstlich. Man schwärmt natürlich lange von der Walhalla. Während der König gleich wieder nach Berlin zurückkehrt, setzt Elisabeth die Reise mit dem Dampfschiff „Stadt Regensburg", das „auf seiner letzten Reise zum erstenmal den Versuch einer Nachtfahrt von Linz stromaufwärts machte, über Linz nach Ischl fort" (*Augsburger Abendzeitung).*

1847 folgt eine Nachricht, die sich in vielen deutschen Zeitungen findet! Das menschenleere Schloß Donaustauf suchen Ende November Einbrecher auf. Die Beute ist erheblich, und die *Augsburger Abendzeitung* schreibt: „Eine böse Zeit, wo sich die Diebe bis in die Fürstenschlösser wagen!"

Am 23. Februar 1848 finden wir Fürstin Mathilde Sophie wieder im Wochenbett. Der kleine Sohn wird auf die Namen Gustav Otto getauft. Im März dankt König Ludwig I. als einziger deutscher Regent noch im Revolutionsmonat ab. Jetzt sitzt Maximilian II. auf dem Königsthron.

In der Pfalz erlischt der Funke der Revolution auch 1849 noch nicht. Dorthin wird Karl Theodor von Thurn und Taxis aus der böhmischen Linie mit dem bayerischen Corps abkommandiert. Er soll für Ruhe und Ordnung sorgen. In seiner „Kundmachung" (am 22. Juni in Speyer erlassen) heißt es: „In Gemäßheit der mir ertheilten Vollmacht behalte ich mir vor, im Falle eintretenden Widerstandes für einzelne Districte oder Gemeinden den Belagerungszustand zu erklären; die sogenannte provisorische Regierung, welche sich hochverrätherisch der öffentlichen Gewalt bemächtigt hat, sowie die von derselben eingesetzten Behörden sind hiemit aufgehoben und alle Handlungen und Beschlüsse derselben nichtig." Dann muß der Taxis-General öffentlich eingestehen, daß ihm die meisten Mitglieder der Revolutionsregierung entkommen sind.
In dieser unruhigen Zeit stellt die bayerische Post die ersten Briefmarken Deutschlands her. Es handelt sich um den legendären „Schwarzen Einser". In Regensburg sieht man das nicht so gern. Selbst kann man nämlich erst im übernächsten Jahr nachziehen.
1849 wird die Fürstin Mathilde Sophie fast auf den Tag genau ein Jahr nach der letzten Geburt in ihrer Residenzstadt von einem Knaben entbunden. Doch der kleine Wilhelm lebt nur vom 20. Februar bis zum 11. Dezember 1849.
Ein halbes Jahr nach seinem Tod das nächste Kindbett der Fürstin! Am 26. Mai 1850 kommt sie mit ihrem kleinen Adolf Maximilian nieder. Auch er macht seinen ersten Schrei im Schloß Donaustauf.
In diesem Herbst 1850 erholt sich der schwäbische Dichter Eduard Mörike im fürstlichen Schloß Pürkelgut, wo sein Bruder Ludwig als Gutsverwalter tätig ist. Die Taxis-Familie kennen beide Brüder aus den Erzählungen ihrer Mutter, war doch Großonkel Dr. Karl Ludwig Breuer einst Leibmedikus des Fürsten Carl Anselm von Thurn und Taxis und Galan der Frau von Berberich.
Am 17. Oktober schreibt Mörike in einem Brief: „Zuerst die heitre, freie Lage des Guts auf einer weiten Ebene, nördlich durch einen Gebirgszug begrenzt, von welchem die Walhalla mit solcher Deutlichkeit herüberschimmert, daß man die Säulen beinahe zählen kann. Diese schön bewachsenen Höhen, weit in der Ferne fortgesetzt, bald stark, bald sanft gefaltet, mit der Ruine Stauff

(Donaustauf), dem Dorf und neuen Schlosse gleichen Namens usw., gehören durch den unbeschreiblich mannigfaltigen Wechsel der Beleuchtung, vornehmlich den tiefblauen Duft der vordersten Partien, zum Lieblichsten, was dieser Aufenthalt darbietet.“ Im Pürkelguter Schloßteich bewundert Mörike die Schwäne („von der Fürstin gestiftet“).

1851 beginnen der zwanzigjährige Erbprinz Maximilian Anton und sein siebzehnjähriger Bruder Theodor ihre Studien in Bonn, die sie in Leipzig und Göttingen fortsetzen. Dann überstürzen sich die Ereignisse. Am 1. Januar 1852 können endlich auch die Rest-Posten der Thurn und Taxis eigene Briefmarken ausgeben. Doch kaum sind sie in Umlauf, beginnt Preußen, sie zu wertlosen Mustern abzustempeln. Berlin läßt keinen Zweifel daran, die Nachrichtenübermittlung in Eigenregie zu übernehmen. Noch 1852 schreibt Bismarck aus Wien an sein Frau: „Wenn auch der englische Courier der dies bis Berlin bringt, vor der hiesigen Post schützt, so fällt es doch den Taxischen Gaunern in die Hände.“

Die Postkutschen bleiben aber noch aus einem anderen Grund immer mehr auf der Strecke: Überall in Deutschland werden Eisenbahnschienen verlegt. Das Dampfroß wetteifert gegen die Pferdekutsche. 1852 wird die Trasse Regensburg–Nürnberg in Angriff genommen. Das freilich tangiert das Haus Thurn und Taxis wenig. In Bayern ist die Post eh schon verloren.

Und wieder muß der Standesbeamte im Schloß antreten. Am 2. März schenkt Fürstin Mathilde Sophie ihrem Sohn Franz Maximilian das Leben. In seiner Geburtsstadt vollendet Karl Victor Keim anschließend das nach einem Brand wieder erstandene Stadttheater, wofür er viel Applaus erhält. Die Bühne ist technisch perfekt und steht lange Zeit unter dem Protektorat der Fürstenfamilie. Hier, im „Neuen Haus“, treten später unter vielen anderen Künstlern auch die Betrügerin Adele Spitzeder, der große Hygieniker Max Pettenkofer und Rudolf Fernau auf.

Im Juni 1852 erwartet der Fürst das bayerische Königspaar, das mit dem Zug von Pasing nach Donauwörth und von dort mit dem Dampfschiff nach Regensburg reist. Am 28. Juni schlemmt man im Schloß. In den Tischreden, so kann man es bis heute nachlesen, bekleckert man sich nicht gerade mit geistreichen Einfällen. Dann bricht König Maximilian II. nach Donaustauf zur Hirschjagd auf, man besucht natürlich die Walhalla und vor allem auch das nahe Schloß Köfering, wo einst die illegitime Halbschwester des Fürsten, Amelie von Kruedener, aufwuchs. Natürlich kennt man ihren Werdegang. Und wie der Zufall so spielt, ihr Mann Alexander stirbt in diesem Jahr 1852. Daraufhin gibt die ehemalige Schönheitskönigin dem Adjutanten des Zaren, Nikolaus Adlerberg, das Jawort.

Kaum ist das Königspaar 1852 abgereist, heiratet am 27. Juli Therese Mathilde, die erste Tochter des Fürsten und seiner verstorbenen Frau Mimi. Der Auserwählte ist der Herzog und K.-K.-Kämmerer Alfred von Beaufont-Spontin. Den Regensburger Armen geht es eine Weile gut: Tausende von Gulden werden aus Anlaß der Kopulation unter sie verteilt. Am 3. November feiert der Fürst seinen fünfzigsten Geburtstag.

Darauf noch ein Gedenktag! Am 2. August 1853 schenkt in Donaustauf Fürstin Mathilde Sophie ihrem zehnten Kind das Leben. Es wird auf den Namen Nikolaus getauft. Wieder Zeit für eine Bilanz! Die Fürstin ist siebenunddreißig Jahre alt. In vierzehn Ehejahren war sie zehnmal schwanger. Ihr Mann wurde in zwei Ehen fünfzehnmal Vater. Und der Stammbaum im Hause Thurn und Taxis blüht weiter.

Am 12. April 1854 stirbt Nikolaus Joseph von Train, Königlich Bayerischer Hauptmann und Sohn Carl Anselms und seiner zweiten Frau Elisabeth. Und noch etwas geht zu Ende: das Studium des Erbprinzen Maximilian Anton und seines Bruder Theodor. Beide kehren von Göttingen nach Regensburg heim.

Als nächstes ein Skandal! Herzog Alfred von Beaufont-Spontin und seine ihm vor zwei Jahren angetraute Therese von Thurn und Taxis lassen sich scheiden. Es muß etwas Schlimmes passiert sein. Im Hausarchiv der Postmeister werden die Akten versiegelt. Die Phantasie der Zeitgenossen blüht.

Im gesamten deutschen Sprachraum spricht und schwärmt man indessen vom Traumpaar des Jahrhunderts, von Franz Joseph von Österreich und seiner bildhübschen Elisabeth in Bayern, der weltberühmten Sissi. Jeder weiß von Franz Josephs Romanze mit Sissis Schwester Helene, die später in das Haus Thurn und Taxis

einheiratet (davon gleich). Noch im Jahr der Hochzeit, 1854, ernennt der junge Kaiser gegen den Willen Sissis den böhmischen Taxis-Sproß Friedrich Hannibal zu ihrem Obersthofmeister. „Ich vertraue Ihnen das Liebste an, was ich auf der Welt habe", sagt Franz Joseph zu ihm.
Der fünfundfünfzigjährige Friedrich Hannibal erlebt jetzt eine schöne Zeit. Er reist mit der jungen Kaiserin nach Bad Ischl und Possenhofen, nach Kärnten und in die Steiermark, besteigt mit ihr unter Jodlern und Böllern der Bergbewohner die höchste Spitze des Großglockner.
1856 begleitet er die Kaiserin nach Triest und Venedig. Man träumt von der italienischen Provinz des gewaltigen Kaiserreichs, vom dauernden direkten Zugang zum Meer. Mit dem Ersten Weltkrieg, den Franz Joseph noch mitzuverantworten hat, gehen all die befremdlichen Illusionen und fremden Territorien freilich verloren, sogar Südtirol. Für Elisabeth und ihren Schutzengel aus der Taxis-Dynastie ist dies natürlich in diesem Jahr noch unvorstellbar. Bald wird die Kaiserin darüber ganz anders denken.
Zurück zum Jahr 1856! In der böhmischen Heimat Friedrich Hannibals kauft der Regensburger Vetter Maximilian Karl für fast zwei Millionen Gulden die ehemalige Herrschaft Leitomischl. Hier wurde vor einunddreißig Jahren Friedrich Smetana geboren. Ihm bezahlen die Taxis ein Stipendium. Klasse, wirklich gute Noten für sie!
In Regensburg wird 1856 die Fürstin Mathilde Sophie vierzig und schon wieder Mutter. Am 11. Juni kommt sie in Donaustauf mit ihrem elften Kind nieder. Es ist ein Bub, der die Namen Alfred Adolf erhält. Zweieinhalb Wochen später heiratet ihre geschiedene Stieftochter Therese in einer unebenbürtigen Ehe in Berlin den zweiunddreißigjährigen Wilhelm von Pirch. Er vertritt später das Deutsche Reich als Gesandter in Portugal.
Im Jahr 1857 treffen Erschütterungen den böhmischen Teil der Familie! Zunächst trauert man um Sissis Begleiter Friedrich Hannibal von Thurn und Taxis. Er stirbt am 17. Januar, durfte also nicht lange in der Nähe dieser wunderbaren Frau weilen. Sein Neffe Rudolph macht dann das wahr, was er mehrfach und an mehreren Orten angekündigt hat. Der überzeugte Republikaner

lehnt jede Eheverbindung mit einem Edelfräulein ab und heiratet am 28. November eine Bürgerliche: Jenny Ständler, die weiß, was körperliche Arbeit heißt und vom Schneiderhandwerk etwas versteht. Blaues Blut, so erklärt ihr Geliebter, sei für ihn ein rotes Tuch und für die abendländische Gesellschaft der „Zwirn im Leichenhemd".

Im Regensburger Schloß ärgert man sich darüber, wie der böhmische Verwandte der eigenen Familie am Zeug flickt und sie niederbügelt. Doch mißt man ihm andererseits nicht allzuviel Bedeutung bei. Ende des Jahres holt die Kammerzofe der Fürstin abermals die Wiege vom Speicher. Ein „Christkindl" kündigt sich an. Am Weihnachtstag 1857 wird Mathilde Sophie, inzwischen einundvierzig Jahre alt, von ihrem letzten Kind entbunden. Sein Name Maria hat Symbolgehalt. Die keusche Maria, die ja ebenfalls an Weihnachten niederkam, als Vorbild für die Fürstin, die kostbares Leben schenkte, jetzt aber allmählich um das ihre bangt!

Die nächste Generation rührt sich schon im Jahr darauf. Maximilian Karls ältester Sohn aus seiner Ehe mit Mimi von Dörnberg, der siebenundzwanzigjährige Erbprinz Maximilian Anton, und die vierundzwanzigjährige Herzogin Helene in Bayern, Tochter des weithin berühmten Herzog Max („Zither-Maxl") und Sissis Schwester, wollen heiraten. Doch das bringt Probleme mit sich. Der Erbprinz ist nämlich der Herzogin nicht ebenbürtig. Sie stammt aus der Königsfamilie, er nur aus einem Fürstengeschlecht. In diesem widersinnigen Theater fallen viele Masken und blöde Sprüche. Wenigstens sind sich die Väter der beiden Brautleute einig. Herzog Max schreibt am 30. März aus Schloß Banz an den Fürsten in Regensburg: „Mit freudigstem Erstaunen erhielt ich die Kunde von dem Wunsche Ihres Herren Sohn, sich mit meiner Tochter Helene zu verbinden. Ich kann nur aus vollem Herzen versichern, daß mich diese Ehe sehr glücklich macht, umsomehr, da Helene in die Familie eines Mannes eintreten wird, dem ich seit einer langen Reihe von Jahren aufrichtig und treu ergeben bin."

Fürst Maximilian Karl antwortet drei Tage später aus Regensburg: „Daß der Wunsch meines Sohnes mich in jeder Hinsicht nur erfreuen konnte, ist so natürlich, daß ich nicht zu versichern brauche, daß er keine Wahl hätten treffen können, welche mir angenehmer gewesen wäre." Und weiter: „Mit Ueberzeugung darf ich dabey versichern, daß mein Sohn den festen Willen und die beste Absicht hat, I.K.H. die Prinzeßin Helene so glücklich zu machen, als er es vermag."

Am Schluß des Briefes geht Maximilian Karl auf das Hauptproblem ein: König Maximilian II. hat „bey der ersten Anschauung Bedenken gefunden". Er spricht sich als Chef des Hauses Wittelsbach tatsächlich gegen die geplante Ehe aus. Man streitet sich viel herum. Doch das königlich-fürstliche Paar ist nicht mehr zu trennen.

Der Monarch gibt daher schließlich seine Zustimmung, diktiert aber am 2. Mai im Schloß Berg am Starnberger See einige Bedingungen. „1. daß der durchlauchtigsten Braut Rang und Rechte eine Prinzeßin und Herzogin in Bayern auch nach ihrer Vermählung vorbehalten bleiben, und dieselbe demgemäß zwar Fürstin von Thurn und Taxis heißen wird, zugleich aber auch den Titel Herzogin in Bayern-Königliche Hoheit zu führen hat." Weiter unten werden wir sehen, welch treffender Kern in dem Sprichwort steckt, wonach „der Mensch denkt, Gott aber lenkt".

Am 22. Mai 1858, am Namenstag Helenes, kann dann endlich Verlobung gefeiert werden. „Die erfreuliche Kunde" aus Possenhofen verbreiten sofort die *Neuesten Nachrichten.* Zu den Gratulanten gehören die Könige Ludwig I. und Maximilian II. und natürlich die kaiserliche Schwester Sissi. Letztere ist gerade guter Hoffnung. Sie gebiert am 21. August auf Schloß Laxenburg den Kronprinzen Rudolf.

Drei Tage später wird große Hochzeit in Sissis geliebtem Possenhofen gefeiert. Endlich sind Helene und Maximilian Anton am Ziel ihrer Sehnsucht. Der Bräutigam hat allen Grund, sehr stolz zu sein. Seine Braut stammt ja nicht nur aus der Königsfamilie, sie ist hübsch, gescheit, charmant und sehr gebildet. Zu ihren Lehrern gehörten der Maler Karl Theodor Piloty und der Wiener Zithervirtuose Johann Petzmayer.

Für die Hochzeit hat man vor dem Schloß Possenhofen eine eigene Kapelle gebaut. „Während des kirchlichen Acts", so liest man in den Unterlagen des Taxisschen Archivs, „wurde von den Mädchen des Erziehungsinstituts zu Kloster Beuerberg, unter welchen sich auch zwei Mohrenmädchen befanden, ein herrlicher

Königliche Hoheit im Fürstenhaus: Helene in Bayern (1834–1890)

Choral vorgetragen." Am Abend rudern die Anrainer des Starnberger Sees mit farbigen Laternen und Musikinstrumenten in ihren Booten zum Schloß. Im Hof gibt es dann ein Ständchen, das die Braut zu Tränen rührt.
An den zwei Tagen nach der Hochzeitsnacht genießt Helene ein letztesmal die Sinnesfreuden der einfachen Leute rund um den See. Die *Neuesten Nachrichten* schreiben: „Zu dem Festschießen, welches der Erbprinz von Taxis in Possenhofen gab, hatten sich, des unaufhörlichen Regens ungeachtet, die geladenen Schützen zahlreich eingefunden und wurde dabei auch sehr gut geschossen." In einer nicht verregneten Nacht läßt Brautvater Max ein „Kunst-Feuerwerk" abbrennen, „das eben so glänzend als gelungen war" (*Neueste Nachrichten*).
Vier Tage verbringt das Paar nach der Kopulation noch in Possenhofen, dann geht es ab in die Flitterwochen nach Schloß Taxis. Im Dezember 1858 schließlich zieht man unter dem Jubel der Bevölkerung in Regensburg ein. Die junge Frau ist im vierten Monat schwanger. Doch bald reist sie wieder auf den schwäbischen Familienbesitz zurück. Dort wird Helene am 1. Juni 1859 von ihrem ersten Kind (Luisa) entbunden. Es soll einmal sehr alt werden und sogar den Zweiten Weltkrieg überleben. Im selben Jahr 1859 stirbt Karl Anselms Witwe Maria Isabella. Um den helfenden Engel trauert halb Böhmen. In der Unterstützung der Armen sah sie ihr Lebenswerk.
Für Helene folgen jetzt Jahre, in denen sie oft und lange mit ihrer Schwester Sissi beisammen ist. Deren Ehe mit Kaiser Franz Joseph besteht nur noch auf dem Papier. Zu grob war der Habsburger zu seiner schönen Frau, die jetzt den Wiener Hof flieht, wann immer es geht.
Ihre Verbundenheit mit der Schwester dokumentiert Helene zunächst damit, daß sie ihrer zweiten Tochter (am 28. Mai 1860 in Dresden-Neustadt geboren) den Namen Elisabeth gibt. Unmittelbar nach dem Wochenbett reist sie nach Starnberg, wo sich beide Töchter des „Zither-Maxl" in die Arme schließen. Es folgen herrliche Ferien in Possenhofen. Dann reist Sissi nach Madeira. Auch auf diese ferne Insel folgt ihr Helene. 1861 genießen beide Schwestern gemeinsam die überwältigenden Naturschönheiten

auf Korfu. Traurig sieht Erbprinz Maximilian Anton, der natürlich bei den zwei Kindern bleibt, jedesmal seine Frau fortziehen.
Kaum ist Helene wieder in Regensburg, stirbt (am 24. Januar 1862) Karl Anselms Bruder, August Max von Thurn und Taxis. Er wurde 1794 in Prag geboren und mit achtzehn Jahren Soldat der bayerischen Armee. Als solcher focht er in den Napoleonischen Kriegen mit, deren Höhepunkte er in seinem Buch „Aus drei Feldzügen“ schilderte. In München, wo ihn nahezu jeder kannte, ging er jeden Tag ins Hoftheater und legte auf seine äußere Erscheinung wenig Wert. Als man nach seinem Tod seine Behausung räumt, entdeckt man Berge von ungeöffneten Briefen. August Max wollte in seinen letzten Jahren keine mehr lesen.
1862 weilt Friedrich Hebbel, der letzte große deutsche Tragödiendichter, in Regensburg. „Was soll ich in der Walhalla?“ fragt er spottend und fährt fort: „Die mag warten, bis meine Büste kommt, aber in die Kirchen muß ich persönlich hinein gehen, denn als Heiliger werde ich schwerlich aufgestellt.“
Am 24. Juni 1862 entzündet man gleich ein zweifaches Freudenfeuer auf Schloß Taxis. Man feiert Sonnwend und, was viel wichtiger ist, die Geburt des ersten Sohns, des Erbprinzen. Er erhält bei der Taufe die Namen Maximilian Maria. Der siebte Fürst derer zu Thurn und Taxis soll er einmal werden. Doch das Glück steht nicht an seiner Wiege, was man freilich in diesem schönen Sommer noch nicht wissen kann.
1863 berichten einige Zeitungen über den Prozeß gegen Rudolph von der böhmischen Taxis-Linie. Dieser glühende Verfechter der Republik und Gegner des Gottesgnadentums hielt in Nimburg eine Rede, die dem kaiserlichen Staatsanwalt gar nicht gefallen wollte. Es kam zu einer Anklage wegen Auflehnung gegen Anordnungen des k. u. k.-Apparates. Im Plädoyer beantragt der Anwalt jetzt eine einmonatige Arreststrafe. Man stelle sich vor: Ein Thurn und Taxis im Arrest! Doch keine Angst – der kaiserliche Gerichtshof folgt letztlich diesem Strafmaß nicht.
Aus Regensburg gibt es bis auf die Ankunft Bismarcks am 20. Juli 1863 nichts Besonderes zu vermelden. Im Taxis-Schloß weiß man, daß dieser Mann gefährlich werden kann und wird. Seine Aversionen gegen das Taxis-Postwesen in Preußen bereiten dem

Haus derzeit die größten Sorgen. Noch aber schlägt der Mann nicht zu.

Am 10. März 1864 stirbt in München König Maximilian II., „Märchenkönig“ Ludwig II. wird neuer Herrscher. Und zu seinem Ordonnanzoffizier ernennt er Paul von Thurn und Taxis, den 1843 geborenen Sohn von Maximilian Karl und Mathilde Sophie.

Man zeigt sich kurze Zeit stolz über diese unerwartete Ehre, doch im Schloß St. Emmeram hat man augenblicklich andere Sorgen. Das Fürstenpaar bangt 1864 um seinen vierundzwanzigjährigen Sohn Otto. Er kämpft im Deutsch-Dänischen Krieg in Schleswig mit. Man betet zu Hause für ihn und gründet am 15. Februar einen „Hilfsverein zur Unterstützung im Felde leidender und verwundeter Krieger“. Die Fürstin spendet viel Geld und läßt im Schloß ein Vereinsheim einrichten. Otto kehrt schließlich heil aus dem Krieg zurück – mit dem Militär-Verdienstkreuz an der Uniform.

Doch schon im Jahr darauf ist der Fürst entsetzt über diesen seinen Helden. Otto lernt nämlich in Wien die elegante und attraktive dreiundzwanzigjährige Maria Kreutzer (geborene Fontelive-Vergne) kennen, die am Carls-Theater mit Vorliebe Salonrollen spielt. Es ist Liebe auf den ersten Blick. Der Taxis-Sproß schickt Rosen und Liebesbriefe, der Vater seinen Fluch. Aus Regensburg reisen Taxissche Beamte an, die dem Mädchen viel Geld anbieten, wenn es vom Freund läßt. Umsonst!

Und auch Sohn Paul erregt jetzt den Zorn des fürstlichen Vaters. Schwärmt doch der junge Mann für Richard Wagner und seine Opern! Maximilian Karl macht seinen Filius unverzüglich darauf aufmerksam, daß der Komponist einmal ein Barrikadenkämpfer war und wahrscheinlich ein Republikaner ist. Wenn Paul weiter an der Wagner-Musik hänge, werde er andere Saiten aufziehen, droht der Fürst.

Ja, die Liebe! Zwei weitere Kinder des Fürsten stellen ihre Herzensentscheidung über verstaubte Standesgesetze. Am 14. Februar heiratet in München Theodor, Rittmeister im zweiten Chevauxlegers-Regiment, Emilie von Seckendorff-Aberdar. Die Dreiundzwanzigjährige ist protestantisch und nur Freiin. Am 19. April tritt die zweiundzwanzigjährige Amalie von Thurn und Taxis in

Regensburg mit Graf Otto von Rechberg-Rotenlöwen vor den Traualtar. Also ebenfalls eine Mesalliance!

Das alles wäre für Maximilian Karl zu verschmerzen, wenn nicht Sohn Paul zum Saul geworden wäre. Da passiert am 25. August das für Durchlaucht Unfaßbare. König Ludwig II. feiert an diesem Tag seinen zwanzigsten Geburts- und Namenstag mit einem bis dato einmaligen Spektakel: Paul läßt sich vor Majestät als Lohengrin auf dem Rücken eines gezimmerten Schwans über den Alpsee ziehen und singt zu den Klängen des unter Fichten verborgenen Orchesters den Wagnerpart. „Lieber Paul, du hast Gottvolles geleistet, das Andenken an diese Nacht wird mir und dir teuer bleiben", ruft der Wittelsbacher dem Taxis-Sproß zu. Der Vater in Regensburg erteilt diesem Opernauftritt freilich andere Noten.

Das Kriegsjahr 1866. Am 21. Mai stirbt in Regensburg der Fürst Esterhazy, der Schwager von Maximilian Karl. Am 2. Juni schenkt die mit Otto von Taxis liierte Maria Kreutzer ihrem Sohn Otto Sigismund das Leben. In Regensburg hofft man weiter. Noch sind Vater und Mutter ja nicht verheiratet. Das Kind würde kein Problem darstellen.

Doch pechschwarze Wolken ziehen mittlerweile am weiß-blauen Bayernhimmel auf. Angesichts des bevorstehenden Waffenganges fürchtet sich jeder vor den verheerenden Folgen. Und was macht Ludwig II.? Fürst Hohenlohe-Schillingsfürst klagt am 16. Juni 1866: „Der König sieht jetzt niemand. Er wohnt mit Taxis und dem Reitknecht Völk auf der Roseninsel und läßt Feuerwerke abbrennen." Siebzehn Tage später die Schlacht von Königgrätz! Preußen ist die Nummer eins in Deutschland.

Immer mehr zeigt sich jetzt, daß diese Niederlage des Kaisers in Wien auch und insbesondere eine der Familie Thurn und Taxis ist. Jetzt geht Preußen mit aller Macht daran, dem Regensburger Fürstenhaus die Posten zu nehmen. Die Verhandlungen werden in Frankfurt geführt. Der preußische Beauftragte Heinrich Stephan läßt sich auf keine großen Grundsatzdebatten ein.

Seiner Mutter schreibt er Anfang 1867, er habe die Taxisschen Posten, „diesen 350 Jahre alten Krebsschaden Deutschlands, beseitigt". Bereits am 28. Januar wird in Berlin der „Postabtretungs-

vertrag" unterzeichnet. Für die geradezu lächerliche Summe von drei Millionen Talern muß Fürst Maximilian Karl seine gesamten Postrechte den Preußen überlassen. Was ihm bleibt, ist eine hohle Floskel. Er darf sich künftig „Erb-Landpostmeister" nennen.
Doch dies ist nicht das einzige Unglück. Der singende Offizier Paul von Taxis verknallt sich jetzt auch noch in die Münchner Soubrette Elise Kreuzer und erobert ihr Herz. Maximilian Karl zeigt sich abermals entrüstet: Die Geliebte ist Jüdin. Da nützt kein Appell des Soldaten an elterliche Großmut, auch nicht die Meldung, daß die Geliebte die Nichte des angesehenen Komponisten Konradin Kreuzer ist, dessen „Nachtlager von Granada" damals europaweit gespielt wird. Die Bindungen zu diesem märchen- und mädchenhaften Wesen sind so fest, daß Paul sogar auf seinen Fürstentitel verzichtet und sich seine Entlassung aus der Armee rühmend an die Fahnen heftet.
Dann tiefe Trauer! Aus Montreux wird der Tod der Fürstentochter Amalie gemeldet. Sie starb am 12. Februar im Alter von nur zweiundzwanzig Jahren. Und schon am 16. Februar das nächste Finale! In Berlin unterzeichnen an diesem Tag König Wilhelm und Bismarck die „Postabtretungsurkunde". Der letzte Ton der Taxis-Post verstummt.
Ein kurzer Lichtblick dazwischen! Am 8. Mai wird Helene von ihrem Sohn Albert entbunden. Er soll einmal der achte Fürst des Hauses werden. Aber sogleich wieder ein Keulenschlag – aus Hof kommt die Nachricht, daß Otto von Thurn und Taxis am 15. Juni die Schauspielerin Maria Kreutzer geheiratet hat. Welch ein peinlicher Auftritt!
Dann folgt der 26. Juni! Genau an dem Tag, an dem sich Maximilian Karl offiziell von seinen Postbeamten in Preußen verabschiedet, muß eine noch viel schmerzlichere Trennung vollzogen werden: Erbprinz Maximilian Anton, der so sehr auf eine Heilung seiner Krankheit in Karlsbad setzte, stirbt nach längerer Krankheit im Regensburger Schloß. Kaiser Franz Joseph und seine Sissi eilen sofort nach Regensburg. Die Schwestern umarmen sich und geleiten den Sarg am 29. Juni in die Fürstengruft. Am Tag darauf erfährt Kaiser Franz Joseph von der Hinrichtung seines Bruders Maximilian in Mexiko. Sofort verläßt man Regensburg wieder in

Richtung Wien. Tragödien in den Herrscherhäusern, von denen in den Unterschichten spricht ohnehin niemand!
In Regensburg verfaßt man ein Trauergedicht. Darin heißt es:

> Helenens herbe Thränen strömen nieder;
> Ihr ganzes Glück, – Ihr Leben ist gebrochen;
> Ein wehmuthsvolles ängstlichbanges Pochen
> Des Frauenherzens hallt im Innern wieder.

Gedrückt ist allerdings auch die Stimmung von Kaiser Franz Joseph in Wien, dessen Ehefrau die Regensburger Witwe ja einmal um ein Haar geworden wäre. Er muß jetzt tatenlos zusehen, wie sich Sissi erbarmungslos für die schlechte Behandlung revanchiert. Die Kaiserin teilt dies auch nach Regensburg an den Fürstenhof mit. Und Helene erfährt noch etwas: Sissi ist gerade unsterblich in den ungarischen Ministerpräsidenten Gyula Andrássy verliebt, mit dem sie im Sommer 1867 eine glückliche Zeit in Ischl verbringt und höchstwahrscheinlich mehr als nur flirtet. Natürlich kennt Helene den feurigen Ungarn mit den schwarzen Locken und stechenden Augen.
Liebesgrüße aus Ischl und Haß aus Berlin! In Preußen begeht man die reinste Leichenfledderei. Trotz des schmerzlichen Trauerfalles in Regensburg spottet Stephan: „Den Taxisschen, die für ihre silbernen Löffel, ihre Frauen und Töchter schon fürchteten, habe ich Sicherheitsbriefe ausgewirkt, darüber waren sie sehr glücklich." Dann brüstete er sich, „das postalische Königgrätz" geschlagen zu haben.
1868 steht man im Hause Taxis wahrhaftig vor einem gewaltigen Scherbenhaufen. Am 6. Juni heiratet in Astheim der Fürstensohn Paul die Jüdin Elise Kreuzer. Zwei Wochen später erhebt ihn König Ludwig II. zum Freiherrn von Fels. Man geht auf Tournee, die bis in die Schweiz führt. Zwei Tage nach der Standeserhebung Pauls stirbt Fürst Karl Theodor von der böhmischen Linie. 1868 kehrt auch Amalie, die illegitime Tochter der Mathilde Therese und des Maximilian von Lerchenfeld, aus Rußland zurück. Die ehemalige Schönheitskönigin Ludwigs I. läßt sich am Tegernsee nieder.
In dieser Zeit des Einbruchs heißt die Familie in Regensburg jede Abwechslung und Ablenkung willkommen. So werden jetzt die

fürstlichen Gärten neu angelegt. Fürst Maximilian Karl holt dazu den Leiter des Botanischen Gartens in München, Max Kolb. Er ist der Sohn eines Wittelsbachers und einer Kammerzofe und Vater der Dichterin Annette Kolb, die Anfang 1870 geboren wird.
Und 1870 ist wieder ein Kriegsjahr! Am 5. November 1870 heiratet auch Georg, der ältere Bruder Pauls, unebenbürtig. Sein Jawort gibt er in Graz Anna Camozzi de Girardi-Frühwirt. Beide Eheleute leben nicht lange. Am 20. Dezember stirbt in Regensburg die Schwester des Fürsten, Maria Sophia, die vor fünfunddreißig Jahren von Friedrich von Württemberg geschieden wurde.
Dann 1871! Deutschland siegt über Frankreich, der neunundsechzigjährige Maximilian Karl von Thurn und Taxis erliegt seinem Leiden. Am 10. November trauert die fünfundfünzigjährige Gattin um ihren Mann. Seine Landerwerbungen bilden in Zukunft ein solides Fundament für das weitere Gedeihen des Hauses. Anlasten muß man dem verstorbenen sechsten Fürsten die Duldung (wenn nicht sogar Förderung) der Schwarzen Kabinette. Doch dafür hatte er einen hohen Preis zu zahlen.

Fünf Jahre jung ist Maximilian Maria, der siebte Taxis-Fürst, als sein Vater 1867 stirbt. Helene, seine Mutter, jetzt das Haupt der Familie, läßt den Kopf hängen. Am liebsten würde sie nach Possenhofen zurückkehren. Was soll sie noch in Regensburg? Doch an ihrer Brust liegt noch der sechs Wochen alte Albert. Die Töchter Luisa und Elisabeth sind acht und sieben.
Natürlich muß sie in Regensburg bleiben. Der kleine Maximilian Maria kränkelt ernsthaft. Die Ärzte haben einen Herzfehler entdeckt. Ihre Diagnose ist fürchterlich: unheilbar! Doch auch Mediziner können irren, hofft Helene. Plötzlich trotzt sie allen Widerwärtigkeiten dermaßen energisch, daß eine Aufbruchsstimmung ohnegleichen im Taxis-Schloß herrscht. Jetzt soll auch Kaiser Franz Joseph im fernen Wien sehen, daß er bei ihr mit seinem Laufpaß die Grenze des Zumutbaren überschritten hat. „So spielt sie auf der Märchenbühne des vom Dornröschenschlaf der zweiten Jahrhunderthälfte ereilten Regensburg die Rolle der Kaiserin, die das Welttheater ihr vorenthält, macht das Schloß zu einer zweiten Wiener Hofburg." Soweit das Urteil von Albert von Schirnding.
Tatsächlich gehen Helene schon 1871 erste kühne Pläne durch den Kopf. Die prächtige Innenausstattung im Frankfurter Palast, so beschließt sie, muß abgebrochen und in ihre Regensburger Residenz verlagert werden. Gold und Gobelins, Lüster und Leinwände, Öfen und Ölbilder können nun wirklich mit dem Prunk in der Hofburg konkurrieren, denkt sie sich und fädelt eine der großen Kunst-Transaktionen des Kontinents ein.
In die künftige Nobelherberge St. Emmeram übersiedelt Helene noch im Todesjahr ihres Schwiegervaters. Ihr bisheriges Haus, den Prüfeninger Hof am Jakobsplatz (heute Bismarckplatz), erhält die Schwiegermutter Mathilde Sophie. Und auch für sie hat es das Jahr 1871 in sich. Nur einen Tag nach dem Tod ihres Mannes heiratet dessen zweitältester Sohn, ihr Stiefsohn Egon Maximilian (39), in Ecska/Banat die dreißigjährige Victorine Lazar. Welche Ge-

schmacklosigkeit! Dem Paar pressiert es. Die Frau ist schwanger und – o Schreck! – unebenbürtig. Da nützt es auch nicht sehr viel, wenn man das am 15. Juni 1872 geborene Baby auf den Namen des Großvaters (Maximilian Anton) tauft.
In Regensburg tritt in diesem Jahr 1872 der große Techniker Max Schultze in Taxissche Dienste. Er arbeitete bisher als Bahnbau-Ingenieur und bereitet sich jetzt auf die Schloßerweiterung vor. Noch im gleichen Jahr kauft Helene das wald- und wildreiche Gut Hohengebraching im Süden von Regensburg. Es gehörte einst den Äbten von St. Emmeram und soll später einer der Lieblingsaufenthalte des Regensburger Erzbischofs Michael Buchberger werden.
1873 beginnt dann die große Auslagerung des Mobiliars von Frankfurt nach Regensburg. Eine glückliche Aktion! Denn nur so überleben die Kostbarkeiten den Zweiten Weltkrieg. Und: Ohne die außerordentlich reizvolle Innenausstattung wäre Schloß Emmeram heute ein Himmel ohne Sterne. Doch mitten im Transfer der Frankfurter Einrichtungen läutet die Totenglocke: Am 15. Mai 1873 nimmt Helene in Regensburg Abschied von ihrem Schwager Hugo Joseph. Er war Oberleutnant im vierten Husaren-Regiment, gerade achtundzwanzig Jahre alt und unvermählt.
1874 abermals ein Erntejahr des Todes in der Taxis-Familie! Am 26. Mai stirbt Helenes Schwager Nikolaus, erst einundzwanzig Jahre alt, in München an der Cholera. Dann nimmt in Hütteldorf ihre Tante Maria Theresia (Esterhazy) Abschied von dieser Welt. Sie genoß ihr Leben und ihre Liebhaber und wurde stolze achtzig Jahre alt. Kurz vor Weihnachten schließlich erliegt in Graz Schwager Georg seinem Leiden. Er wurde nur dreiunddreißig, seine Ehe mit Anna Camozzi währte somit nur vier Jahre.
1875 – zwei glanzvolle Hochzeiten im Haus Thurn und Taxis! Am 19. April führt Fürst Alexander (24), Sohn des Hugo Max von der böhmischen Linie und seiner Frau Almeria Belcredi, die neunzehnjährige Marie zu Hohenlohe-Waldenburg-Schillingsfürst zum Traualtar. Die Braut, eine gebürtige Venezianerin, ist geistreich, originell und voller Lebenslust. Gondeln und Galeeren beflügeln ebenso ihre Phantasie wie Goethe und Goldoni. Wenn sie in Santa Maria della Salute kniet und kommuniziert, so bekennt sie, ist das für sie genauso Gottesverehrung wie ein Streifzug

Große Pläne – kurzes Leben: Maximilian Maria (1862–1885), 7. Fürst

durch die nächtliche Serenissima. In San Marco gibt sie jetzt, 1875, ihrem Geliebten das Jawort. Rilke, den sie später so verehrt und der ihr ein Werk der Weltliteratur widmet, wird exakt in diesem Jahr in der Heimat ihres Mannes geboren. Doch davon später!
Und noch eine Kopulation 1875! In Preßburg heiratet Helenes Schwager Adolf (25) die achtzehnjährige Budapesterin Franziska von Orsay. Das ist ein Ungarnblut, wie es die Zeitgenossen von den Operetten her kennen und lieben. Wahrscheinlich stammt das Fäßchen Tokaier, das im Regensburger Schloß eintrifft, von ihr. Bereits am 9. Juni 1876 schenkt sie in Innsbruck ihrer Tochter Amelie das Leben.
Helene freut sich. Was mag sie wohl fühlen, als am 17. Oktober 1877 ihre Tochter Elisabeth, gerade erst siebzehn geworden, in Regensburg den Infanten von Portugal, Miguel von Braganza, ehelicht? Wenn das nur der Vater erlebt hätte! In Laucin versprechen sich drei Wochen später Schwager Gustav Otto (29) und Maria Karolina von Thurn und Taxis (31) vor dem Priester die eheliche Treue. Die in Brescia geborene Braut stammt aus der böhmischen Linie des Hauses. Der gemeinsame Ururgroßvater der beiden Neuvermählten ist der vor einhundertundvier Jahren gestorbene Fürst Alexander Ferdinand.
1878. Ende April trifft in Regensburg die Nachricht ein, daß auf den achtundfünfzigjährigen Emmerich von Thurn und Taxis (böhmische Linie) im Wiener Prater ein Attentat verübt wurde. Ein Handelsagent wollte ihn aus persönlichen Gründen töten. Das Opfer überlebt. Doch am 6. Juni stirbt in Wiener Neustadt Helenes Schwager Otto, erst achtunddreißigjährig. Schon im Jahr darauf folgt ihm seine Frau Maria (geborene Kreutzer, erhobene Freiin von Pernstein) aus Krakau. In Cannes tritt in diesem Jahr 1879 noch Schwager Paul, der sich als Schauspieler verdingte und mit Elise Kreuzer verheiratet war, von seiner Bühne des Lebens ab. Doch kehren wir wieder nach Regensburg zurück, wo der Reichtum der Thurn und Taxis ebenso gigantische Ausmaße annimmt wie das Elend des Proletariats. Nur wenn das Küchenmädel sonntags ihren Freund aus der Fabrik trifft und man gemeinsam zum Bier und Tanz und vielleicht zu einem bißchen mehr nach Prüfening oder Prüll bei Regensburg aufbricht, mischt sich ein unend-

liches Glück in das Leben der Unterschicht. Als am 21. Juni 1879 die älteste Tochter Helenes, die zwanzigjährige Luisa, dem sechzehn Jahre älteren Friedrich von Hohenzollern-Sigmaringen das Jawort gibt, träumt man im Schloß von so einem himmlischen Wohlwollen.

Es bleibt der Taxis-Familie versagt. Das spürt man ganz schmerzlich 1880, am achtzehnten Geburtstag von Fürst Maximilian Maria, an dem man alle Heiligen und Seligen des Jenseits anruft. Trotz des schlechten Gesundheitszustandes ist Mutter Helene der Meinung, der Sohn müsse studieren. Tatsächlich immatrikuliert er sich an den Universitäten in Bonn, Göttingen und Straßburg in den Fächern Jura und Philosophie.

Indes straft der Himmel die Familie mit einem neuen Unglück: Das herrliche Schloß in Donaustauf brennt. Damit enden 1880 die Sommeraufenthalte am Ufer der Donau. Mathilde Sophie, die jetzt vierundsechzig Jahre zählt und gerne nach Meran fährt, hatte in Donaustauf einem Mädchen und sechs Buben das Leben geschenkt.

Und noch etwas entflammt: Helenes einsames Herz. Sie ist seit einem Jahrzehnt Witwe, da trifft sie, wie vom Herrgott gesandt, auf einen katholischen Geistlichen. Alles beginnt, soweit man sieht, bei einem Souper. Aus der ernsten Frau des Jahrgangs 1834 wird plötzlich ein kreuzfideles Wesen. Löffler heißt der Tischgenosse, der anscheinend Leckerbissen jeder Art schätzt. Seine Heimat ist Erfurt, wo die Großmutter ihres Mannes, die selige Mathilde Therese, 1807 von Zar Alexander I. und Talleyrand hofiert wurde. Die siebenundvierzigjährige Helene begnügt sich jetzt mit einem weniger bekannten Mann. Nach ihm nennt man sie in Regensburg bisweilen sehr despektierlich „Löffler-Leni".

Doch dieses wunderbare Himmelsglück kann Helene leider Gottes nicht so richtig genießen. Eine Lawine von Elend, wie sie das Haus noch nie kannte, überschüttet jetzt alles. Am 7. Februar 1881 stirbt Helenes zweitälteste Tochter Elisabeth in Ödenburg am Neusiedler See. Sie war nur drei Jahre mit ihrem Mann Miguel beisammen. In seinem Heimatland Portugal wirkte Helenes Schwager Wilhelm von Pirch als kaiserlicher Gesandter. Er folgt Elisabeth am 28. September.

Dann senkt sich der Todesengel immer tiefer auf Maximilian Maria. Am 24. Juni feiert man mehr mit Tränen als Tokaier seine Volljährigkeit. Ungeachtet seines ernsten Leidens läßt der junge Fürst seine Regensburger Residenz in eine Großbaustelle verwandeln. Max Schultze lieferte die Pläne für den prächtigen Südtrakt mit dem markanten Rundturm, den weiten Treppen und Gängen. Der Fürst weilt nahezu jeden Tag auf der Baustelle. Er nimmt seine schwere Krankheit auf die leichte Schulter. Wird er die Vollendung des Baus überhaupt erleben?

Sogleich verbindet man diese bange Frage mit einer zweiten. Sind die zwei schwarz umrandeten Todesanzeigen, die 1884 im Schloß eintreffen, Vorboten eines neuen Unglücks? Man erfährt nämlich vom Ableben der Anna du Prel, deren Vater der Hoffriseur der Taxis gewesen war und deren Sohn der weltberühmte Okkultist Carl du Prel ist. Auch Anna Dreher stirbt in diesem Jahr. Ihr Vater war Taxisscher Beamter, ihr Ehemann Anton Dreher der Welt größter Brauer („Birra Dreher“). Er lieferte seinen berühmten Gerstensaft von Wien aus nicht nur an die Adriaküste, sondern auch nach Regensburg.

Trotz aller bösen Vorzeichen gibt Maximilian Maria 1885 noch die Anordnung, ein Jagdschloß im Thiergarten als Ersatz für das abgebrannte Schloß in Donaustauf zu errichten. Dorthin läßt er sich Ende Mai zu seinem Lieblingsvergnügen kutschieren – zur Auerhahnbalz. Doch das ist entschieden zuviel für sein armes Herz, das plötzlich zu versagen beginnt. Carl Theodor, Helenes Bruder, begibt sich sofort nach Regensburg. Er ist ein bekannter Arzt. „Hilf mir doch Onkel, ich bin so gern auf der Welt“, bettelt der Patient. Doch der beste Arzt könnte ihn nicht mehr retten.

Auch die Fürstin-Witwe Mathilde Sophie, inzwischen neunundsechzig Jahre alt, eilt aus ihrem Lieblingsort Meran heran. Kaiserin Sissi wird in Possenhofen von der schweren Krankheit ihres Neffen verständigt. Sie nimmt den Schnellzug München–Regensburg, der am Todestag des Fürsten eintrifft.

Als sie im „Goldenen Kreuz“ am Haidplatz vorfährt, ist bereits alles zu spät. Wieder liegen sich die Schwestern Helene und Sissi weinend in den Armen. Beider lautes Klagen wird am 2. Juni 1885 von den Glocken des Petersdoms und der Emmeramskirche übertönt. Der siebte Fürst derer von Thurn und Taxis durfte nicht einmal dreiundzwanzig Jahre leben. „Getreu den Traditionen seines Hauses war Fürst Maximilian Maria begeistert für alles Gute, Edle und Schöne, für Kunst und Wissenschaft", lesen wir im Nachruf. Als Sissi wieder donauabwärts reist, läßt sie ihre Schwester als seelisch gebrochenes Wrack zurück. Eine wunderbare Vergangenheit, eine triste Gegenwart und eine Zukunft ohne Perspektive belasten jetzt Helenes Seele. Damals, als sie noch auf dem Starnberger See ruderte, im Wald Beeren, Blumen und Pilze sammelte, in ihrem ersten dekolletierten Kleid in Gesellschaft erschien, mit einem schicken Kettchen um die viele nackte Haut, ja damals wäre sie beinahe Kaiserin geworden. Jetzt, so liest man in einem Bericht des Hauses, weint sie tausend Tränen in ihr Kissen. Sie ist, so schreibt Sissis Tochter Valerie, „in ihrer furchtbaren Leidenschaftlichkeit oft wie wahnsinnig".

Mit Kapital und Knaben gesegnet: Albert (1867–1952), 8. Fürst.
Von links: Karl August, Louis Philipp, Max Emanuel (Pater Emmeram), Elisabeth Helene, Raphael, Fürstin Margarete, Philipp Ernst, Franz Joseph.

Drei lange Jahre leitet nun Helene abermals das Haus Thurn und Taxis. Ihr jüngster Sohn Albert zählt ja erst achtzehn Jahre. Traurig, aber stolz steht er Ende Januar 1886 an der Bahre seiner Großmutter Mathilde Sophie, die in Obermais bei Meran starb. Im Juni macht er sich auf den Weg nach München zur Bestattung König Ludwigs II. Im Trauerzug schreitet er in der Tracht des Malteserordens gleich hinter Prinzregent Luitpold und den Kronprinzen aus Berlin und Wien zur Michaelskirche. Da gibt es keine Zweifel, ein zweiter Albertus Magnus tritt in die Arena der Eitelkeiten.
1887 reist der Zwanzigjährige dann zu seiner schönen Tante Sissi. Diese zeigt ihm in Lainz das Porträt der Katharina Schratt. Sissi weiß, daß die Schauspielerin die Geliebte ihres Mannes Franz Joseph ist. Lächelnd fragt sie ihren jungen Gast aus Regensburg: „Wie g'fällt die dir?" Alberts Antwort: „Na, reichlich gewöhnlich sieht sie aus." Nur Adel ist edel für ihn. In diesem Punkt ändert er seine Meinung nie.
Ende April 1888 begleitet Albert seine Mama nach Paris. Nach der Rückkehr steigt man in München im Hotel „Bayerischer Hof" ab. Von dort aus besuchen beide Regensburger den Prinzregenten Luitpold in der Residenz.
Am 8. Mai 1888 wird Albert dann volljährig. In München stirbt im Monat darauf Amelie Stargard, die illegitime Tochter seiner Urgroßmutter Mathilde Therese. In der Todesanzeige wird sie „Ihre Excellenz" tituliert. Sie war eine hübsche Frau. In der Schönheitengalerie Ludwigs I. ist ihr Konterfei aus der Hand von Joseph Stieler noch heute zu bewundern (im Schloß Nymphenburg).
Im August wird dann in Dresden Prinz Gustav geboren. Er ist der Sohn des Franz Maximilian von Thurn und Taxis und damit der Cousin Alberts. Wegen seiner dubiosen politischen Aktivitäten findet er 1919 ein schreckliches Ende. Doch davon später!
Helene indes zieht es wieder in die alte Heimat am Starnberger See. Im August treffen wir sie im Schloß Garatshausen, wo sie

Albert besucht. Im Oktober belegt sie den Gasthof Strauch in Feldafing, wo Schwester Sissi regelmäßig absteigt. Das „Menue-Buch“ dort ist noch erhalten. Es verrät uns, was Helene und ihr Gefolge am 28. Oktober mittags zu sich nehmen: „Markknödelsuppe, Forellen blau mit Butterkartoffeln, Roastboef mit grünen Erbsen, Entenbraten mit gemischtem Salat, Aprikosen-Soufflé.“ Abends ißt man Einlaufsuppe, Kalbsbraten und Schinken.

Am 15. November trauert Helene dann um ihren Vater Max in Bayern, den „Zither-Maxl“. Er wurde achtzig Jahre alt und gefiel und verfiel zu allen Zeiten schönen Frauen. Und auch Franz von Gruben, der Chef der Taxisschen Gesamtverwaltung, stirbt 1888. Er war mit einer Tochter des großen Juristen Justinus Linde verheiratet.

Weihnachten dieses Trauerjahres 1888 verbringt Fürst Albert im Herzog-Max-Palais an der Münchner Ludwigstraße, dem Geburtshaus von Tante Sissi. Stolz erzählt er von den Bewegungen und Erregungen seines Herzens, von dem großen Wurf seines jungen Lebens. Die achtzehnjährige Margarete von Österreich und das Kaiserhaus erwiderten seinen Heiratsantrag positiv.

Die Braut ist ein hochbegehrtes Geschöpf, das am 6. Juni 1870 im Schloß Alcsutdoboz (rund dreißig Kilometer westlich von Budapest) als Tochter des Erzherzogs Joseph und seiner Frau Clothilde von Sachsen-Coburg geboren wurde. Sie genoß eine vorzügliche Ausbildung, hat eine künstlerische Ader und wird mit Kaiserliche Hoheit angesprochen. Albert ist ihr also bei weitem nicht ebenbürtig.

Das neue Jahr 1889 begrüßen Sissi, Helene und Albert gemeinsam in München. Am 4. Januar verloben sich der junge Fürst und Margarete. Es hätte für das junge Traumpaar alles idyllisch und hoffnungsfroh bleiben können, da erschüttert am 30. Januar 1889 eine Verzweiflungstat den Kontinent. Alberts Cousin, der dreißigjährige österreichische Thronfolger Rudolf, begeht mit seiner Geliebten Mary Vetsera auf Schloß Mayerling Selbstmord. Das Ende der Monarchie deutet sich mit einem Paukenschlag an.

1889 hören wir auch von den ersten selbständigen Aktivitäten des jungen Fürsten. Er erwirbt das Gut Hellkofen im ertragreichen Gäuboden, läßt im Hof des Regensburger Schlosses den Arnulfbrunnen aufstellen, auf dem ein Putto mit sechs Fingern abgebil-

det ist, und unterstützt großzügig die Kolping-Familie beim Bau ihres Gesellenhauses („Erhardihaus") unten an der Donau.
Dann wieder ein Jahr der Wechselbäder! Am 3. Januar 1890 stirbt bei Salzburg mit nur neununddreißig Jahren Alberts Onkel Adolf Maximilian bei Salzburg. Er war k. u. k.-Stallhaltereirat und mit Franziska von Orsay vermählt. Von den drei Kindern ist das jüngste noch nicht einmal ein Jahr alt. Onkel Adolf Maximilian wird in Aigen zur letzten Ruhe gebettet.
Mitte Februar feiert Albert seinen letzten Faschingsball als lediger Mann in Regensburg und läßt die Braut warten. Dies wiederum kritisiert Kaiser Franz Joseph. „Zu meiner Zeit", so schreibt er, „pflegte man ohne Rücksicht auf Bälle und Feste augenblicklich herbei zu fliegen, wenn man wußte, daß einen die geliebte Braut erwartet. So ändern sich die Anschauungen."
In dieser Zeit ist Alberts Mutter Helene schon sehr krank. Im Mai eilen Schwester Sissi und ihre Tochter Valerie nach Regensburg. Die zweiundzwanzigjährige Prinzessin zeichnet das Gespräch, das wie sehr oft in Englisch geführt wird, auf. Sissi: „We two have hard puffs in our lives!" Helene: „Yes, but we had hearts."
Am 16. Mai 1890 seufzt Helene: „Das Leben ist doch ein Jammer und Elend." Dann schlägt ihre letzte Stunde. Diese unglückliche Frau wurde nur sechsundfünfzig Jahre alt. Das Helenentor mit dem Emblem der gebürtigen Münchnerin (H unter der bayerischen Königskrone) erinnert noch heute an sie.
Kaum hat Helene in Regensburg Irdisches mit Himmlischem vertauscht, werden schon in Budapest Ringe gewechselt. Am 15. Juli 1890 (Todestag Gottfried Kellers) führt der dreiundzwanzigjährige Albert seine zwanzigjährige Braut an den Traualtar. Dort segnen Fürstprimas Simor und vier weitere Bischöfe das Paar.
Beim Essen ist Gemahl Albert gut gelaunt. Seine Verwandtschaft mit dem bayerischen Königshaus erfährt mit dieser Budapester Hochzeit nämlich eine grandiose Ergänzung. Margarete ist die Nichte des Zaren Ferdinand von Bulgarien, Enkelin des französischen Königs Louis Philipp und des ungarischen Palatin Joseph, Urenkelin des Kaisers Leopold II. Eine bessere Partie hat noch kein Taxis-Sproß gemacht. Freilich, eine Schönheitskönigin kann man die Kaiserliche Hoheit nicht nennen.

Am 17. Juli 1890 zieht das junge Paar dann feierlich in Regensburg ein. „Aus Anlaß seiner Vermählung", so liest man in den *Münchner Neuesten Nachrichten*, „und mit Rücksicht auf die vielfachen Beweise herzlicher Anteilnahme, welche insbesondere von Seite der Stadt Regensburg, ihrer Einwohner und Vereine kundgegeben wurde", hagelt es an diesem Hochsommertag Spenden, darunter fünftausend Mark für die „Armen der Stadt".

Eine der Folgen der Kopulation ist das letzte Aufflackern des Spanischen Hofzeremoniells. Jedes natürliche Leben am Taxis-Hof wird von jetzt an im Keime erstickt, der normale Umgang unter Menschen verschwindet. Das Gottesgnadentum erreicht seine volle Blüte, um freilich dann schnell zu welken und auf dem Kompost der Geschichte zu landen.

Bei Prozessionen tragen die Lakaien brennende Kerzen und eine mit Gold und Silber bestickte Tracht, die Beamten eine Operetten-Hofuniform. Bei Mahlzeiten hat jeder Tischgenosse das Besteck aus der Hand zu geben, wenn der Fürst, dem als erstem aufgetragen wird, das Essen beendet. Die Formen der Anrede (wie Kaiserliche Hoheit für die Fürstin) sind in jedem Fall strikt zu befolgen. Der Vortritt ist genau geregelt, eine Mesalliance ein Grund zum Ausschluß aus der Familie. Selbstverständlich hat man sich an eine Kleidervorschrift zu halten. Uniform ist hoffähig, ein zu stark dekolletiertes Abendkleid nicht. Selbst in Zeiten allgemeiner Not wird die Menüfolge jeden Tag zweimal auf schönes Papier unter das goldene Wappen gedruckt.

Die ganze Hysterie um blaues Blut und Kaiserpurpur, um protokollarisches Kopfnicken und Fußkratzer hat aber eine Schwachstelle, die dem Fürsten schon beim Gedanken daran die Zornesröte ins Gesicht treibt. Er leidet bis zu seinem Lebensende an der Tatsache, daß seine Großmutter Wilhelmine (von Dörnberg) nur eine Freiin war. Barone sind für ihn nämlich so etwas wie ein Adelsproletariat. Jetzt, da Albert die Kaiserliche Hoheit heimgeführt hat, gilt es zusätzlich, den Glanz seines Hauses im europäischen Adelsverbund durch noch mehr Reichtum in die Nähe der Majestäten zu befördern. Für den Ausbau des Imperiums Thurn und Taxis wird daher noch mehr als früher getan.

Doch das Glück ist launisch. Der für 1891 erwartete Erbprinz stellt sich nicht ein. Im Februar 1892 trauert der Fürst um seinen neunundfünfzigjährigen Onkel Egon Maximilian. Er war Mitglied des ungarischen Magnatenhauses und in unebenbürtiger Ehe mit Victorine Lazar verheiratet. Viktor, das jüngste seiner drei Kinder, ist erst sechzehn Jahre alt. Er soll später das große Ärgernis im Taxisschen Haus werden, ehelicht er doch in Uniontown/USA die geschiedene Lida Fitz-Gerald. Das Spanische Hofzeremoniell im Regensburger Schloß des Familienoberhauptes Albert steht im grellen Widerspruch zu den Eskapaden seines Cousins.
Auch 1892 kein Erbprinz! In Regensburg wird man nervös. Die Ärzte raten zu Badekuren. So reist man Mitte 1892 von München „mit dem Frankfurter Schnellzug in eigenem Salonwagen nach Bad Schwalbach zu etwa 14tägigem Kurgebrauch", wie die *Münchner Neuesten Nachrichten* melden.
Doch die Bemühungen der Ärzte und des Fürsten fruchten nichts. Anfang 1893 sind die Hoheiten in ihrer tiefsten Krise. Da kann Mitte April die zweiundzwanzigjährige Margarete ihrem Mann etwas Erfreuliches mitteilen. Drei Tage vor dem Heiligen Abend wird sie dann im Schloß vom Stammhalter entbunden. Den kleinen Prinzen tauft man auf die Namen des Kaisers in Wien: Franz Joseph. Natürlich übernimmt er auch die Patenschaft. Nur wenige Prinzen der Zeit werden mit soviel Glanz und Pomp auf dieser Welt begrüßt.
Es folgt ein unbeschwerter Sommer 1894. Ende Mai trifft man in München mit Kaiserin Sissi zusammen. Albert begleitet sie zum Bahnhof. Im Juni läßt man es sich im Schloß Garatshausen, das über Alberts Tante Marie (Schwester von Helene und Sissi) auf den Taxis-Sproß kam, gut gehen. Fürstin und Fürst suchen bewußt die Nähe der Kaiserin. So gehören die beiden Regensburger bald zu den Prominenten an Ort und Stelle. „Im epheu-umrankten Schloß Garatshausen", so schreibt ein Schriftsteller am Ende der neunziger Jahre, „hat der Fürst von Thurn und Taxis sein Sommerdomizil genommen; im eleganten Jagdwagen führt er öfters seinen Viererzug von prächtigen Fuchsen auf schönen Parkwegen nach Feldafing."

Mit dieser Idylle hat Albert aber noch nicht genug. Der Erbprinz liegt noch brav in der Wiege, da plant der Vater mit seinem Architekten Max Schultze die Jagdkolonie „Hütte“ am Aschenbrennermarter. Alles muß so schön wie die Hermes-Villa des Kaiserpaares in Lainz bei Wien werden. Die neuen Luxushäuser sollen freilich auch düstere Schatten werfen – drei Fürsten und auch der bayerische Ministerpräsident Franz Josef Strauß sterben unmittelbar nach Aufenthalten im Waldidyll am Aschenbrennermarter. Schon Fürst Maximilian Maria verbrachte dort die letzten Tage seines jungen Lebens.
Das Frankfurter Palais wird dafür jetzt endgültig aufgegeben. Wahrscheinlich noch 1894 wird der wunderbare Gartentempel vom Main an die Donau verpflanzt. Er ist heute eine Zierde des Regensburger Schloßparks. 1895 verkauft dann Albert den Palast in Frankfurt an die Post. Das letzte große Andenken an die ruhmreiche Pioniertat von einst verschwindet.
Am 4. Mai 1897, vier Tage vor Alberts dreißigstem Geburtstag, stirbt in Luxemburg sein Onkel Franz Maximilian. Er wurde nur fünfundvierzig Jahre alt und durchlief eine glänzende diplomatische Karriere. In Rom, Athen, Konstantinopel, Madrid und Brüssel hat er das Deutsche Reich vertreten. Zum Schluß war er Minister-Resident in Luxemburg. Sein jüngstes Kind Gustav ist gerade neun Jahre alt. Er wird zweiundzwanzig Jahre später im Kugelhagel der Münchner Räte sterben.
Dann 1898! Am 23. Juli schenkt im Schloß Garatshausen Fürstin Margarete ihrem zweiten Sohn Karl August das Leben. Er soll einmal zehnter Fürst werden. Dem sorgenfreien Sommer folgt dann jener böse 10. September, an dem Alberts Tante Sissi in Genf einem brutalen Attentat zum Opfer fällt. Ihm wird das zärtliche „Manni“, wie sie ihn immer anredete, fehlen.
Noch vor der Jahrhundertwende kauft Albert das ehemalige Benediktinerkloster Schloß Prüfening, um das sich einmal ein heißer Kampf entzünden soll. Dann wird die „Hütte“ auf dem Aschenbrennermarter vollendet. Kein Europäer, so sagen Gäste, besitzt so ein luxuriöses Jagdschloß. Parallel dazu verläuft eine Standeserhebung, die das Fürstenhaus in nächste Nähe zum

Hochadel befördert. Prinzregent Luitpold ernennt Albert zum Herzog zu Wörth und Donaustauf.
Dafür muß dieser ein anderes Privileg abgeben. In vielen seiner Territorien ist er oberster Richter in Zivilangelegenheiten. Er delegiert zwar dieses Amt, ein Relikt der Reichsunmittelbarkeit vor einem Jahrhundert, an seine Räte, doch nominell ist er der Standesherr. Übrigens der letzte in Deutschland! Mit dem Bürgerlichen Gesetzbuch wird jetzt, 1900, dieses Amt endgültig eingezogen.
Jetzt folgen drei schöne Jahre. Am 2. Februar kommt Margarete mit ihrem dritten Sohn Louis Philipp nieder. Seine Namen sind auf ihren Urgroßvater, den französischen König, zurückzuführen. Am 1. März 1902 folgt Sohn Max Emanuel, der später unter dem Namen „Pater Emmeram" bekannt wird. Schließlich gebiert die Fürstin am 15. Dezember 1903 ihre Tochter Elisabeth Helene. Mit diesen Namen will Albert an Mutter und Tante erinnern.
Doch ist man nicht nur reichlich mit Kindern gesegnet, ebenso mit Gütern. Im Sommer 1902 kutschiert man mit dem ersten Auto durch Regensburg. 1904 wird der westliche Schloßkomplex in Angriff genommen. An der westlichen Waffnergasse geht der Neubau seiner Vollendung entgegen. Am Erker flankieren Putti den Buchstaben A (für Albert) und die Fürstenkrone. Dazu das Jahr: 1905!
Es ist noch aus einem anderen Grund ein denkwürdiges Jahr. 1905 sterben Margaretes Vater, der Erzherzog Joseph, und Cornelius Will, der Chef des Fürstlichen Archivs und Leiter der Hofbibliothek. Alberts Cousine Amelie (Tochter von Onkel Adolf) heiratet neunzehnjährig den Erbgrafen Karl von Schlitz, genannt Goertz. Ja und in Regensburg wird Alfons Goppel geboren, der so viel von der Fürstenfamilie erzählen kann und als Ministerpräsident des Freistaates Bayern im Zuge der Universitätsgründung ein dubioses Millionengeschäft mit ihr einfädelt. Am 30. Mai 1906 schenkt Margarete in Regensburg ihrem Sohn Raphael das Leben. Am 7. Mai 1908 folgt Philipp Ernst. Von ihm wird die mittlerweile achtunddreißigjährige Fürstin im Schloß Prüfening entbunden. Am 13. Februar 1909 stirbt in München Alberts Tante Maria mit einundfünfzig Jahren.

An dieser Stelle müssen wir Regensburg kurz verlassen. Im Dezember 1909 begegnen sich nämlich in Paris erstmals Rainer Maria Rilke (34) und Fürstin Marie von Thurn und Taxis (54) aus der böhmischen Linie. Sie lädt den Dichter bei dieser Gelegenheit in ihr Schloß Duino (bei Triest) ein, das hoch über der Adria liegt. Rilke macht das Schloß weltberühmt. Auf Duino, so berichtet er, habe er über dem Brausen des Meeres eine Stimme vernommen: „Wer, wenn ich schriee, hörte mich denn aus der Engel Ordnungen?“ Diese Worte schreibt er sofort in seinem Zimmer nieder und baut darauf eine Elegie auf.

„Es waren unvergessliche Tage“, schwärmt die Fürstin. Je öfter sie mit Rilke zusammenkommt, so schreibt sie, „desto mehr fühle ich mich von seinem einzigartigen Charme angezogen.“ Marie nennt ihren Gast zärtlich „Serafico“ und bittet ihn, „ganz nach seinen Wünschen und Gewohnheiten zu leben“. So verbringt man in Duino „die Tage in vollster Harmonie“.

Nach seiner Abreise aus dem Taxis-Schloß schreibt 1911 Rilke seiner Gastgeberin aus Paris einen vielsagenden Brief: „Fürstin, wissen Sie, daß ich einige Sehnsucht hätte: nach Toledo zu reisen. Diese Nacht bildete ich mir plötzlich ein, wir tätens, halb träumte ichs und ließ mich in beiden recht weit gehen.“

Das verrät schon eine gesteigerte Sympathie. Als dann der literarische Zyklus vollendet ist, teilt der Dichter der Dame mit: „Endlich, Fürstin, endlich, der gesegnete, wie gesegnete Tag, da ich Ihnen den Abschluß – soweit ich sehe – der Elegien anzeigen kann.“

Schließlich die Nachricht: „Das Ganze ist Ihrs, Fürstin, wie sollte nicht! Wird heißen: Die Duineser Elegien.“ Wir halten fest, ein Stück der Weltliteratur ist einer Taxis-Fürstin gewidmet.

In Duino finden und verbinden sich Geist und Adel, Herzlichkeit und Wärme. In Regensburg könnte man davon lernen. Doch man bildet sich mehr auf Kaisernähe und Kapital ein. 1912 fallen am Schloß die Gerüste. Überall eine Pracht, die zumeist Neid auslöst, aber auch abstößt! In der Garage stehen sieben Autos und ein Omnibus. Nach einer Statistik des Reiches ist Fürst Albert nach Kaiser Wilhelm II., dem Großherzog von Mecklenburg-Strelitz, Berta Krupp und Prinzregent Luitpold von Bayern die fünftreichste Person in Deutschland.
Voller Stolz zeigt der Fürst seine Residenz, die Regensburg zu einem wahren Edelstein im Kranz deutscher Städte macht. „Du schöne Metropole der Oberpfalz“, ruft der große Schauspieler Konrad Dreher aus. Schloß und Fürstenallee aber preist keiner so wie der Regensburger Dichter Georg Britting: „Wie ein kostbarer Gürtel den Leib einer schönen Frau umspannt, so legt sich in weitgeschweiftem Bogen ein Perlenkranz von seltener Anmut um die Stadt – die Allee.“ Und weiter: „Das stolze Schloß liegt in abweisender Stille und kalter Schönheit, während die weißen Säulen des lieblichen Parkschlößchens Fürstenruh freundlich durch die grünen Sträucher grüßen.“
Britting verfaßt auch Einakter, die im Regensburger Stadttheater aufgeführt werden. Das Theater! Es gehört neben der Jagd zu den Lieblingsvergnügungen Alberts. Seine Zuschüsse sind wahrlich fürstlich. Einzelne Aufführungen registrieren auch die Münchner Zeitungen. Als 1910 das Festspiel „Ratisbona“ uraufgeführt wird, reist sogar der spätere Kronprinz Rupprecht eigens an. Margarete und Albert von Thurn und Taxis begleiten ihn, und die *Münchner Neuesten Nachrichten* berichten von einem „reichen Erfolg“.
So ein Theaterereignis wird selbstverständlich auch nach außen richtig inszeniert. Der kleine Ludwig Bemelmans aus Meran verfolgt die Anfahrten der Hofkutschen. Er wohnt im Haus seines Großvaters Fritz Emslander am Arnulfsplatz. Opa ist in den Jahren vor dem Ersten Weltkrieg ein renommierter Brauer, Enkel

Tief beeindruckt von kaiserlichen Hoheiten:
Albert vor dem Bildnis seiner Tante Sissi

Ludwig ein aufmerksamer Beobachter. In seinem autobiographischen Roman „Hotel Splendid“ berichtet Bemelmans, der später in die USA auswandert und mit seinen Büchern Millionär wird, über das nächtliche Spektakel am großen Platz unter ihm: „Die glänzenden Geschirre, die Livreen der Kutscher und Diener, die Laternen wurden zu einem zauberhaft erhellten, edelsteingeschmückten Karussell. Auf dem Kutschbock des schönsten Wagens, dem des Fürsten, saß ein bärtiger Mann in einem hellblauen Livree, mit einem Bärenfellkragen um die Schultern und einer Feder am Hut, einem Hut, wie ihn Admirale tragen, seitwärts aufgesetzt, mit der Breitseite nach vorne. Ich beobachtete dies alles stundenlang, bis das Theaterstück aus war und der Kreis zu einer Kette wurde, die Wagen unter dem Säulenvorbau des kleinen Theaters anhielten und dann weiterfuhren zum Schloß.“

Vielleicht schaut sich der kleine Bemelmans auch die Auffahrt am 27. März 1913 an. Ein Theaterskandal liegt an diesem Abend in der Luft, hat doch Georg Britting drei Einakter verfaßt, die Verführungskünste attraktiver Frauen zeigen. Die ganze Stadt tuschelt von der auf der Bühne dargestellten Fleischessünde. In einem der drei Stücke werden sogar Leben und Lieben einer reichen Regensburgerin zum besten gegeben.

Niemand weiß, warum das fromme Fürstenpaar diesen Abend miterleben will. Man läßt sich äußerst selten in Schauspielen sehen, bevorzugt vielmehr Opern, und auch da nur welche von Wagner. Und da passiert etwas noch Unglaublicheres – Albert und Margarete nehmen sogar ihren zwanzigjährigen Sohn Franz Joseph mit. Gut, die fürstlichen Kaleschen fahren erst am Ende des zweiten Einakters vor. Doch auch der dritte hat es in sich. Er trägt den Titel „Der törichte Jüngling“, und als töricht wird der Titelheld deshalb bezeichnet, weil er bei einer Liebesnacht nur an den Jüngsten Tag denkt. Konkret geht es um einen zwanzigjährigen, „der einer Varité-Sängerin das Leben rettete und der sich nun der höchsten Gunst, die eine Frau vergeben kann, erfreuen soll“ (*Regensburger Neueste Nachrichten*).

Ob der Erbprinz so etwas schon gesehen und gehört hat? Ein Familienphoto aus dieser Zeit stellt einen schüchternen Jungen mit einem melancholischen Blick vor, ganz im Gegensatz zum selbstbewußten Vater, der stolz auf der Bank sitzt, während die Fürstin steht. Jetzt, 1913, erlebt das junge Blut aus altem Adel Schönheit in Gestalt der blendend aussehenden Aktrice Anny Hoheneck, die nach dem Zeitungsbericht „raffiniert glutvoll und verführerisch“ auftritt. Und vielleicht gleich noch eine indiskrete Frage! Ob den sechsundvierzigjährigen Fürsten womöglich der himmelweite Unterschied irritiert, wenn er die bildschöne Hoheneck vor sich mit Hoheit neben sich vergleicht? Wagner gefällt ihm besser, sagt er. Ja, sagt er. Noch sein Großvater Maximilian Karl ist bei der Nennung dieses Komponisten aus dem Takt geraten. Jetzt, 1913, stiftet Albert sogar die Wagner-Büste für die Walhalla. Jeden Vormittag singt er eine Stunde lang aus Wagner-Opern. Natürlich fährt man auch nach Bayreuth.

Froh gestimmt kehrt der Musikliebhaber immer wieder in sein Schloß zurück. Hier engagiert er sich im Regensburger Liederkranz, der deutschlandweit hohes Ansehen genießt, spendet den Armen und der Botanischen Gesellschaft (immerhin die älteste Institution dieser Art in der Welt).

Für soviel Edelsinn erhält Albert 1913 denn auch die Goldene Bürgermedaille seiner Heimatstadt und ein dickes Lob aus Paris. Dort erscheint eine Würdigung seiner Tante Sophie (Braut König Ludwigs II., Schwester von Sissi und Helene), die 1897 bei einem Brand in der französischen Hauptstadt ums Leben kam. In dem Buch liest man über Albert und Margarete: „Man nennt die Barmherzigkeit eine vom Himmel herabgestiegene Tochter. Ihre Hoheiten haben sie bei sich aufgenommen.“ Und weiter: „Es gibt auch eine alte und rühmliche Gepflogenheit in der Familie Taxis, die man mit diesen Worten zusammenfassen kann: Helfen den Schwachen und verteidigen die Unterdrückten.“

Dann das rabenschwarze, unglückselige Jahr 1914! Am 9. Juli stirbt in Bregenz Alberts Onkel Gustav Otto (das letzte der siebzehn Kinder von Fürst Maximilian Karl) sechsundsechzigjährig. Mit mit stolzen fünfundneunzig Jahren bestattet man Prinzessin Almeria aus der böhmischen Linie der Thurn und Taxis. „Sie trug zuletzt auch bei den Mahlzeiten lange schwarze Zwirnhandschuhe, um die magere Totenhand mit dem schwarz gewordenen Adernwerk zu verbergen“, schreibt der Schriftsteller Rudolf Kassner über sie.

Ja, und zu Grabe trägt man auch das alte Europa. Noch wenige Wochen vor dem Ausbruch des Ersten Weltkrieges besucht das greise bayerische Königspaar die Fürstlichkeiten in Regensburg. Es ist unfaßbar, welche Luftschlösser König Ludwig III. und Albert zu bauen fähig sind. Man hätte doch zumindest die wilden Sprüche Kaiser Wilhelms II. ins Kalkül ziehen müssen.
Und daß der so bedächtig erscheinende Albert seinen noch nicht einmal volljährigen Sohn Franz Joseph in das Leibregiment dieses Kaisers eintreten läßt, setzt der Verblendung noch die Krone auf. Auf dem Militärphoto schaut der prächtig uniformierte Erbprinz aus Regensburg trotz Kaiserhelms mit Adler, dekorierter Uniform und langer schwarzer Stiefel hilflos, ja verschämt in eine Ecke.
1915 schon beklagt die Familie das erste Opfer. Alberts Cousin Egon (Sohn von Onkel Franz) wird bei Lebedew verwundet und gefangengenommen. Am 29. September 1915 stirbt der in Konstantinopel geborene Sproß der Familie dann wenige Tage nach seinem fünfundzwanzigsten Geburtstag.
Am 8. Mai 1917 feiert Albert seinen fünfzigsten Geburtstag. Die Russische Weltrevolution steht bevor, die deutsche Niederlage zeichnet sich ab, in Regensburg wird gehungert. Erbprinz Franz Joseph befindet sich im Feld, Fürstin Margarete pflegt im Regensburger Lazarett Ostheim die Verwundeten des Krieges. So sieht das Geburtstagstelegramm der Geschichte aus. 1918 ist dann der Krieg verloren. Gottseidank kehrt der Erbprinz gesund aus Frankreich zurück. Alle zweiundzwanzig deutschen Monarchen aber verlieren ihren Thron, die Thurn und Taxis weite Gebiete in Böhmen und Kroatien.
Dennoch hat das Regensburger Haus wenig Grund zur Klage. Jetzt zeigt sich, wie fatal es gekommen wäre, wenn Alberts Urgroßmutter Mathilde Therese vor oder nach dem Wiener Kongreß die Landeshoheit über ihre Gebiete zurückerhalten hätte. Man müßte nunmehr alles aufgeben. So aber sind jetzt, nach dem Sturz der Landesherren, die Thurn und Taxis die reichste Adelsfamilie Deutschlands und nach den Krupp die zweitreichste Familie überhaupt.
In Regensburg entfernen zwar nach der Revolution im November 1918 einige Geschäftsleute das einst begehrte Etikett „Hof-

lieferant", doch zu einer Erstürmung des Schlosses kommt es beileibe nicht. Augenzeugen berichten, daß viele Regensburger fast aller Schichten auf der Seite des Fürstenpaares stehen. Eine rasch gebildete Bürgerwehr schützt es vor den wenigen Kommunisten. Auf einem Plakat des Rathauses ist zu lesen: „Der Arbeiter- und Soldatenrat hat versprochen, die strengste Ordnung zu halten und gegen Ausschreitungen rücksichtslos vorzugehen." Jedes Menschenleben soll, so schreiben die Umstürzler, „heilig sein".

Das gilt auch für Fürst Albert. Als er am 7. oder 8. November vom Bahnhof aus nach München fahren will, halten ihn die Revolutionäre an. Und da geschieht etwas Außergewöhnliches. Er, der Fürst von Thurn und Taxis, läßt sich von ihnen die Epauletten von seiner Uniform reißen. Ein Schauspiel, das ihm und seiner Familie wahrscheinlich das Überleben sichert! Im „Bayerischen Hof" in München tauscht Durchlaucht die Uniform gegen einen Zivilanzug, kehrt nach Regensburg heim und stellt den Revolutionären, die seinen Kaiser und König stürzten, ein Auto zur Verfügung. Geschichten wie in einer Operette!

Noch dazu hat Albert ein schönes Überlebensrezept. Er gründet 1919 für den armen Schlucker die Notstandsküche. Christliche Nächstenliebe und politische Weitsicht sind für ihn eben Synonyma. Die Küche verschlingt ein Vermögen, aber der Fürst gibt es freiwillig aus, bevor es ihm genommen wird.

Was Starrsinn bringt, zeigt sich im gleichen Jahr 1919 am Schicksal seines Cousins Gustav (Sohn des Onkel Franz). Dieser schließt sich in München dem unglückseligen „Germanenorden" an, einer antisemitischen und monarchistischen Geheimloge, die sich bald in „Thule-Gesellschaft" umbenennt. Wer in ihren Geschäftsräumen im Hotel „Vier Jahreszeiten" um Aufnahme nachsucht, muß „ein bis in das dritte Glied rassenreiner Deutscher" sein und als rassisches Erkennungsmerkmal seinen Fußabdruck vorlegen. Besonderer Wert wird auf die Propaganda der Rassenkunde gelegt. Nach der Revolution 1918 kommentiert Thule-Chef Sebottendorff: „Anstelle unserer blutsverwandten Fürsten herrscht unser Todfeind Juda." Natürlich steht auch Hitler mit der Loge in Verbindung, Thule-Mitglied ist auch jener Anton von Arco-Valley, der am 21. Februar 1919 den ersten bayerischen Ministerpräsidenten Kurt Eisner auf offener Straße erschießt.

Am 13. April 1919 plant nun diese Gesellschaft, die Räteregierung zu stürzen. Davon bekommen aber die Roten Wind. Sie leiten eine Großfahndung ein und verhaften unter anderen den dreißigjährigen Gustav von Thurn und Taxis, einen der Haupträdelsführer. Als er am 30. April 1919, wenige Stunden, bevor die Weißen wieder die Macht in der Stadt übernehmen, im Münchner Luitpold-Gymnasium an die Wand gestellt wird, verlangt er eine Überprüfung seiner Papiere. Er sei als Prinz Albrecht festgenommen worden, der er nicht ist. Die Roten gehen der Sache nach. Doch Gustav von Thurn und Taxis wird Minuten darauf wieder vor die Gewehrläufe geholt und standrechtlich erschossen.

Die Angst geht allgemein um. Kaiser und Könige sind auf der Flucht. Nur der Fürst von Thurn und Taxis bleibt. Und er pflegt weiter das alte Zeremoniell. Livrierte Lakaien und Republikaner reden die Fürstin nach wie vor als „Kaiserliche Hoheit" an, obwohl das Imperium ihrer Familie total auseinandergefallen ist. Ihr fünfzigster Geburtstag am 6. Juli 1920 und die Vermählung ihres Sohnes Franz Joseph am 23. November mit Elisabeth von Braganza werden gefeiert wie Anno dazumal.

Das junge Paar nimmt seinen Sitz im Schloß Haus, in dem ein halbes Jahrhundert später Franz Joseph stirbt. Dann noch eine besondere Konstellation: Sein Bruder Karl August verehelicht sich am 18. April 1921 mit der Schwester der Erbprinzessin Elisabeth, Maria Anna von Braganza. Beide Damen, Schwestern und Schwägerinnen zugleich, stammen aus dem portugiesischen Königshaus.

1922 krachen Böller im Schloßhof! Erbprinzessin Elisabeth wurde von Zwillingen entbunden. Doch leider folgt dem Dankgottesdienst schon bald die Trauermesse – ein Zwilling stirbt, nur Prinz Gabriel bleibt am Leben.

In dieser Zeit unterrichtet Baron Otto von Schirnding als Hauslehrer die Prinzen Raphael und Philipp Ernst. Schirndings Sohn Albert (nach dem Fürsten so getauft) erfährt später von „einigen schwärmerischen Augenaufschlägen" der Prinzessin Elisabeth Helene in Richtung des Erziehers. Fürst Albert herrscht das Töch-

terlein umgehend an. So geht „diese erste Liebe" der Prinzessin „über den Traum von angehängten Strickleitern, nächtlicher Entführung und Flucht nach Schottland oder Sizilien nicht hinaus".
„Nur keine Mesalliancen", so interpretiert Albert von Schirnding den Fürsten und fährt fort: „Die Reinheit der beiden Blutströme, die in der eigenen Person zusammenflossen, zu trüben, hatte man kein Recht; man war gezeugt, als Träger eines Namens, berufen, eine Ahnenreihe fortzusetzen."
Am 16. Juni 1923 heiratet die neunzehnjährige Elisabeth Helene von Thurn und Taxis den späteren Chef des sächsischen Königshauses, Friedrich Christian von Meißen. Er ist der zweitälteste Sohn des volkstümlichen Sachsenkönigs August III., der zur Vermählung nach Regensburg reist.
Während der neunzehnjährigen Prinzessin Band und Schleier gelöst werden, läßt sich ihr Bruder Max Emanuel einkleiden: als Bruder Emmeram (so nach dem Schloß des Vaters benannt) im Benediktinerkloster Neresheim. Die glückliche Braut genießt ihr junges Eheglück im Schloß Prüfening, der Bruder dagegen haust hier nach dem Zweiten Weltkrieg als Eremit.
Nicht genug der Extreme! Pater Emmeram, dem Gelübde der Armut gehorchend, ist mittellos, sein Vater 1923 unumstritten der reichste Mann Deutschlands. An seinem Hof gibt es Geld wie Heu, sagt man. Und es vermehrt sich weiter. Noch 1923 kauft Albert die Land- und Forstbank Nürnberg, die bald in Thurn-und-Taxis-Bank umbenannt wird.

Das Fürstenhaus ist also gut bestellt, ständisch, finanziell und, was äußerst wichtig ist, auch erbfolgemäßig. Albert erfreut sich des Erbprinzen Franz Joseph, und falls dieser nicht mehr sein sollte, steht ein neuer Erbprinz bereit, Gabriel. Doch selbst wenn ihm etwas zustoßen sollte, ist der nächste Erbprinz da: Johannes, der am 5. Juni 1926 im Schloß Höfling bei Obertraubling als Sohn des Prinzen Karl August geboren wird.
Und auch um Tochter Elisabeth Helene macht sich Vater keine Sorgen. Im Schloß Prüfening gebiert sie im selben Jahr 1926 ihren ersten Sohn Maria Emanuel von Sachsen, der 1968 Chef des Hauses Wettin-albertinische Linie werden soll.
1927 trauert Margarete um ihre Mutter Clothilde, 1933 um ihren Sohn Louis Philipp. Man nimmt jetzt überhaupt von vielem Abschied. Die Weimarer Republik stirbt ebenso wie die Menschlichkeit, 1939 ist auch der äußere Friede dahin. Dann der schlimmste Schlag für die Familie: Am 17. Dezember 1942 fällt der einzige Sohn des Erbprinzen Franz Joseph, Prinz Gabriel, vor Stalingrad. Der fünfundsiebzigjährige Fürst weiß, daß jeden Tag auch sein Sohn Franz Joseph, der Vater des unglücklichen Jünglings, im Feld bleiben kann. Doch er überlebt den Krieg, vielleicht aber nur deswegen, weil er aus der Wehrmacht ausgestoßen wird. Das ist 1943. In Frankfurt treffen jetzt die ersten Bomben den ehemaligen Taxis-Palast.
1944. Jetzt wird es bitterernst. Mütter und Ehefrauen bangen mehr denn je um ihre Söhne und Männer. Juden, Kommunisten, Sozialdemokraten, Christen, Widerstandskämpfer werden ohne Pardon verfolgt und auf der Stelle getötet. Am 8. August fährt die Gestapo durch den Obertraublinger Wald und verhaftet im Schloß Höfling Alberts zweiten Sohn Karl August. Er soll sich vor dem Volksgerichtshof wegen Wehrkraftzersetzung verantworten. Das Todesurteil ist so gut wie sicher. Doch dem Prinzen gelingt das schier Unmögliche: Er kann fliehen.

Sattelfest und wohlbestallt: Hoch zu Roß vor dem Schloß:
Margarete und Albert

Fast gleichzeitig fassen die Nationalsozialisten seinen Neffen Maria Emanuel, den ältesten Sohn der Schwester Elisabeth Helene. 1944 fällt in Rußland Alberts Enkel Anselm, der Sohn von Louis Philipp.

Der Fürst zählt, wie Millionen Deutsche auch, die Stunden bis zur Befreiung, Margarete betet und betet. „Die Bombenangriffe haben begonnen", schreibt die Regensburger Dichterin Sandra Paretti. Und weiter: „Im Radio kommen täglich Meldungen über feindliche Flugzeugverbände, aber wir in Regensburg sind fest überzeugt, daß bei uns keine Bomben fallen werden. Die einen glauben, daß die Gegenwart des Bischofs uns schützt, die anderen sind der Meinung, daß der Fürst von Thurn und Taxis so gute Beziehungen zu den Engländern hat, daß sie seine Stadt niemals bombardieren werden."

Wie täuscht sich diese wunderbare Frau! Ignaz Weilner, der Hofkaplan des Fürsten, erlebt die Luftangriffe mit. Er gewährt uns einen Blick in den Schloßkeller: „Rechts vorne saß der Fürst, vor sich die Schmuckkassette; er ließ sich – äußerlich beherrscht – zwischendurch vom Schloßverwalter Brandl, der zu meinem Pläsier dabei immer höchst eindrucksvoll seinen Stahlhelm präsentierte, Bericht über die Lage erstatten. Daneben malte die Fürstin unentwegt Blumenkarten für das Kinderspital, auch im Kerzenschein, wenn das Licht erlosch. Von ihr ging eine unwahrscheinliche Ruhe aus. Neben mir saß meist der greise Erzherzog Joseph, der mit den Seinen aus Budapest zur Schwester nach Regensburg geflohen war; er trug in der Regel die prächtige Uniform des Generalfeldmarschalls der ungarischen Armee und ließ seinen Marschallstab nicht aus der Hand." Ein bizarrer Realismus!

Vom Dach des Schlosses schaut Kaplan Weilner zusammen mit Prinz Johannes (gerade erst achtzehn Jahre alt) auf das brennende Regensburg. „Ich wußte wohl", schreibt er, „welche Verantwortung ich damit auf mich lud, aber ich sah auch am entschlossenen Blick des jungen Mannes, daß ich ihm diese Mutprobe nicht versagen durfte, ohne ihn zu demütigen."

Schon beginnt die Zerstörung Regensburgs. „Auf Schloßgrund zählte ich 24 große Bombentrichter", berichtet Weilner. Schlößchen Theresienruh wird arg mitgenommen. „Dem Fürsten aber legte man nahe, in den Thiergarten auszuweichen." Am 14. April bricht die Familie auf. Am Ziel aber trifft man auf die Waffen-SS. Man hat Angst und schläft in Kleidern, „wo und wie man gerade konnte". Weilner: „Nur die Messe und die Mahlzeiten hatten noch ihren festen Platz in der Tagesordnung."

Dann erscheinen die Amerikaner. Es geht am Aschenbrennermarter drunter und drüber. In Regensburg beenden weiße Fahnen das schwärzeste Kapitel der deutschen Geschichte. Im Schloß schlägt der amerikanische General Patton sein Hauptquartier auf. Am 23. Mai fährt er am Aschenbrennermarter vor. „Als Dank für das beste Quartier, das er in Deutschland je innehatte", meldet Weilner. Am 19. Juli eilen die Standespersonen wieder in das glücklich davongekommene Regensburg.

Im Schloß stellt sich der reiche Fürst dann ein arges Armutszeugnis aus. Wer von den Verwandten zu ihm will, muß sich einen Frack ausleihen. Sonst wird er nicht empfangen. Zu einem der Vettern sagt er: „Durchlaucht wird nicht angesprochen, Durchlaucht spricht selbst an." Das livrierte Personal am Schloßeingang empfinden viele angesichts der schlechten Zeit als ganz und gar unmöglich. Vor allem unbemittelte Studenten!

Vom Zeremoniell am Hof berichtet Albert von Schirnding: „Festlichkeiten im Schloß hatten ihren genau geregelten Ablauf, der Fürst duldete keinerlei Abweichungen. Dem anfahrenden Dienstwagen mit dem zur Galionsfigur erstarrten Chauffeur salutieren rotbemäntelte Portiers, am Hauptaufgang wartet der Oberschloßverwalter, an Schiffshut, Schärpe und Stab unschwer zu erkennen." Der Besucher landet nach mehreren Stationen – Lakaien, Fourieren und Leibjägern – beim Haushofmeister und schließlich im Audienzsaal. Schirnding: „Nach dem Erscheinen der Fürstlichkeiten geht es en grand cortège durch die Suite der Gemächer in den gobelintapezierten Speisesaal." Dann servieren rot-, grün- und blaulivrierte Lakaien die Leckerbissen der Küche. Draußen wird gehungert. Doch auch jetzt reicht Albert den Armen die Hände. An seinem achtzigsten Geburtstag 1947 würdigt ihn die *Mittelbayerische Zeitung* als „den edlen Wohltäter der Hilfsbedürftigen". Aus Anlaß des Festtages spendiert er für die öffentliche Wohlfahrt und Jugendpflege fünfzigtausend Mark.

Und noch eine Geschichte dazu! Als er im Herbst 1947 im Stadtpark spazierengeht, sieht er einen schwerbehinderten Regensburger, der umständlich Blätter auf einen Haufen recht. Der Fürst spricht den Mann, der den linken Arm im Krieg verloren hat, an und bittet ihn um seine Adresse. Vor dem Abschiedsgruß sagt er nur: „Sie hören wieder von mir." Wochen vergehen, der Parkarbeiter hat die Begegnung längst vergessen, da erhält er die Aufforderung, sich in einem Regensburger Betrieb vorzustellen. Dort erhält er eine leichte Arbeit.

In den Jahren 1947 bis 1949 verliert der Fürst drei Frauen seines Hauses, denen er stets sehr verbunden war. Am 11. April 1947 stirbt im Schloß Haus Tante Theresia, die Mutter des 1919 erschossenen Prinzen Gustav, fast sechsundachtzigjährig. Neunundachtzig Jahre alt wird seine Schwester Luisa, die am 20. Juni 1948 in Sigmaringen ihre Augen schließt. Am 4. März 1949 entschläft in Regensburg seine Cousine Louise, die Tochter der Tante Theresia.

Angesichts dieser Trauerfälle spürt natürlich auch der stets berechnende Albert, daß seine Kreise immer enger werden. 1949 reißen im Schloßpark Arbeiter den Pavillon Theresienruh nieder, der durchaus noch zu retten gewesen wäre. Nur noch selten findet man den Weg in das Stadttheater. So kann Albert von Schirnding schreiben: „Die Fürstenloge stand uns zu fast beliebiger Verfügung." Der greise Albert selbst „beehrte und verklärte nur Wagner-Premieren mit seiner Anwesenheit".

Dann 1950! Zur Diamantenen Hochzeit des Fürstenpaares wird ein letztesmal voll das Spanische Hofzeremoniell zelebriert. Orden, Pagen, Titel – das alles hat seinen Sinn, glaubt Albert, der für den sozialen Wohnungsbau in Regensburg immerhin einhunderttausend Mark lockermacht. Ein ganzer Straßenzug im Ortsteil Kumpfmühl kann damit bebaut werden (heute „Fürst-Albert-Siedlung"). Im Gegenzug wird der Fürst zum Ehrenbürger Regensburgs ernannt.

Zu dieser Zeit steht das fürstliche Paar schon über Alltag, Gegenwart und Zeit. Zu sehen bekommen die Einheimischen Fürst und Fürstin nur noch hinter schweren Gittern, im Schloßpark, der jetzt mehr an ein Freigehege erinnert. Vor Tau und Tag reitet darin auf hohem Roß Fürstin Margarete, nachmittags ergeht sich darin der Gatte. „Langsam ist die Welt hier alt geworden“, dichtet Gerhard Kukofka 1951. Rotlivrierte Diener träumen von vergangenen Zeiten. „Nur die Fürstin reitet noch wie damals, straff im Sattel, kaiserliche Hoheit.“

Ende Oktober 1951 zieht es Albert in seine Idylle am Aschenbrennermarter, zur Unglücksstelle der Familie. Er holt sich dort eine Lungenentzündung, der er schließlich am 22. Januar 1952 erliegt, just an jenem Abend, an dem im Stadttheater Regensburg eine seiner Lieblingsopern gespielt wird: „Götterdämmerung“.

Rund fünfundsiebzigtausend Personen (darunter der Verfasser dieses Buches) defilieren am Sarg des Toten vorbei. In der *Mittelbayerischen Zeitung* liest man: „Es gibt fast keinen der Wartenden, den nicht irgendein persönlicher Berührungspunkt mit dem Verstorbenen verbinden würde.“ Dann erfährt man vom Mäzenatentum des achten Fürsten von Thurn und Taxis. Er unterstützte Sänger, Stahlschützen und Sportler. „So war er“, berichtet das Blatt, „dem Rennverein besonders zugetan und durch seine Mithilfe konnte auf dem fürstlichen Grunde eine hervorragend angelegte Rennbahn geschaffen werden.“ Aber auch die Mitglieder der Regensburger Turnerschaft, das Städtische Museum, das Ensemble des Stadttheaters, die Ruder- und Tennisclubs, die Armen der Notstandsküche, die Historischen und Naturwissenschaftlichen Vereine gedenken seiner dankbar.

Höchster Repräsentant der jungen Bundesrepublik bei der Bestattung Alberts ist der Postminister. Die Verbindungen zwischen Staatspost und der Familie Thurn und Taxis waren und sind so gut, daß man dem Fürstenhaus Portofreiheit einräumte. Zum Trauerakt erscheinen weiter der europäische Hochadel, der Regensburger Oberbürgermeister, drei Äbte und der Regensburger Erzbischof Buchberger, der in seiner Trauerpredigt sagt: „Und in Frieden wird sein Andenken fortleben immerdar.“ Der schönste Kranz stammt von der Witwe. Auf der Schleife steht: „Deine Margit.“

Franz Joseph von Thurn und Taxis ist einer der sympathischen Fürsten seines Hauses. Er, der Milliardär, streift in einer einfachen Lodenjacke und Bundhose durch die Straßen Regensburgs, macht vor einigen Schaufenstern halt, besucht die eine oder andere der vielen Kirchen. Im gelben Mercedes läßt er sich über Kumpfmühl in die Maria-Herbert-Straße bei Neuprüll kutschieren, wo er einen Freund besucht. Jedesmal erwidert er freundlich meinen Gruß.

In der Stille des Thiergartens und im Schloß Haus fühlt er sich am wohlsten. Bei offiziellen Anlässen begleitet ihn seine Frau Elisabeth, eine ruhige Dame. Jahr für Jahr gedenken beide im Stadtpark der Toten der Weltkriege. Gesenkten Hauptes schreiten sie jedesmal zu dem häßlichen Steinblock, der in seiner Grobklotzigkeit das Völkermorden gerade richtig symbolisiert. Daß Sohn Gabriel 1942 bei Stalingrad fiel, hinterläßt offensichtlich so tiefe Spuren, daß jede Lebensfreude von den Eltern gewichen ist. Ich bin dem Paar oft begegnet, doch lachen sah ich es nie.

Aber wie es nun mal ist, ein Unglück kommt selten allein. Es starb ja nicht nur der eigene Sohn, klagt der Fürst. Was ihm Pater Emmeram, sein um neun Jahre jüngerer Bruder, alles über den gemeinsamen Neffen Johannes zuträgt, bestürzt ihn zutiefst. Dabei hatte er den Buben einmal liebgewonnen. Er wurde auch allgemein als ein sympathischer Junge beschrieben, der viel mit Altersgenossen zusammenkam. Johannes ist nämlich der erste aus dem Fürstenhaus, der sein Unterrichtspensum an öffentlichen Schulen absolvierte und nicht, wie bislang üblich, von einem adeligen Hauslehrer im Schloß ausgebildet wurde. Auch wenn der junge Prinz noch von einem Chauffeur vom Schloß zur Volksschule gefahren wurde und dort in einem dunkelblauen Samtanzug erschien, so ist er doch zum Vertreter einer modernen Fürstengeneration geworden.

Dies wiederum paßt vor allem dem Pater Emmeram nicht. Als der Geistliche dann dem jungen Mann wegen dessen Lebenswandels

Krönung der Fürstendynastie:
Elisabeth und Franz Joseph (1893–1971), der 9. Fürst

noch persönlich die Leviten liest, kommt es zur totalen Entfremdung. Nie wieder, so klagt Emmeram, kann er den Neffen in Prüfening empfangen. Nur zögernd schenkt Franz Joseph dem geistlichen Bruder seinen Glauben.

Zum Jubeln hat man also im Schloß keinen Anlaß. Mutter Margarete reitet noch täglich im Schloßpark, da melden plötzlich am 2. Mai 1955 die Glocken der Stadt ihr Ableben. Fast fünfundachtzig Jahre ist sie geworden. In der Herz-Jesu-Kirche erinnert der Stadtpfarrer an diese „gottesfürchtige hohe Frau“, die für die Längswände der Kirche die Heiligenfiguren geschaffen hat. Ihr Schimmel „Karat“, das Lieblingspferd Ihrer Kaiserlichen Hoheit, begleitet die ehemalige Herrin auf ihrem letzten Weg zur Fürstengruft.

Jetzt ist es leer im Schloß. Das riesige Atelier der Fürstin verkommt. Das Spanische Hofzeremoniell verabschiedet sich auf französisch – ohne großes Aufsehen. Zu sehr erinnert es Franz Joseph und Elisabeth an eine längst versunkene Welt. Soweit ersichtlich, zieht der Fürst auch keine Uniform mehr an. Vielleicht hat er einen Leibwächter, doch in Erscheinung tritt er bei den Spaziergängen des Chefs durch Regensburg nicht.

Die Tristesse im Schloß beschreibt die Regensburger Dichterin Eva Demski (Jahrgang 1944) in ihrem autobiographischen Roman „Goldkind“ recht eindrucksvoll: „Zwar stand das riesige rosa Schloß den größten Teil des Jahres leer, und im Park sah man nie einen Menschen. Keiner hätte in diesem Park den fröhlichen Lärm der öffentlichen Allee haben wollen. Jeder fühlte sich für Minuten als Herrscher dieser alten, weitläufigen Gärten, der verfallenen Teehäuschen, der moorigen Brunnenfiguren, der großen, duftenden Gruppen von Magnolien, aber jeder für sich allein.“ Man sieht weder „eine Dame mit einem langen Kleid und einem Spitzenschirm“ noch „einen Knaben mit Windhunden“.

Da rührt sich im Hause von Franz Josephs Schwester Elisabeth Helene schon mehr. Zusammen mit ihrem Mann Friedrich Christian von Meißen und Sachsen und den beiden Buben Maria Emanuel und Albert ist sie zwar arm, doch die aus dem Osten Vertriebenen lassen sich nicht unterkriegen. 1955 schenkt ihnen Franz Joseph ein Haus im Münchner Stadtteil Harlaching.

Er beneidet das Schwesterherz, was er dem Bruder draußen in Prüfening auch sagt. Dort geht es fast immer nur um ein einziges Thema: Der Aufbau eines neuen Konvents will und will nicht gelingen. 1957 wird ein Verein „Benediktinerkloster Prüfening" gegründet, es treffen auch Gelder ein, aber keine Novizen.
Nach den Gesprächen mit dem Bruder eilt Franz Joseph gerne in Krankenhäuser und Kindergärten. Dort genießt er die Unterhaltungen mit Menschen, denen er helfen kann und will. Er legt an Kriegerdenkmälern im Landkreis Regensburg Kränze nieder und denkt an die Zwillinge, die ihm 1922 seine Frau in die Wiege legte und die nicht lange lebten. Besonders schmerzlich erinnert er sich 1958 dieser Kinder, als er einen Primizgottesdienst in St. Wolfgang besucht. Die Zwillinge eines fürstlichen Beamten feiern dort gemeinsam ihr erstes Meßopfer. Der Papst aus Rom gratuliert, und dem Fürsten wird das Herz so schwer, daß er es sogleich dem Bruder Emmeram ausschüttet.
Viel Ablenkung findet Franz Joseph noch beim Lesen in seinem geliebten Schloß Haus. Er nennt eine umfassende Bibliothek sein eigen, in der er sich gerne aufhält. Mit dem sozialdemokratischen Oberbürgermeister Regensburgs hat er keine Probleme. Bei einer Begegnung mit ihm lacht der Taxis-Sproß sogar einmal. Das entsprechende Photo, das in der Zeitung erscheint, hat Seltenheitswert.
Ansonsten mischt sich der Fürst kaum in die Politik ein. Ja, es gibt sogar Stimmen, nach denen er sich nicht einmal um sein Imperium kümmert. Ob das so stimmt, wird sich erst erweisen, wenn in späterer Zeit Historiker Akteneinsicht erhalten. Soviel aber steht fest: Sein Management erzielt immer höhere Gewinne. Und die Mittel der Verwalter sind nicht sehr menschenfreundlich.
Stichwort „Koreawirt"! Das ist der Betreiber einer Gaststätte inmitten des großen Thiergartens unweit des Aschenbrennermarters. Sein Wirtshaus, gern von uns Schülern und Wanderern besucht, ist ringsum von fürstlichem Grund umgeben. Und er schenkt Taxis-Bier aus. Doch mit dem Gerstensaft hat er eines Tages die gleichen Probleme wie die Wirte im Gäuboden drunten. Das Getränk wird zu schnell sauer. Aus München dagegen erhält man ein Bier, das sich länger hält. Der „Koreawirt" nennt

auch die Brauerei, die ebenso wie das Fürstenhaus ein wildes Tier im Wappen führt, und bezieht aus besagtem Grund ihre Erzeugnisse.
Das schlägt bei der Fürstlichen Verwaltung und Brauerei dem Faß den Boden aus. Sofort sperrt man die Zufahrtsstraßen zum „Koreawirt". Jetzt wird zwar das Bier nicht mehr sauer, dafür aber die Kundschaft. Die Hindernisse auf dem Weg zur beliebten Gaststätte sind die Ursache dafür, daß dem Wirt allmählich die Gäste wegbleiben und damit das Geld ausgeht.
Dieser exemplarische Fall steht sicher für mehrere. Doch inwieweit der Fürst solch ruppiges Vorgehen seiner Verwaltung billigt, ja davon unterrichtet wird, läßt sich angesichts nicht zugänglicher Archivalien nicht sagen. Sein zurückhaltendes, ja oft scheues Auftreten, seine Bescheidenheit und seine Leutseligkeit sprechen eher dagegen. So richtig an sich heran läßt Franz Joseph ohnehin nur ganz wenige. Bekannte erzählen, man könne sich mit ihm neben den Themen Papst, Konzil und Kirche vorzüglich über die Jagd unterhalten. Die Natur sei sein liebstes Ambiente.
Von großer Gala hält er nach wie vor nicht viel. 1963 freilich, als sich der erste Zusammentritt des Immerwährenden Reichstages zum dreihundertstenmal jährt, lebt noch einmal ein Abglanz des alten Zeremoniells auf. Durchlaucht lädt zu einem Empfang in ihr Schloß, das ein letztesmal in großem Stil Hochadel, republikanische Spitzenpolitiker und Kirchenfürsten vereinigt.
Selten wird in Deutschland die Nahtstelle zwischen Vergangenheit und Zukunft so sichtbar wie an diesem Abend. Vorbei an bunt livrierten Lakaien mit weißen Perücken auf dem Kopf und hilflosen Gebärden ziehen Ministerpräsidenten, Bundes- und Landesminister, Bischöfe, Landtagspräsidenten, Generäle, Wirtschaftskapitäne, Bürgermeister – Männer, nichts als Männer – zum Empfang, den der Ururenkel des letzten Prinzipalkommissars auf dem Immerwährenden Reichstag gibt. Das Büffet biegt sich unter Bergen von Hummer, Rehrücken, Fisch und Fasan.
Unter den Exzellenzen aus Politik und Kirche sieht man auch den siebenunddreißigjährigen Prinzen Johannes von Thurn und Taxis. Franz Joseph weiß genau, daß der Neffe über kurz oder lang der neue Fürst sein wird. Nicht nur dynastisch ist alles klar geregelt,

auch finanzpolitisch und wirtschaftlich. Der Gedanke an die Zukunft stimmt ihn gleich wieder traurig, was er unverzüglich dem geistlichen Bruder mitteilt.
Selbst wenn die immer üppiger wuchernde Sensationspresse hie und da maßlos übertreibt, selbst, wenn einiges gar nicht wahr ist, was man über den Neffen und seine Freunde berichtet, so betrübt es den Fürsten doch stark. Zudem belegen ja viele Photos authentisch seine Aufenthalte in Lokalen, die Franz Joseph nie betreten würde. Er kann es ja schwarz auf weiß sehen, daß sich Johannes auf dem Oktoberfest mit der attraktiven Soraya vergüngt, daß er Beziehungen zu Fidel Castro hat. Ist es denn da so ausgeschlossen, daß er in Nachtbars kessen Damen Eiswürfel und Tortenstücke ins Dekolleté steckt? Ist es so ausgeschlossen, daß … ?
Franz Joseph darf gar nicht weiterfragen. Doch wahr ist auch, daß diese Eskapaden die Menschen vom geschäftigen und geschäftlichen Treiben hinter den Taxisschen Kulissen ablenken. Da arbeitet ein routiniertes Team, das den Reichtum des Hauses stetig vermehrt. Und in dieses Management wächst auch Johannes hinein, der ja in Nürnberg eine Banklehre erfolgreich absolviert hat. Man hört jetzt sogar von Käufen großen Stils in Übersee.
Nicht ein Kauf, sondern ein Verkauf spektakulärer Dimension gerät 1964 in die Schlagzeilen der deutschen Presse. Das fürstliche Haus veräußert nach übereinstimmenden und gegendarstellungslosen Zeitungsberichten dem Freistaat Bayern im Süden von Regensburg für die neue Universität sechzig Hektar Ackerland für sechsunddreißig Millionen Mark. Das sind sechzig Mark pro Quadratmeter. 1964 ein gigantischer Preis! Noch neun Jahre vorher hat man für fünfzig Pfennige einen Quadratmeter erschlossenen (!) Baulandes in allernächster Umgebung erhalten. Nur allmählich wurden eine Mark fünfzig erreicht.
Doch damit nicht genug! Sollte beim Erwerb weiterer Grundstücke ein höherer Preis bezahlt werden (müssen), dann schuldet der Freistaat dem Fürstenhaus noch die Differenz zu den bereits bezahlten sechzig Mark. Und noch eine Kröte muß geschluckt werden: An der neuen Hochschule darf nur Bier aus der Taxisschen Brauerei ausgeschenkt werden. So spricht man öfter von einer „Bier-Universität".

Ein gerechtes Urteil über diese Vorgänge ist natürlich heute noch nicht möglich. Doch soviel verrät die Stadt Regensburg 1964: Für die neue Universität war man bereit, tief in die Tasche zu greifen. Der Oberbürgermeister spricht sogar davon, ein stadteigenes Gelände „notfalls auch unentgeltlich" zur Verfügung zu stellen. Konkret nennt er zwei Adressen. Doch Ministerpräsident Goppel verschließt sich allen diesen Angeboten. Er entscheidet sich für das Gelände des Fürsten.

1964 ist auch anderweitig ein bemerkenswertes Jahr. Am 23. Juli verliert Franz Joseph seinen jüngsten Bruder Philipp Ernst, der nur sechsundfünfzig Jahre alt wurde. Ihren siebzigsten Geburtstag feiert Fürstin Elisabeth. Dann ordnet Franz Joseph noch die Verlegung der Marstallbestände in die Reitschule an, die er zum Museum bestimmt. Zur Eröffnung dieses schönen Hauses reist 1966 eine Kutsche voller Wagenspezialisten aus ganz Europa an, darunter der Direktor der Wiener Hofwagenburg und der Bundespostminister.

Da stehen alte Galawagen neben Barockschlitten, „Vis-a-vis" neben Coupés, Landauer neben Jagdgefährten. Weiter bewundert man Geschirre und Tragsessel. Die Galionsfigur eines Schlittens ist ein hübsches Mädchen, das uns stolz seine rechte Brust zeigt. Die Dame aus Fleisch und Blut dahinter, so liest man in den Akten des Fürstlichen Archivs, hat sich während des Immerwährenden Reichstags ganz entblößt, wenn der Galan am Bock es wollte.

Glanzstück des Museums aber ist der Großgalawagen, in dem 1858 die Königliche Hoheit Helene zur Trauung gefahren wurde. 1890 war er die Hochzeitskutsche von Fürst Albert und seiner Kaiserlichen Hoheit Margarete. 1980 werden Johannes, der 1966 seinen vierzigsten Geburtstag feiert, und seine junge Braut darin sitzen. Doch so weit sind wir noch nicht. Mariae Gloria ist 1966 erst sechs Jahre alt.

Und mit noch einem Prunkstück kann Franz Joseph aufwarten. Man findet zur Zeit der Einweihung des Marstallmuseums Anzeichen dafür, daß die ehemalige Kloster- und jetzige Hofbibliothek mit Asamfresken geschmückt ist. 1812 hat man sie einfach überpinselt. 1967 präsentiert der Fürst der Öffentlichkeit einen Raum von einmaliger Schönheit. Ein prächtiger Himmel mit

Löwen, Putti, dem Ordensgründer Benedikt, dem König Salomon und Apostel Paulus tut sich auf.

Im selben Jahr gedenkt man im Hause Thurn und Taxis noch des Fürsten Albert. Er wäre im Mai hundert Jahre alt geworden. Seinen fünfundsiebzigsten Geburtstag feiert 1968 Alberts Sohn Franz Joseph. In den Zeitungen liest man von seinem Imperium, das aus Großgrundbesitz in Bayern, Brasilien und Kanada besteht, aus einer Brauerei, die mit einem Jahresausstoß von vierhunderttausend Hektolitern Bier zu den fünf größten in Bayern gehört, aus Schmuck- und Uhrenfabriken, Ziegeleien und einer Bank mit mehreren Filialen. Im Schloß liegt ein Gratulationsbuch für den Fürsten auf. Darin trägt sich auch der Verfasser dieser Hausgeschichte ein. Ein prächtiges Fest mit Lakaien und Lachs, Kaviar und Kerzen, Hoheiten und Herzlichkeiten beschließt die Geburtstagsfeier.

Dann wird es tiefe Nacht im Leben des Fürsten, der immer mehr die Einsamkeit sucht. Es sind natürlich die alten Sorgen, da stirbt am 12. Januar 1970 seine Elisabeth. Als wenn das nicht genügte. Kurz darauf kommt der andere Neffe nicht mehr aus den Schlagzeilen der deutschen und internationalen Presse heraus. Franz Joseph mag keine Zeitung mehr sehen.

Was war passiert? Max Emanuel (damals fünfunddreißig Jahre alt), ein Sohn des zweitjüngsten Bruders Raphael, hatte am 23. Mai 1969 in Starnberg die um ein Jahrzehnt jüngere Comtesse Anna Maria von Pocci geheiratet. Rund tausend Gäste feierten das Fest mit. Da erscheint am 27. April 1970 die auflagenstarke Boulevardzeitung *Bild* mit der großen Rubrik „Prinz Thurn und Taxis als Ehemann geprellt." Sofort recherchieren alle übrigen Zeitungen. Es stimmt: Die junge Frau hat einen Freund, der Gastwirt und nichtadelig ist.

Der „geprellte" Taxis-Sproß sagt: „Meine Frau hat sich geweigert, die Ehe zu vollziehen." Der Freund erklärt: „Ich kenne Max Emanuel ja schließlich ganz genau. Er hat hier alles andere als eine weiße Weste." Über seine Freundin Anna Maria urteilt er: „Sie ist ein richtiges Vollblutweib." Die Prinzessin über ihren Galan: „Ich liebe ihn sehr, er ist ein richtiger Mann, der im Leben steht. Und er ist sehr zärtlich zu mir."

Dann wird schmutzige Wäsche gewaschen. Der Taxissche Anwalt erklärt: „Hoheit habe beispielsweise seine Braut nicht so vorgefunden, wie er es kraft seiner Erziehung erwartet hatte." Die Braut: „Jeder Schritt, den er tat, wurde ihm von seiner Mutter befohlen." Die Ehe wird schließlich aufgehoben. Im Juli 1970 peilt man die kirchliche Annullierung an. Der Anwalt Max Emanuels: „Das Haus Thurn und Taxis, eine Familie von untadeligem Ruf und seit Jahrhunderten ohne Skandal, ist seit jeher Schirmherr der katholischen Kirche." Auch diese Berichte sind gegendarstellungslos erschienen.

Franz Joseph kann das alles nicht mehr hören. Er zieht sich zurück – auf den Aschenbrennermarter, zum Schicksalsort seiner Familie. Dort stürzt er so schwer, daß er ins Krankenhaus muß. Monatelang wartet er auf Besserung. Endlich darf er heim nach Schloß Haus, wo er am 13. Juli 1971 stirbt. Wir lesen in den Zeitungen bissige und schwülstige Nachrufe. Der treffendste steht in der Regensburger *Woche*: „Franz Joseph ist ein wirkliches Symbol für Noblesse – in unserer nicht sehr noblen Zeit."

Zehn Tage vor seinem dreiundsiebzigsten Geburtstag wird Karl August, der Bruder des verstorbenen Franz Joseph, zehnter Fürst von Thurn und Taxis. Seine Frau Maria Anna, eine geborene Prinzessin Braganza und Schwester der Fürstin Elisabeth, ist kurz vorher gestorben. Der Ehe mit ihr entsprossen vier Kinder. Eines verlor man früh. Prinzessin Clothilde (damals neunundvierzig Jahre alt) ist mit Hans-Moritz von Liechtenstein verheiratet, Prinzessin Mafalda (damals siebenundvierzig Jahre alt) mit Franz von Thurn und Taxis aus einer Seitenlinie der Dynastie. Nur Johannes, immerhin bereits fünfundvierzig Jahre alt, trägt noch keinen Ehering. Er wird in den Gazetten als „der reichste Junggeselle Deutschlands" bezeichnet.
Prinz Johannes ist es auch, der für den Vater das Imperium führt. Der neue Fürst mischt sich kaum ein. Dabei gehört er zu den gebildetsten Männern des deutschen Adels. Er spricht fließend neun Sprachen (darunter Ungarisch, Arabisch, Polnisch, Türkisch und Russisch) und kennt die aktuellen Entwicklungen in Naturwissenschaft und Botanik.
Als einziger im Fürstenhaus zeigte er auch in den schlimmen Tagen der braunen Diktatur Flagge. Er sagte einem Angestellten seine Meinung über die Nationalsozialisten und wurde von diesem prompt denunziert. So wartete auf Karl August 1944 der Volksgerichtshof Freislers. Zum Glück des Prinzen wurde aber der Blutrichter noch vor der Verhandlung von einer Bombe getroffen. Im Zuge einer kurzen Verwirrung konnte Karl August aus der Haft fliehen. Ein Freund versteckte ihn. Hätte man sie gefaßt, wären beide sofort exekutiert worden. Im Mai 1945 war dann die Zitterpartie beendet.
Nach dem Krieg war Karl August nicht groß in Erscheinung getreten. Jetzt im Alter setzt er sein ganzes Vertrauen in seinen einzigen Sohn. Ohne Fürstenhochzeit und männliche Nachfolge, das weiß er genau, geht das gewaltige Erbe auf die nächste Linie über. Und mit der versteht man sich aus vielen Gründen nicht so besonders,

hört man in St. Emmeram. Johannes muß also auf die Rosenspur gelenkt werden. Doch zum Leidwesen des Vaters hält er nach wie vor mehr von lockeren Parties als von festen Familienbanden.
Dafür hat Karl August den Eindruck, daß sich der Filius ganz seinem Geschäft, der Leitung des Riesenbesitzes, hingibt. In der Tat fordert ein so stattliches Unternehmen mit dreißigtausend Hektar Landbesitz in Deutschland, über viertausend Mitarbeitern und knapp fünf Millionen Mark Umsatz auch überdurchschnittliches Engagement. Noch 1971 sucht Johannes per Zeitungsannonce seinen Top-Manager. Er kommt aus dem bayerischen Innenministerium und ist der erste Nichtadelige auf dem Chefsessel des Fürstenhauses: Hermann Memmer.
Und wie stellt sich der Erbprinz selbst die Zukunft vor? Im August 1971 erklärt er großspurig: „Das Haus Thurn und Taxis hat immer schon weltweit gedacht. Im Mittelalter reichten seine Verbindungen von Madrid über Paris, Brüssel nach Rom, Frankfurt und Regensburg. Heute ist die Welt größer geworden. Es ist somit nur logisch, daß unsere Verbindungen dementsprechend nach Rio de Janeiro, New York, Toronto und morgen höchstwahrscheinlich schon nach Australien reichen."
Vater Karl August steht stumm daneben, als der Sohn das alles sagt. Und dieser erklärt weiter, daß Brasilien für ihn „eine Herausforderung" darstelle, daß überall, wo er gerade weilt, eine Telephonanlage neben ihm steht und daß der Taxissche Konzern „mit modernsten Mitteln" dirigiert werde. Man könne ihn „nicht mehr wie ein Landratsamt seligen Angedenkens führen". Papa hört zu. Was mag er fühlen? Wieviel ist an den vielen Gerüchten und Geschichten, die kolportiert werden, wahr, wieviel unwahr?
Doch auch das ist sicher: Das Management hat Erfolg. Mit vier Betrieben in Pforzheim erobert das Haus Thurn und Taxis den dritten Platz in der edelmetallverarbeitenden Branche in Deutschland. In Kanada kauft man Wald und Farmen, in Brasilien weiden auf riesigen Haciendas sechstausend Rinder. Auch Pfeffer wird dort angebaut.
Geschmacklos empfindet man eine andere Geschichte. 1971 ist es auch, da klopfen zwei junge Männer, darunter Günter Wallraff, bei Pater Emmeram draußen in Prüfening an die Klostertür. Sie

Durchlaucht mit Dackel: Karl August (1898–1982), 10. Fürst
und Todeskandidat der Nationalsozialisten

wünschen, Fratres zu werden, teilen sie dem Fürstenbruder mit, der sie auch gerne bei sich aufnimmt. Ganz und gar standesbewußt will er von den beiden vermeintlichen Novizen mit „Ehrwürdiger Vater“ angesprochen werden. So habe ihn auch der Konvent, der jetzt endlich entstehen soll, zu titulieren. Unverzüglich erzählt der alte Mann den beiden Besuchern seine Meinung über Bischof, Teufel und Frauen, über Keuschheit und Kultur, Juden und Jesus, über Papa und die Fürstin („ganz die alte Schule; sie saß mit achtzig noch kerzengerade und lehnte sich nicht an“). Eine feudale Groteske!

Während Bruder Emmeram tief in der Vergangenheit lebt, amüsiert sich Neffe Johannes oft und gerne auf hoher See. „Meine Lieblingslandschaft ist das Meer, nicht die Küste, das Meer“, sagt er. Seine Vorfahren seien ja schließlich Portugiesen. In einem italienischen Hafen, so liest man in den Zeitungen, fällt ihm eine Eisenbrücke auf das Bein, das fünfmal genagelt werden muß. 1972 erholt sich Johannes in St. Moritz. Skilaufen kann er nicht, und so fährt er mehr auf die Nachtbars ab, berichten die Klatschkolumnisten.

In diesem Jahr der Münchner Olympiade hört man auch Töne, die man noch nicht in dieser Deutlichkeit vernommen hat. Schlösser, so sagt Johannes, haben nichts mit Reichtum zu tun. „In Wirklichkeit sind das Objekte, die unter Denkmalschutz stehen und nur Belastung bedeuten.“ Diese Aussage ist natürlich wahr, doch so ausgesprochen, verrät sie unüberhörbar erste und ernste Probleme im Imperium.

Von diesen ahnt und weiß mit großer Wahrscheinlichkeit Fürst Karl August nichts. Am 23. Juli 1973 feiert er seinen fünfundsiebzigsten Geburtstag. „In aller Bescheidenheit“, wie man in der Zeitung liest. Zur Freude gibt es angesichts der Ehe- und Kinderlosigkeit des Erbprinzen auch wenig Anlaß. Dennoch, die Familie weilt kurz beisammen. Ansonsten kein großer Rummel.

Der ist dafür 1976! Der ehemalige Butler des Johannes, Josef Hampl sein Name, will seine Memoiren veröffentlichen. Er hat viel erlebt, so auch einen Anfall des Taxis-Sprosses im Schloß Garatshausen am Starnberger See. Der Fürst in spe wollte etwas Warmes (aus der Küche), doch man hatte dort nur einen kalten

Imbiß. Da sei es zum großen Krach gekommen, teilt Hampl mit. In seinem Ärger hat er dann seine Erlebnisse zu Papier gebracht und will sie jetzt, 1976, veröffentlichen. Und da ist offensichtlich soviel Zündstoff drin, daß Johannes eine Einstweilige Verfügung gegen die Veröffentlichung anordnen läßt. Hampl habe sich nämlich vertraglich verpflichtet, über seine Begegnungen mit dem Erbprinzen nichts auszuplaudern. Da muß es zugegangen sein, wird man sich denken dürfen.

Dafür erscheinen 1976 Günter Wallraffs Erlebnisse („Ihr da oben – wir da unten") bei Pater Emmeram. Über den ehemaligen Innenminister Höcherl soll der „Ehrwürdige Vater" gesagt haben: „Ist zwar mit seiner Geburt nicht alles einwandfrei, er ist unehelicher Abstammung, aber es ist sonst ein wackerer, fähiger Politiker."

Und noch eine Geschichte! Nachdem Pater Emmeram in der Prüfeninger Georgskirche eine Frau in kurzer Hose gesehen hatte, sagte er zu seinem Gast, der vorgaukelte, bei ihm Frater werden zu wollen: „Da hätten Sie sich mit Ihrer Zigarette einmal nützlich machen können und die Glut auf deren Schenkel ausdrücken sollen." Ansonsten meint der fromme Greis: „Eva, die dumme Gans, die an allem Übel der Menschheit schuld ist."

Dann die Trauer über seine Schwester Elisabeth Helene! Sie wurde 1903 in Regensburg geboren und lebte vor der Zeit des Bruders Emmeram im Schloß Prüfening. Ohne die Revolution von 1918 wäre sie sächsische Königin geworden.

1977 läßt wieder ein Satz aufhorchen. Generalbevollmächtigter Hermann Memmer erklärt, die Steuergesetzgebung lasse kaum mehr Platz für freie Initiativen. „Eine echte Kulturleistung" sei die Unterhaltung der acht Schlösser. Dann die Frage: „Warum sollen wir etwas tun, was jedermann tun kann?" Diesen Satz muß man zweimal lesen, um eine Ahnung von dem zu bekommen, was dem Imperium bevorsteht. Schon im Jahr darauf wird ein Käufer für die mächtige Burg Wörth an der Donau gesucht, eine der bedeutendsten Kulturstätten in Deutschland. Albertus Magnus, Kurerzkanzler Dalberg und Papst Leo XII. waren hier.

Aber jetzt wieder einmal zum Fürsten Karl August! Es ist still um ihn. 1978 feiert er seinen achtzigsten Geburtstag. Er wird Regensburger Ehrenbürger, und das *Bistumsblatt* der Stadt schreibt:

„Seine Durchlaucht, Fürst Karl August, hat sich stets durch seine vorbildliche soziale Einstellung und ein großes Engagement für kulturelle Belange Ansehen und Wertschätzung erworben."
Doch man vernimmt auch weniger Salbungsvolles. Auf einem Flugblatt, das vor den Kommunalwahlen im März 1978 in Regensburg verteilt wird, liest man: „Es ist eine Provokation, daß mitten im 20. Jahrhundert in einer Stadt mit 130 000 Einwohnern *ein* Fürst Thurn und Taxis einen Zaun um eine riesige Grünfläche immer noch hat. Es ist eine Provokation, daß die Stadtverwaltung seit Jahrzehnten noch nicht einmal Verhandlungen über eine Öffnung des Fürstenparks führt."
Dann 1979! Johannes lernt im Oktober eine neunzehnjährige Gräfin im Schwabinger Café Uni-Reitschule kennen. Er gilt als reich, sie ist arm und vierunddreißig Jahre jünger als er: Komteß Mariae Gloria von Schönburg-Glauchau, am 23. Februar 1960 in Stuttgart geboren. Bereits Weihnachten verbringt und feiert man gemeinsam in Acapulco. Anschließend geht es nach Brasilien.
Anfang März 1980 vergnügt sich das Paar in St. Moritz. Dort informiert der Erbprinz die Öffentlichkeit, in Kürze wolle man in Regensburg heiraten. Und noch etwas wird kolportiert: Mariae Gloria soll schon ein süßes Geheimnis haben.
Am 31. Mai trägt sie dann dennoch den weißen Schleier. Und auch sonst entdeckt man Seltsames. Die Schwiegereltern des Bräutigams sind jünger als er selbst. In der Beilage der *Mittelbayerischen Zeitung* wird Hermann Memmer zitiert: „Wir fürchten keine offene, sondern die schleichende Sozialisierung via Steuergesetzgebung." Auf der anderen Seite ist das Bonner Kabinettsmitglied Josef Ertl Trauzeuge von Memmers Chef.
Dessenungeachtet, die Braut mit dem Diadem, das schon Marie-Antoinette trug, strahlt. Daß die Königin bald darauf geköpft wurde, bedeutet natürlich kein Unheilszeichen. Bräutigam und Brautvater tragen Uniformen, der Fürst aber einen Frack. Es ist rührend zu sehen, wie er sich vor der Braut verbeugt. Dann die schönste Szene: Er zeichnet der lächelnden Mariae Gloria das Kreuzzeichen auf die Stirn.
Die Liste der Geladenen ist prächtig wie das Fest. Doch da sind auch Politiker darunter, mit denen man sich später genieren

Ein Kreuzzeichen auf einen gesegneten Leib:
Fürst Karl August und Schwiegertochter Mariae Gloria

Augenblick, der Himmel ist greifbar nah –
Vielleicht auch unendlich fern.
Wirklich engelschön: Mariae Gloria!
Mit Johannes, ihrem Eheherrn.

würde, weil sie der Staatsanwalt aufsucht. Einen Unbescholtenen schließt man dagegen aus: Regensburgs Bürgermeister Elmar Schieder. Er sagt, nicht traurig zu sein. Die Thurn und Taxis hätten für die Stadt nicht viel mehr getan als die Grundstückspreise hochgetrieben. Schieder brandmarkt damit die hohe Summe beim Verkauf des Uni-Geländes.

Auch andere Äußerungen verfinstern dieses Fest. Auf dem Emmeramsplatz werden dem reichen Bräutigam Transparente entgegengehalten, auf denen laut *Mittelbayerischer Zeitung* steht: „Enteignet Kneitinger – alle Brauereien in Fürstenhand" und „Wir Männer von Regensburg halten unserem Fürsten die Stange".

Und die weiße Braut lächelt. Sie weiß, was man von ihr erwartet. Regensburgs Gesellschaftskolumnistin Erika Weinfurtner schreibt in ihrem Artikel „Der reife Mann und das Mädchen", der Bischof habe ein Paar vereint, „das vor allem die Aufgabe erfüllen soll, dem Regensburger Haus der Thurn und Taxis den ersehnten Stammhalter zu geben". Und sie ist gut informiert. Einiges kann man nicht schreiben, eines aber schon: „Wie aus Insiderkreisen verlautet, soll der Storch schon nachgeschaut haben."

Und er hat! Fünf Monate nach der Hochzeit wird Prinzessin Maria Theresia geboren (28. November 1980). „Du weißt", so sagt Pater Emmeram bei der Taufe, „daß du der Verführung ausgesetzt bist und den Nachstellungen des Teufels begegnen wirst." Im Jahr darauf wird in Mutters Gepäck auf dem Münchner Flughafen Haschisch entdeckt. „Mir ist das alles unerklärlich", sagt sie. Kurze Zeit später schmieren Unbekannte eine große Cannabispflanze über das Familienwappen am Regensburger Schloß. Eine unverhüllte Anspielung auf den Rauschgiftfund!

Die Erbprinzessin ist da gerade im fünften Monat schwanger. Am 24. März 1982 kommt sie mit einer weiteren Prinzessin nieder, mit Elisabeth. In ihre ersten Schreie mischt sich schwerer Glockenklang. Am 26. April stirbt Fürst Karl August. Der Papst schickt ein Beileidstelegramm, der Regensburger Bischof würdigt den Toten als Marienverehrer, und in München kann man endlich die leidige Haschischsache aus der Welt räumen, mit zwanzigtausend Mark Bußgeld für die nunmehrige Fürstin Mariae Gloria.

Acht Jahre und acht Monate steht Johannes seinem Haus vor. Es vergeht nahezu keine Woche, in der sein Name oder der seiner Frau nicht in der Zeitung steht. Am 25. Juni 1983 wieder. Es wurde nämlich soeben der Erbprinz geboren. Endlich ist er da, der Langersehnte! Man tauft ihn auf den Namen des Urgroßvaters: Albert.

Dennoch: Ein normales Leben führt man nicht. Erpresser, die vor Entführungen unschuldiger Kinder nicht zurückschrecken, tyrannisieren das Fürstenhaus. Doch auch sonst paßt manches nicht zusammen. Wir sehen die Fürstin im Panzerkleid, in einer Horrorrobe, in einer dekadenten Phantasie-Uniform, als Vogelscheuche (bei der Beisetzung des Peter von Siemens), im Ornat eines alten Zauberers. Die Zeitungen berichten von gelegentlichen verbalen Ausbrüchen der Fürstin.

Im Juni 1986 wird groß der sechzigste Geburtstag ihres Mannes gefeiert. Der Regensburger Bischof hält den Festgottesdienst, der Ministerpräsident die Laudatio. Auf der anschließenden Donau-Dampferfahrt treffen Menschen von fernen Küsten und Wirtschaftskapitäne auf Menschen, die ganz schön zu rudern haben. Der Gesellschaft geht es naß ein. Der Himmel ist eben nicht käuflich.

Und auch der couragierte Mensch nicht! Im Monat nach dem Schiffsausflug erscheinen Mariae Gloria und Johannes auf einem Empfang im Schloß Schleißheim. Da riskiert die Frau eines CSU-Landtagsabgeordneten eine Lippe. „Ich habe sie gefragt, weshalb sie sich so benimmt und ihrem noblen Hause so schadet“, sagt die erzürnte Kritikerin. Darauf die Fürstin: „Ich will nicht extravagant sein, ich bin extravagant.“ Um beide Damen scharen sich an jenem Sommerabend die Pressephotographen.

Nach den Blitzlichtern folgt dann der große Donner! „Bitte beten Sie alle für meinen Mann“, fordert Mariae Gloria die Menschen in Waldmünchen auf, wo sie die Trenck-Festspiele besucht. Fürst Johannes liegt in der Klinik. Niemand weiß, was ihm fehlt.

Dann ein kurzes Zwischenhoch. „Ich bin erst durch Gloria berühmt geworden", sagt der genesende Johannes. Und erstmals seit längerem erscheint diese als eine reife, reizende Frau. Ohne die Fetzen der Vergangenheit, mit einem natürlichem Haar, schlichtem Schmuck und in einem dunklen Abendkleid mit Puffärmeln! Adrett und nett sieht sie auch auf dem Familiengemälde des Regensburger Malers Winfried Tonner aus. Auf ihrem Schoß der Erbprinz Albert, neben ihr die Töchter, hinter ihr als Padrone ihr Ehemann! Dazu Symbole über Symbole: Orden, Glaskugel, Kasperlfigur, Ahnenporträt, der Künstler selbst, Vorhang und Eierstab. Velazquez läßt grüßen und wird von einem meisterhaften Kollegen so virtuos wie elegant gegrüßt. Siebzigtausend Mark Honorar waren vereinbart, doch jetzt will der Fürst nicht soviel zahlen. So fordert der Künstler, immerhin Lovis-Corinth-Preisträger, sein Mammutwerk zurück. Es wird im November 1986 in der Ostdeutschen Galerie in Regensburg ausgestellt. Der Münchner Akademieprofessor Reipka hält die Festrede, der Regensburger Oberbürgermeister quatscht ständig dazwischen. Reipka: „Wenn die dargestellten Prinzessinnen und der Prinz keine Kinder mehr sind, werden sie die Melancholie dieses Bildes ebenfalls fühlen."

Was die Fürstin fühlt, verbreitet sie Ende 1986 in „einem offenen Gespräch" im Hochglanzmagazin *Playboy*. Zwischen splitternackten Mädchen in den blödesten Stellungen und gleich vor und nach allerlei schmutzigen Witzen erscheint ihre Meinung: „Der G-Punkt interessiert mich wirklich nicht." – „Ich war schon immer eine verrückte Nudel." – „Es gibt Prinzen, die benehmen sich wie Schweinehirten." – „Ich bin eben ein halber Junge." – „Für mich als Christin ist der Mensch das Wichtigste." Sie läßt sich als „ein armes Schwein" titulieren und nach ihrer Intimsphäre befragen.

Im Jahr darauf feiert Pater Emmeram von Prüfening still seinen fünfundachtzigsten Geburtstag. Dann wirft wieder der Aschenbrennermarter seinen unheilvollen Schatten. Im Herbst 1988 fliegt Ministerpräsident Strauß ein, um dort zu jagen. Er bricht aber bewußtlos zusammen und stirbt Tage darauf in Regensburg.

Geburts- und Geldadel kommt zum 60. Geburtstag des Fürsten Johannes
(unten mit Mick Jagger)

Mit einer durchsichtigen Kugel spielt Erbprinz Albert auf dem „Großen Familienbild" von Winfried Tonner

Und auch im Hause Taxis wird zum Aufbruch geblasen. Im Juli 1989 stirbt Mafalda, die Schwester des Fürsten. Dann verdichten sich Gerüchte, wonach Johannes nicht mehr der reichste Mann in Deutschland sein soll. Er gehöre nicht einmal mehr zu den zwanzig wohlhabendsten. Konkret, er stehe abseits auf Platz einundvierzig.

Das neue fünfköpfige Management unter der Leitung von Helge Petersen, der den 1987 gefeuerten Memmer als Chef der Gesamtverwaltung ablöste, konnte zwar eine weitverzweigte Holding mit fünfzig Einzelfirmen aufbauen, hatte aber, so vernimmt man, Schwierigkeiten bei der Bilanzkontrolle. Im Hamburger *Manager Magazin* vom Februar 1990 räumt der Fürst endlich auch öffentlich ein, daß im Imperium wirtschaftliche Schwierigkeiten aufgetaucht seien. Aber er habe sie jetzt „im Griff". Zahlen will er freilich nicht nennen.

Im August entläßt er dann drei seiner fünf Spitzenmanager und gibt seiner Frau große Vollmachten. Der Schweizer Unternehmensberater Hayek wird beauftragt, das Gestrüpp des fürstlichen Wirtschaftsimperiums zu entwirren.

Im selben Monat berichtet auch der *SPIEGEL* von „Problemen mit der Verwaltung seiner Unternehmungen". Der Fürst: „Ich gebe den Stab noch lange nicht ab." Dabei kommt er gerade aus dem Krankenhaus der Barmherzigen Brüder in Regensburg. Er wurde dort als Johannes Obertraublinger behandelt. Zur Entschlüsselung des Namens: Das Dorf Obertraubling liegt ganz nahe bei seinem Geburtsschloß Höfling.

Schließlich die Wahrheit im Oktober! Fürst Johannes braucht ein neues Herz. Im Münchner Universitätsklinikum Großhadern will ihm Chirurg Bruno Reichart eines einsetzen. Der Hofmarschall verkündet: „Die für solche Behandlungen nötige Anlaufzeit wird der Fürst auf seiner Jagdhütte abwarten."

Auf dem Aschenbrennermarter! Von dieser Unheilsstätte fährt Johannes in die Stadt München, die er nur noch als Toter verlassen soll. Am 29. Oktober bekommt er das fremde Herz implantiert. Alles scheint zunächst gut zu verlaufen. Gerüchte besagen, daß der Patient schon wieder schweren Rotwein trinkt, da wird eine zweite Transplantation notwendig. Doch das Immunsystem reagiert abermals negativ. Am 14. Dezember 1990 geht die Nachricht vom Tod des Fürsten um die Welt. Am gleichen Tag stirbt übrigens auch Friedrich Dürrenmatt. Der Dichter war erst kurz vorher Gast bei Johannes. Am Aschenbrennermarter!

Riesige Belastungen stürzen jetzt auf die dreißigjährige Fürstin ein. Drei kleine Kinder um sie und das angeschlagene Modell Marke Thurn und Taxis, viel Verantwortung für diese Frau! Überall bröckelt es. „Sic transit gloria mundi" („So vergeht der Ruhm der Welt") rief man früher bei den Papstkrönungen aus, um die so hoch Erhöhten an die Vergänglichkeit alles Irdischen zu erinnern. In ihrem schwarzen Trauerkleid sieht die junge Witwe sehr nachdenklich in die Zukunft. Zunächst lastet das Imperium allein auf ihren Schultern. Mariae Gloria handelt rasch, und so braut sich ein schweres Gewitter über ihrem früheren Vorstand zusammen. Es hagelt Strafanzeigen. Laut *Frankfurter Allgemeiner Zeitung* sagt die Witwe, die Führungsclique habe das Haus Thurn und Taxis zum Selbstbedienungsladen gemacht. Mehrfach entläßt sie Manager der fürstlichen Verwaltung, manchmal Knall auf Fall und mit Nachspiel vor dem Arbeitsgericht. Die Schwierigkeit, den richtigen Kurs für das ins Schlingern geratene Unternehmen Thurn und Taxis zu finden, ist eine aktuelle Bedrängnis. Eine zweite ist, daß die Fürstin um ihren Sohn Albert bangt. Er gehört zusammen mit William von England und Andrea von Monaco zu den bestbewachten Kindern in Europa.

Und noch eine Pein, die jetzt fällige Erbschaftssteuer über fünfundsechzig Millionen Mark! Die fürstliche Schatulle ist aber leer, zumindest was frei verfügbare Gelder in solcher Höhe betrifft. So läßt Fürstin Mariae Gloria 1992 in Genf Schmuck und Tafelsilber für fast zweiundzwanzig Millionen Mark versteigern. Anfang 1993 verkauft sie für fünfundvierzig Millionen Mark kunstgeschichtlich bedeutende Objekte an den Freistaat Bayern, darunter die fünfundsiebzigteilige, aus Diamanten bestehende Galaschmuckgarnitur des Prinzipalkommissars Carl Anselm.

Im Herbst 1993 schließlich geht in Regensburg die größte Privatversteigerung der deutschen Nachkriegsgeschichte über die Bühne. Dabei werden statt der erwarteten vierzehn Millionen Mark gleich einunddreißig eingenommen.

Der kleine Albert ganz groß
auf des Kanzlers Schoß!
Was aber macht das Kind,
wenn beide nicht mehr sind?

Die Steuern können also bezahlt werden. Doch die wirtschaftliche Talfahrt ist nicht mehr zu verbergen. Vor allem die Holzwirtschaftsallianz in Deggendorf/Hengersberg kommt auf keinen grünen Zweig mehr und geht ein. Dort hatte man noch 1990 das modernste und größte Sägewerk Deutschlands errichtet. Dann mundet vielen das fürstliche Bier nicht mehr so wie früher. Da will Mariae Gloria Schloß Prüfening verkaufen. Onkel und Pater Emmeram ist entsetzt: „Ich will nicht hetzen", sagt er, „aber Gloria geht eindeutig zu weit."

„Ich bin ein armer Schlucker", behauptet dagegen die Dame Ende 1993 in einem Interview mit dem *Stern*. In dem Artikel erscheint sie als eine sympathische und liebenswürdige Frau. Auf die Frage, ob sie sich eine neue Partnerschaft vorstellen könne, sagt sie: „Zur Zeit nicht. Aber ich will es nicht für immer ausschließen." Ratlos antwortet sie auf die Frage: „Ist es nicht ein Segen für Ihren Mann gewesen, zu sterben, bevor ihm bewußt wurde, daß seine Bilanzen nicht mehr so ganz stimmen?" Mariae Gloria: „Ich glaube, daß der Herrgott einen ruft, wenn man es verdient hat."

Im Jahr darauf, also 1994, segnet der Papst in Rom ihren Sohn Albert (10) und ihr Onkel Emmeram (92) das Zeitliche. Bestattet wird der alte Mann in Neresheim, wo er 1924 in den Benediktinerorden eingetreten war. Die Trauergäste sind pünktlich, nur Mariae Gloria kommt zu spät: Sie blieb dort stecken, wo sich auch ihr Imperium befindet: im Stau.

Ende 1996 das Unfaßbare! Die Brauerei Thurn und Taxis wird an Paulaner in München verkauft. Die Gemüter der Regensburger Brauer schäumen über.

Mit einem Buben hat meine Würdigung derer von Thurn und Taxis begonnen, mit einem Buben schließt sie. Damals in Mailand verhalf ein legendärer Junge dem Geschlecht zu einer glänzenden Zukunft, liest man in der Hausgeschichte. Mariae Glorias Sohn Albert, der im Erscheinungsjahr dieses Buches in einem Regensburger Café mithilft und Kaffee kocht, tritt ein schweres Erbe an. Glück und Geschick wünschen ihm sicher die meisten Regensburger.

## Genealogie I
### Die frühen Taxis
### (nach Flacchio, 1709)

- Eribrand
  - Martino I. (Gigas) † 1147
    - Martino II.
      - Giacomo I. † 1227 ∞ Bertha Visconti
        - Giacomo II. † um 1240 ∞ Matthäa
        - Johannes † 1247 ∞ Itha
        - Paganus † 1241 ∞ Agatha von Geneve
          - Raymund (Patriarch von Aquileia)
          - Francesco ∞ Castellonia
            - Guido der Reiche † 1311, 1. ∞ de Rusca, 2. ∞ Promisonda Langusi
              - Lamoral I. von Thurn und Taxis ∞ Catharina de Soardis (Tochter des Fürsten von Bergamo)
                - Franz I. von Thurn und Taxis ∞ Constantia Brevia
                  - Franz II. ∞ Ninguarda
                    - Pietro † um 1450
                      - Johannes
                        - Gabriel † 1508 ∞ Hypolita Cornaro (Venedig)
                          - Bernardo 1493–1569 ∞ Portia de Rossi
                            - Torquato Tasso 1544–1595
                    - Roger I. Graf von Thurn und Taxis ∞ Kunigunde von Awer
                      - Anton ∞ Katharina von Thurn
                        - Mattias ∞ Gratiosa von Taxis
                          - Ferdinand ∞ Juliana von Taxis
                            - Matthäus ∞ Catharina von Taxis
                      - Gabriel I. † 1529, 1. ∞ Catharina von Liechtenstein, 2. ∞ Catharina von Chiaramont
                        - Joseph † 1556 ∞ Salome von Seißenhofen
                          - Gabriel II. ∞ Barbara von Welsberg
                            - Paul I. † 1607 ∞ Catharina von Stüben
                              - → (Grafen von Thurn und Taxis)
                      - Simon
                        - → Genealogie II
          - Hermann † 1265 ∞ Lucia von Coreggio
            - Lombard I. † 1280
              - Lombard II. Bischof von Vercelli
          - Napus † 1278 (der Blutgierige) ∞ Margarethe von Balzo

# Genealogie II
## Die ersten Postmeister

- Simon ∞ de Rota
  - Franz I. 1459–1517
  - Johann † 1517 ∞ Catarina von Neuhaus
    - Bartholomäus
      - Seraphin ∞ Isabella von Taxis
        - Oktavius † 1626 ∞ Susanna
          - Johann ∞ Mechthild
            - Philipp 1647–1703 ∞ Maria von Aham 1652–1714
              - Violanta 1683–1734 ∞ Karl III. Philipp
        - Genoveva --- ∞ --- Lamoral
  - Roger II. † um 1518 ∞ Allegria de Albrito
    - Johannes der Große † 1541 ∞ Christine van Wachtendonck
      - Leonhard I. (Lamoral) 1521–1612, 1. ∞ Margarethe Dumant, 2. ∞ Louise Boisot de Rouna
        - Lamoral um 1557–1624 ∞ Genoveva
          - Leonhard II. 1594–1628 ∞ Alexandrine de Rye
            - Lamoral Claudius 1621–1676 ∞ Anna Franziska von Hoorn † 1693
              - Eugen Alexander 1652–1714, 1. Fürst, 1. ∞ Anna Adelheid von Fürstenberg † 1701, 2. ∞ Anna Augusta von Hohenlohe † 1711
                - 1. Anselm Franz 1681–1739, 2. Fürst, ∞ Maria Ludovica von Lobkowitz 1683–1750
                  - Alexander Ferdinand → Genealogie III
                  - Maria Augusta 1706–1756 ∞ Karl Alexander von Württemberg 1684–1737
                  - Christian Adam 1710–1745
                - 1. Inigo 1686–1717
      - Raymund 1515–1579 ∞ Katharina von Acunha
        - Johannes I. ∞ Marie Peclate
          - Johannes II. 1582–1622
      - Anton 1544–1619, 1. ∞ Christine Zapat, 2. ∞ Lavina
    - Simon ∞ Maximiliane von Renhausen

# Genealogie III
## Thurn und Taxis in Regensburg

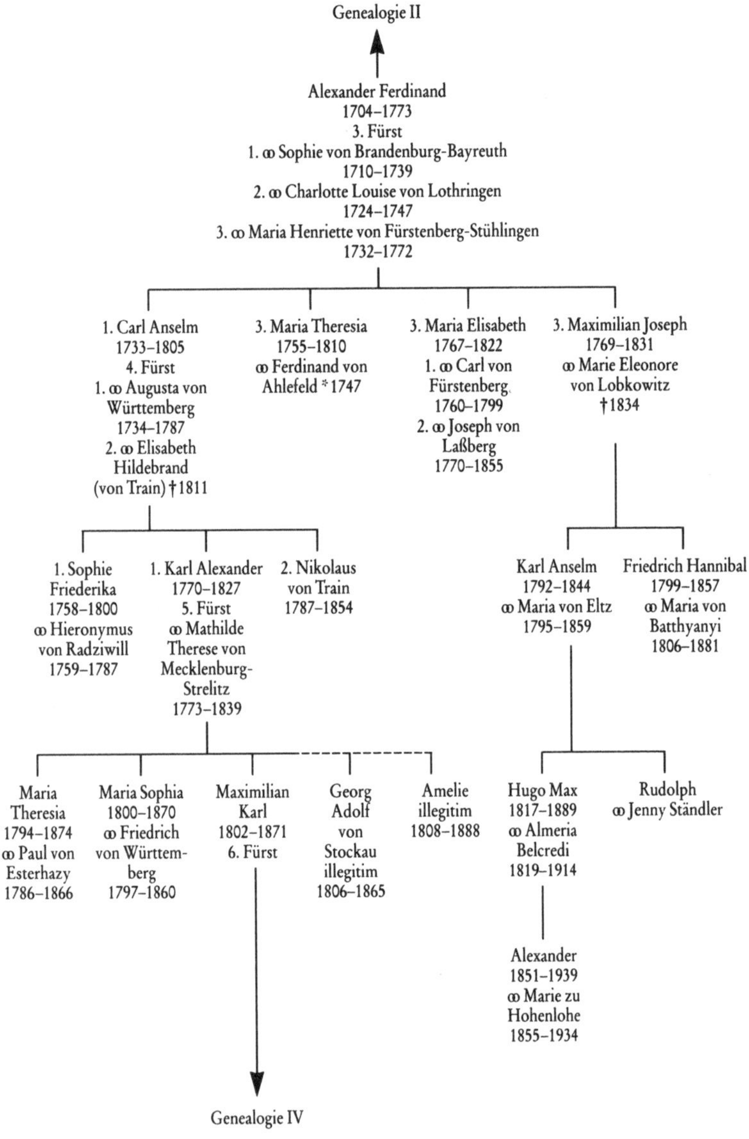

# Genealogie IV
## Die Familie Maximilian Karl

Genealogie III

↑

Maximilian Karl
1802–1871
6. Fürst
1. ∞ Wilhelmine von Dörnberg („Mimi")
1804–1835
2. ∞ Mathilde zu Oettingen
1816–1886

1. Karl Wilhelm
1829–1829

1. Therese
1830–1883
∞ Alfred von Beaufont-Spontin
1816–1888

1. Maximilian Anton
1831–1867
↓
Genealogie V

1. Egon Maximilian
1832–1892
∞ Victorine Lazar de Ecska
1841–1895

1. Theodor Georg
1834–1876
∞ Emilie von Seckendorff-Aberdar
1841–1919

2. Otto
1840–1878
∞ Maria Kreutzer
1842–1879

2. Georg
1841–1874
∞ Anna Camozzi
†1884

2. Paul
1843–1879
∞ Elise Kreuzer

2. Amalie
1844–1867
∞ Otto von Rechberg-Rotenlöwen

2. Hugo Joseph
1845–1873

2. Gustav Otto
1848–1914
∞ Maria Karolina von Thurn und Taxis
1846–1931

2. Wilhelm
1849–1849

2. Adolf Maximilian
1850–1890
∞ Franziska von Orsay
1857–1919

2. Franz Maximilian
1852–1897
∞ Theresia von Orsay
1861–1947
|
Gustav
1888–1919

2. Nikolaus
1853–1874

2. Alfred Adolf
1856–1886

2. Maria
1857–1909
∞ Wilhelm von Waldburg-Zeil
1835–1906

## Genealogie V
DIE TAXIS NACH DEM VERLUST DER POST

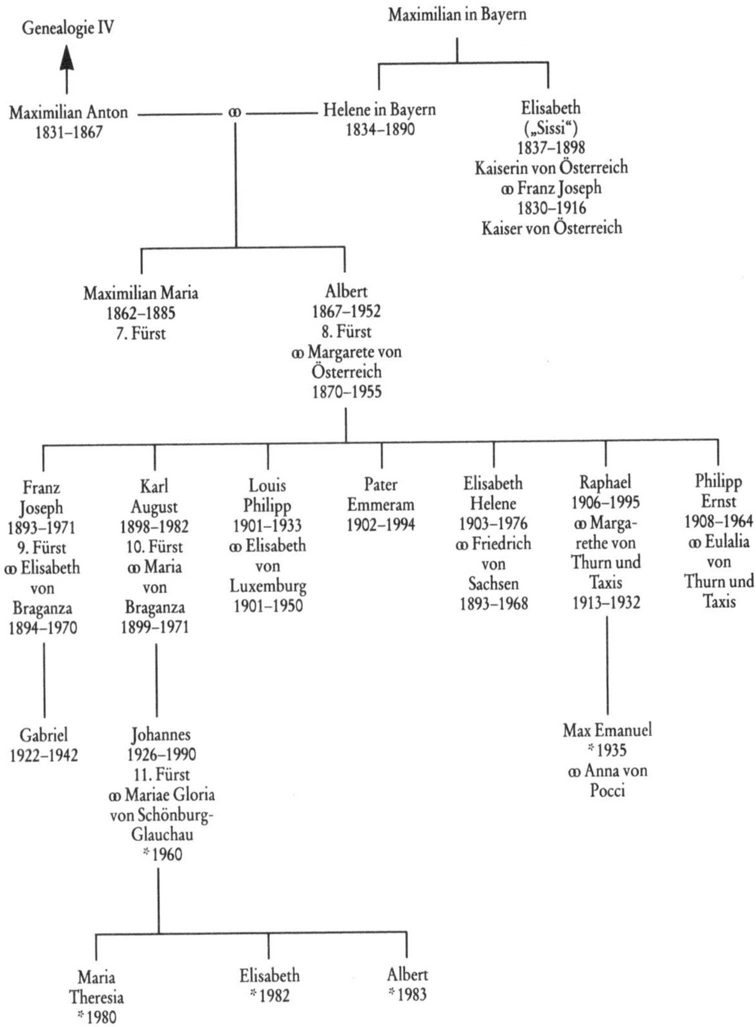

# QUELLEN UND LITERATUR

## *Ungedruckte Quellen*

Haus-, Hof- und Staatsarchiv Wien:
Reichskanzlei: PC, Verzeichnisse über Berichte und Weisungen 1–2 (darin: Comitial-Nachrichten)
PC, Personalia 4a
PC, Relationen 145
PC, Berichte aus Regensburg – österreichische Gesandtschaft 3c

Niedersächsisches Staatsarchiv Hannover:
Cal. 11, E II, Nr. 302, 347

Bayerisches Hauptstaatsarchiv München:
Reichsstadt Regensburg Lit. 42
KS 622/160, 1799, 4010, 4932, 5019, 5044, 5048
MA 4042, 5554, 5562, 5563, 8571, 9754

Fürstliches Zentralarchiv Regensburg:
Haus- und Familiensachen 189, 190, 673, 867, 913, 1819–1821, 1835, 1854, 1863, 1905, 1913, 1914, 1919, 1930, 1969, 1973, 2059, 2070, 2081, 2089, 2095, 2098, 2099, 2100, 2132, 2164
Prioratstagebuch
Hofmarschallamt 139, 334
Pr. D. 1867, 1885
Handbuch der Genealogie (Thurn und Taxis)

Stadtarchiv Regensburg:
I. A. E. 2/4, 2/16; A 1934/1

Staatliche Bibliothek Regensburg:
Rat. civ. 262

Bayerische Staatsbibliothek München:
Klenzeana (Memorabilien Leo Klenzes)
Cod.gall.892 (Werkverzeichnis Jean Baptist Metiviers)

Hotel Kaiserin Elisabeth, Feldafing: Menue-Buch

## *Literatur*

Adalbert von Bayern: Max I. Joseph von Bayern, München 1957
Allgemeine Literatur-Zeitung, Jena 1788
Allgemeine Zeitung 25.12.1807, 13., 20.12.1808, 2.1.1809, 4.,11., 30.10.1810
Aretin, Otmar von: Heiliges Römisches Reich, Wiesbaden 1967
Arndt, Ernst Moritz: Reisen durch einen Theil Teutschlands, Ungarns, Italiens und Frankreichs, Leipzig 1804

Augsburger Abendzeitung 5.3.1829, 7.5.1829, 7.2.1832, 25., 26.6.1837, 25.7.1838, 6.11.1838, 11.1.1839, 12.6.1841, 10.4.1842, 27.9.1842, 29.4.1843, 12.7.1845, 26.11.1847

Baader, Klement Alois: Reisen durch verschiedene Gegenden Deutschlands in Briefen, Band 2, Augsburg 1797
Bailleu, Paul: Königin Luise, Berlin/Leipzig 1908
Bemelmans, Ludwig: Hotel Splendid, Köln 1955
Berend, Eduard: Jean Pauls Persönlichkeit
Beschreibung der ausserordentlichen schrekensvollen Feuersbrunst, welche das Hochfürstlich Thurn und Taxische Palais in Regensburg ... verheeret hat, Regensburg 1792
Biographisches Jahrbuch und Deutscher Nekrolog, Berlin 1898
Bismarck, Otto von: Gedanken und Erinnerungen, München o. J.
Bismarck, Otto von: An Johanna von Bismarck, Berg 1990
Böhm, Gottfried: Ludwig II. König von Bayern, Berlin 1924
Börne, Ludwig: Monographie der deutschen Postschnecke, Stuttgart 1967
Braubach, Max: Prinz Eugen von Savoyen, Band 3, München 1964
Briefwechsel König Friedrich Wilhelms III. und der Königin Luise mit Kaiser Alexander I., Leipzig 1900
Briefwechsel der Königin Luise mit ihrem Gemahl Friedrich Wilhelm III., Leipzig o. J.
Briefwechsel zwischen Ludwig I. von Bayern und Eduard von Schenk, München 1930
Britting, Georg: Sämtliche Werke, München 1987ff
Buddeberg, Else: Rainer Maria Rilke, Stuttgart 1954
Bülow, Heinrich Wilhelm: Über Geschichte und Verfassung des gegenwärtigen Reichstages, Regensburg 1792
Buwinghausen-Wallmerode, Alexander: Tagebuch, Stuttgart 1911

Carl-Taxissche Allee, Regensburg 1780
Craemer, J. L.: Königs-Historien, Bände 1–2, München 1894/95

Demski, Eva: Goldkind, Frankfurt 1981
Die Woche 15.7.1971
Diepenbrock, Melchior: Silvesterpredigt 1840, Regensburg 1841
Dreher, Konrad: Abreiss-Kalender meines Lebens, München 1929
Dünninger, Eberhard: Begegnung mit Regensburg, Regensburg 1972

Engelmann, Bernt/Wallraff, Günter: Ihr da oben – wir da unten, Reinbek 1976
Eichendorff, Joseph von: Tagebücher, Regensburg 1908
Esbach, Friedrich Carl: Das herzogliche Haus Württemberg zu Carlsruhe in Schlesien, Stuttgart 1906
Etherege, George: The Letterbook of Sir George Etherege, London 1928

Färber, Siegfrid: Das Regensburger Fürstlich Thurn und Taxis'sche Hoftheater und seine Oper, in: Verhandlungen des Historischen Vereins für Oberpfalz und Regensburg 86
Feuchtwanger, Lion: Jud Süß, Frankfurt/Wien 1991
Flacchio: Genealogie de la tres-illustre, tres-ancienne, & autrefois souveraine Maison de Tour, Brüssel 1709
Frankfurter Allgemeine Zeitung 27.8.1991

Freytag, Rudolf: Das Lied vom Prinzen Eugen, in: Verhandlungen des Historischen Vereins für Oberpfalz und Regensburg 92
Freytag, Rudolf: Die Kunst im fürstlichen Haus Thurn und Taxis, in: Bayerland 1926

Gaisberg-Schöckingen, Friedrich: Das Königshaus und der Adel in Württemberg, Pforzheim 1908
Garde, August de la: Gemälde des Wiener Kongresses, München 1912
Gelehrte Nachrichten 19, 1785
Goethe, Catharina: Briefe an ihren Sohn Johann Wolfgang, an Christiane und August von Goethe, Stuttgart 1971
Goethe, Johann Wolfgang: Italienische Reise, Berlin 1944
Goethe, Johann Wolfgang: Dichtung und Wahrheit, Goethes Werke, Hamburg 1955
Göttingisches Historisches Magazin, Hannover 1787

Hamann, Brigitte: Elisabeth, Wien 1982
Hamann, Brigitte (Hrg.): Meine gute Freundin – Die Briefe Kaiser Franz Josephs an Katharina Schratt, Wien 1992
Hardenberg, Karl August: Denkwürdigkeiten, Leipzig 1877
Härtl-Kasulke, Claudia: Karl Theodor Piloty, München 1991
Haslip, Joan: Elisabeth von Österreich, München 1966
Heinrich, Placidus: Biographie des letzten Fürst-Abtes zu St. Emmeram in Regensburg Coelestin Steiglehner, Regensburg 1819
Herz, Wilhelm: Bernhard Crespel, München/Leipzig 1914
Heß, Jonas: Durchflüge durch Deutschland, die Niederlande und Frankreich, Hamburg 1796 ff.
Heut, Anton: Die Übernahme der Taxisschen Reichsposten in Bayern durch den Staat, München 1925
Hirschfeld, L.: Von einem deutschen Fürstenhofe, Geschichtliche Erinnerungen aus Alt-Mecklenburg, Band 2, Wismar 1896
Hoffmann, Wilhelm: Trauerrede zum Ehrengedächtnisse Ihrer Hoheit der durchlauchtigsten Fürstin und Frau, Frau Therese Mathilde Amalie verwittweten Fürstin von Thurn und Taxis, Regensburg 1839
Hohenlohe-Schillingsfürst, Chlodwig von: Denkwürdigkeiten, Stuttgart/Leipzig 1907
Huber, Ernst Rudolf: Deutsche Verfassungsgeschichte, Band 1, Stuttgart 1961
Huffschmid, Maxmilian: Maria Violanta Theresia Gräfin von Thurn und Taxis, die dritte Gemahlin des Kurfürsten Karl Philipp von der Pfalz, in: Mannheimer Geschichtsblätter Nr. 3, 1924
Humboldt, Wilhelm und Caroline von: Briefwechsel, Band 4, Berlin 1916

Kassner, Rudolf: Die zweite Fahrt, Erlenbach/Zürich 1946
Katharina II. in ihren Memoiren, Frankfurt 1972
Kayser, Albrecht Christian: Kleine Geschichten und Aufsätze, Regensburg 1786
Kayser, Albrecht Christian: Versuch einer kurzen Beschreibung der kaiserlichen freyen Reichsstadt Regensburg, Regensburg 1797
Khevenhüller-Metsch, Johann Joseph von: Tagebuch, Wien 1910
Kleinschmidt, Arthur: Geschichte des Königreichs Westfalen, Gotha 1893
König, Emil: Schwarze Kabinette, Braunschweig 1875
Krämer, August: Rückblick auf das Leben Carl Alexanders, Fürsten von Thurn und Taxis, Regensburg 1828

Krämer, August: Taxis Ehre, Regensburg 1823
Küttner, Carl Gottlob: Reise durch Deutschland, Dänemark, Schweden, Norwegen und einen Theil Italiens 1797–1799, Leipzig 1801

Labes alias Hans Eustach von Schlitz: Denkwürdigkeiten, Hamburg 1898
Laube, Heinrich: Reise durch das Biedermeier, Hamburg 1965
Leisching, Eduard: Der Wiener Congress, Wien 1898
Lenau, Nikolaus: Sämtliche Werke, Leipzig 1883
Lerchenfeld-Köfering, Hugo von: Erinnerungen und Denkwürdigkeiten, Berlin 1935
Lübbecke, Fried: Das Palais Thurn und Taxis zu Frankfurt am Main, Frankfurt 1955

Maranon, Gregorio: Olivares, München 1939
Martius, Ernst Wilhelm: Erinnerungen aus meinem 90jährigen Leben, Leipzig 1847
Mauthner, Fritz: Joseph von Laßberg, in: Das Bodenseebuch, Konstanz 1917
Mehler, J. B.: Das fürstliche Haus Thurn und Taxis in Regensburg, Regensburg o. J.
Meissner, Erhard: Fürstbischof Anton Ignaz Fugger, Tübingen 1969
Mettenleiter, Dominikus: Musikgeschichte der Stadt Regensburg, Regensburg 1866
Mittelbayerische Zeitung Regensburg 23.–28.1.1952, 28.9.1963, 14., 15.7.1971, 12.8.1971, 29., 31.5.1980, 2.6.1980, 20.12.1980, 28.4.1982, 6.5.1982, 17.11.1986, 19.11.1996
Möckl, Karl: Die Prinzregentenzeit, München/Wien 1972
Mörike, Eduard: Briefe, Stuttgart 1959
Moser, Johann Jakob: Teutsches Staatsrecht, Frankfurt/Leipzig 1737ff
Mozart, Wolfgang Amadeus: Briefe, Wuppertal 1906
Münch, Ernst: Geschichte des Hauses und Landes Fürstenberg, Band 4, Karlsruhe 1847
Münchner Neueste Nachrichten 4.–8.5.1888, 24.5.1888, 20.8.1888, 3.–4.1.1889, 20.7.1890, 15.12.1890, 26.1.1892, 11.7.1892, 11.6.1894, 30.5.1894, 12.9.1898, 13.5.1910

Neueste Nachrichten 28.6.1849, 2.8.1852, 9.3.1855, 23.5.1858, 23.–29.8.1858
Nicolai, Friedrich: Beschreibung einer Reise durch Deutschland und die Schweiz im Jahr 1781, Berlin/Stettin 1783
Nostiz, Karl: Leben und Briefwechsel, Dresden/Leipzig 1848
Nowakowski, Tadeusz: Die Radiziwill, München 1975

Oberhirtliche Verordnungen, Freising 1850
Oberkirch: Memoires de la Baronne d' Oberkirch, Band 1, Bruxelles 1854
Oertzen, Augusta: Die Schönheiten-Galerie König Ludwigs I., München 1927
Ompteda, Ludwig: Irrfahrten und Abenteuer eines mittelstaatlichen Diplomaten, Leipzig 1894

Paretti, Sandra: Das Echo Deiner Stimme, Freiburg 1980
Passy, Bernhard: Trauerrede auf den Durchleuchtigsten Fürsten und Herrn, Herrn Alexander Ferdinand, Regensburg 1773
Pastor, Ludwig: Geschichte der Päpste, Band 6, Freiburg 1913
Pezzl, Johann: Reise durch den Baierischen Kreis, Salzburg/Leipzig 1784
Pfandl, Ludwig: Geschichte der Spanischen Nationalliteratur in ihrer Blütezeit, Freiburg 1929
Platen, August: Die Tagebücher, Stuttgart 1896/1900
Playboy 12, 1986

Pöllnitz, Carl Ludwig: Des Freyherrn von Pöllnitz neue Nachrichten, Frankfurt 1739
Pöllnitz, Carl Ludwig: Nachrichten von seinen Reisen, Frankfurt 1735
Pöllnitz, Götz: Jakob Fugger, Quellen und Erläuterungen, Tübingen 1952
Prosch, Peter: Leben und Ereignisse, München 1789
Pütter, Johann Stephan: Historische Entwicklung der heutigen Staatsverfassung des deutschen Reiches, Göttingen 1786

Rabiosus, Anselm: Reise durch Oberdeutschland, Salzburg/Leipzig 1778
Radziwill, Elisa: Ein Leben in Liebe und Leid, Berlin 1912
Regensburger Bistumsblatt 30, 1978
Regensburger Zeitung 20.4.1819, 24.6.1837
Risbeck, Johann Caspar: Briefe eines Reisenden Franzosen über Deutschland An seinen Bruder in Paris, Band 1, Zürich 1783
Rilke, Rainer Maria: Briefe aus Muzot, Leipzig 1936
Rilke, Rainer Maria: Briefe aus den Jahren 1907–1914, Leipzig 1933
Rilke, Rainer Maria: Sämtliche Werke, Frankfurt 1984
Rübsam, Joseph: Das Königlich bayerische zweite Chevaulegers-Regiment Taxis, in: Verhandlungen des Historischen Vereins für Oberpfalz und Regensburg 61

Sailer, Johann Michael: Leben und Briefe, Regensburg 1948
Schäffer, Jakob Christian: Versuch einer medicinischen Ortsbeschreibung der Stadt Regensburg, Regensburg 1787
Schirnding, Albert von: Man riskiert hier nichts, in: Süddeutsche Zeitung 27.8.1988
Schirnding, Albert von: Posthorn-Serenade, Regensburg 1996
Schmeller, Johann Andreas: Tagebücher, München 1954/56
Schmidt, Hans: Kurfürst Karl Philipp von der Pfalz als Reichsfürst, Mannheim 1963
Schmolze, Gerhard: Revolution und Räterepublik in München, Düsseldorf 1969
Schön, Th.: Schwäbische Biographien, in: Diözesanarchiv von Schwaben, Nr. 6, 1907
Schöppl, Heinrich Ferdinand: Kurze Geschichte der Regensburger Loge, in: Latomia, Monatsschrift für Freimaurerei, Nr. 10, Leipzig 1926
Schratz, W.: Maximilian Fürst von Thurn und Taxis, in: Verhandlungen des Historischen Vereins für Oberpfalz und Regensburg 40
Schrott, Ludwig: Der Prinzregent, München 1962
Schubart, Christian Friedrich Daniel: Ideen zu einer Aesthetik der Tonkunst, Wien 1806
Sebastian, Fritz: Thurn und Taxis, 350 Jahre Post, Hannover 1948
Sexau, Richard: Fürst und Arzt, Wien 1963
Seyboth, Hermann: Der Souverän von Regensburg, in: Sonntagspost München, April 1929
Son Altesse Royale, Paris 1913
SPIEGEL, 27.8.1990
Staats-Relation 1.5.1785
Stephan, Heinrich: Geschichte der Preußischen Post, Berlin 1859
stern 30.9.1993
Süddeutsche Zeitung 3.12.1964, 13.7.1970, 14.8.1978, 11.10.1978, 2.6.1980, 22.10.1993

Talleyrand, Maurice: Memoires du Prince de Talleyrand, Paris 1891
Tasso, Torquato: Gerusalemme liberata, Leipzig 1849
Theater-Journal für Deutschland 46, 1778
Thumser, Gerhard: Eine ganze Stadt trauert, in: Abendzeitung 28.1.1952

Thurn und Taxis, August: Aus drei Feldzügen, Leipzig 1912
Thurn und Taxis, Marie: Erinnerungen an Rainer Maria Rilke, München/ Berlin/ Zürich 1932
Thurn- und Taxis Studien 1–14, Kallmünz 1961–1984
Thürheim, Lulu: Mein Leben, Band 2, München 1913
Thym, Rolf: Kein Geld mehr für den Hofmarschall, in: Süddeutsche Zeitung 8.8.1991
Thym, Rolf: Jobs und Wappen unter Krone sind nicht mehr „Fürst Class", in: Süddeutsche Zeitung 22.11.1996
Troloppe, Frances: Briefe aus der Kaiserstadt, Frankfurt o. J.

Walderdorff, Hugo: Regensburg in seiner Vergangenheit und Gegenwart, Regensburg 1896
Weber, Karl: Aus vier Jahrhunderten, Leipzig 1857
Weber, Karl Julius: Briefe eines in Deutschland reisenden Deutschen, Stuttgart 1826
Weilner, Ignaz: Unter Gottes Gericht, Regensburg 1965
Weinzierl, Coelestin: Trauerrede auf den Durchlauchtigsten Herrn Herrn Karl Anselm, Regensburg 1805
Wekhrlin, Wilhelm Ludwig: Hyperboreische Briefe 1–6, o. O. 1788/90
Wilhelmine, Markgräfin von Brandenburg-Bayreuth: Denkwürdigkeiten, München 1910
Wilm, Emanuela: Das Haus Thurn und Taxis auf dem Wiener Kongreß, maschinenschriftliche Magisterarbeit, München 1986
Wurzbach, Constant: Biographisches Lexikon des Kaiserthums Österreich, Wien 1881

Zedlerlexikon, Halle/Leipzig 1732 ff.
Zingeler, Karl Theodor: Karl Anton Fürst von Hohenzollern, Stuttgart/ Leipzig 1911

## *Bildnachweis*

Archiv Reiser
Seiten 31, 53, 91, 99, 118, 131, 139, 149

Archiv der Mittelbayerischen Zeitung
Seiten 155, 165 (Berger), 173 (Poss), 179 (Ottenbacher), 189, 193, 195, 199, 204 (Nübler)

Fürst Thurn und Taxis Hofbibliothek / Zentralarchiv
Seite 14, 27, 39

Winfried Tonner
Seite 201

# REGISTER

(F=Fürst/in von Thurn und Taxis – Regensburger Linie,
K= Kaiser/in, Kg=König/in)


Aachen 22
Acunha, Katharina von 19
Adlerberg, Nikolaus 135
Ahlefeld, Ferdinand von 66,67
Aigen 158
Alcsutdoboz 157
Alexander I. (Zar) 100,107,111
Alteglofsheim 124
Ambrosius 7
Andrássy, Gyula 145
Andrea, Anna de 19
Ansbach 119
Antwerpen 17,18,25
Aquileia 9
Arco-Valley. Anton von 169
Arndt, Ernst Moritz 38,81
Arnim, Bettina von 121
Aschenbrennermarter 161,175,177,181, 186,198,202,203
Athen 161
Aufhausen 26
Augsburg 18,22,26,32,48,50,80
August III. von Sachsen (Kg) 171

Baader, Klement Alois 80
Bad Brückenau 121
Bad Ischl 145
Bad Schwalbach 160
Ballmertshofen 42
Banz 137
Batthyanyi, Maria Antonia Aurora >Thurn und Taxis
Bayreuth 167
Beaufont-Spontin, Alfred Karl von 135
Beauharnais, Stephanie von 116
Belcredi, Almeria >Thurn und Taxis
Bemelmans, Ludwig 164,166
Berchtesgaden 72
Berg 138
Bergamo 8,10,15
Berlin 80,92,111,123,136,145
Bernardini 36
Beuerberg 138
Birghden, Johann von den 22ff
Bismarck, Otto von 111,134,141,144
Börne, Ludwig 115
Bologna 18
Bonn 134,151
Borgia, Lucrezia 12
Boyaval, Maria 41
Braganza, Elisabeth >Thurn und Taxis
Braganza, Maria Anna >Thurn und Taxis
Braganza Miguel von 150
Braine-le-Château 25,79,95
Brandenburg-Bayreuth, Christian Heinrich 34
Brandenburg-Bayreuth, Georg 34
Brandenburg-Bayreuth, Sophie >Thurn und Taxis
Bregenz 167
Brentano, Clemens von 100
Brescia 150
Breslau 113
Breuer, Karl Ludwig 66,133
Britting Georg 164,166
Brüssel 17,18,23,25,26,29,30,37,38,45, 49,161
Buchau 86
Buchberger, Michael 148,177
Budapest 105,158,174
Bussen 69

Cannes 150
Carl Theodor in Bayern 152
Clothilde 157,172
Cornaro, Caternia 10
Cornaro, Hypolita 10
Cotte, Robert de 22
Cremona 101

Crespel, Johann 50
Crespel, Robert 41

Dalberg, Karl Theodor 98,101,103
Darmstadt 76ff,101,105,107
Demmingen 36
Demski, Eva 180
Diepenbrock, Melchior 127
Dischingen 35,46,62
Dörnberg, Heinrich von 119
Dörnberg, Konrad von 119
Dörnberg, Wilhelmine Caroline >Thurn und Taxis
Donaueschingen 81,82
Donaustauf 59,97,121,122,125,127ff, 151,152,162
Doulai 41
Dreher, Anna 152
Dreher, Anton 152
Dreher, Konrad 164
Dresden 93,101,105,140,156
Droste-Hüllshoff, Annette 115
Droste-Hüllshoff, Jenny 115
Dürmetingen 69
Dürrenmatt, Friedrich 203
Duino 163
Dumant, Margarethe >Thurn und Taxis
Du Prel, Anna 152
Du Prel, Carl 152
Duszek, Kasimir 67
Duttenstein 36

Ecska 147
Eger 105
Eggmühl 124
Eglingen 35
Egmont 25
Eichendorff, Joseph von 94
Eisner, Kurt 170
Elisabeth/Sissi (K) 135ff,144,145,152,156ff,161
Elisabeth (Kg) 130,132
Eltz, Maria Isabella von >Thurn und Taxis
Emslander, Fritz 164
Enhueber, Johann 54
Erfurt 100,151
Ertl, Josef 192
Esterhazy, Maria Theresia >Thurn und Taxis
Esterhazy, Nicolaus von 113,128,143
Esterhazy, Paul Anton von 106
Etherege, George 40

Feldafing 157,160
Ferdinand II. (K) 23
Ferdinand III. (K) 25
Ferdinand von Bulgarien (Zar) 158
Fernau, Rudolf 134
Ferrara 12,13
Feuchtwanger, Lion 32,36
Fidel Castro 183
Fitz-Gerald, Lida 160
Flacchio 7
Forster, Frobenius 54, 68
Frankfurt 22,24,26,28ff,50,78,98,100, 101,107,111,143,147,161,172
Franz I. (K) 40
Franz II. (K) 78,93
Franz Joseph (K) 135,136,144,145,147, 158,160,210
Freisler, Roland 172,187
Friedberg 69
Friederike 102
Friedrich III (K) 15
Friedrich II. (Kg) 34,46
Friedrich Wilhelm III. (Kg) 79,123
Friedrich Wilhelm IV. (Kg) 132
Fürstenberg-Heiligenberg, Anna Adelheid >Thurn und Taxis
Fürstenberg-Stühlingen, Maria Henriette (F) >Thurn und Taxis
Fürstenberg, Carl Joseph von 78,81, 208

Garatshausen 156,160,161,190
Geneve, Agatha 9
Genf 108,161
Giacomo II. (Kg) 10
Girardi-Frühwirt, Anna Camozzi von >Thurn und Taxis
Göppingen 45
Goethe, Catharina Elisabeth 26,33,86,98,100
Goethe, Johann Caspar 26,38
Goethe, Johann Wolfgang von 25,30, 32,38,50,69,100,121

Göttingen 74,134,151
Goppel, Alfons 162,184
Granada 19
Graz 146,148
Grub, Ludwig Friedrich 103,104,108
Gruben, Franz von 157
Gustav Adolf von Schweden (Kg) 24

Hagen, Friedrich von 113
Häckl, Nonnosus 43
Hamburg 16,22,54,128,202
Hampl, Josef 190,191
Hannover 76,102
Hardenberg, Karl August von 50,109, 111,112
Hase, Karl August von 121
Hauff, Wilhelm 32
Haus (Schloß) 124,170,178,181
Hauser, Kaspar 116
Haut-Ittre 79,95
Hebbel, Friedrich 141
Heinrich, Placidus 106,114
Hellkofen 157
Herigoyen, Emanuel 94
Heß, Jonas Ludwig 54,69,74,83
Hessen-Darmstadt, Georg von 76
Hessen-Darmstadt, Marie Luise von
Hildebrand, Elisabeth >Train
Hitler 169
Höcherl, Hermann 191
Höfling (Schloß) 172,202
Hoffmann, Wilhelm 126
Hofwyl 111,114
Hoheneck, Anny 167
Hohengebraching 148
Hohenheim, Franziska von 67,68
Hohenlohe-Langenburg-Schillingsfürst, Anna Augusta >Thurn und Taxis
Hohenlohe-Schillingsfürst, Clodwig von 143
Hohenlohe-Waldenburg-Schillingsfürst, Marie >Thurn und Taxis
Hohenzollern-Sigmaringen, Friedrich von 151
Hohenzollern, Karl Anton von 115,116
Hoorn, Anna Franziska >Thurn und Taxis
Hoppe, David 54
Hornberg 62,72
Hütteldorf 148
Humboldt,Caroline von 107,109
Humboldt,Wilhelm von 107,109

Impden 95
Ingolstadt 54
Innsbruck 15,18,150
Jean Paul 81
Johann (Erzherzog) 113
Jerome (Kg) 160
Joseph II. (K) 67
Joseph (Erzherzog) 157,162,174
Josephine (K) 92

Karl der Große (K) 8,54
Karl V. (K) 30,33
Karl VI. (K) 38,40
Karl VII. (K)
Karl III. Philipp von der Pfalz 32,33,35
Karlsbad 144
Kassel 100ff
Kayser, Albrecht Christoph 69,80
Keim, Karl Victor 124,127,134
Keller, Gottfried 158
Kesselstadt,Franziska von 122
Kitzinger, Balthasar 73
Klenze,Leo 128
Klopstock, Friedrich 79
Knebel, Karl 81
Köfering 85,98,102,135
Königsfeld,Johann von 42
Kohl,Helmut 204
Kolb, Annette 146
Kolb,Max 146
Konrad III. (Kg) 8
Kopenhagen 67
Korfu 140,141
Krämer, August 7
Krakau 150
Kreutzer, Maria 142ff, 150
Kreuzer, Elise 144,145
Kreuzer, Konradin144
Kruedener, Amalie von (gen.Stargard) 98,102,120,135,145,156
Krupp,Berta 164
Küffner, Johann 52
Kürmair, Johann von 88
Kukofka, Gerhad 177

Laberweinting 124
Labes, Johann 84,96
Landshut 86
Lang, Georg Heinrich 77,78
Laßberg, Joseph von 81,82,109,115
Laube, Heinrich 123
Lazar, Victorine 147
Leipzig 22,107,134
Leitomischl 136
Lenau, Nikolaus 122,123
Leopold II. (K) 78,158
Leopoldine von Österreich (K) 113
Lerchenfeld, Maximilian von 85,89,90, 92,93,95,100ff
Liechtenstein, Moritz von 187
Lierre 18
Linde, Justinus 157
Lobkowitz, Maria Ludovica (F) >Thurn und Taxis
Lobkowitz, Marie Eleonore >Thurn und Taxis
Löffler 151
London 111,113
Lothringen, Charlotte Luise von (F) >Thurn und Taxis
Ludwig I. (Kg) 102,116,119ff,124ff,132,138
Ludwig II. (Kg) 132,142,143,145,156
Ludwig III. (Kg) 168
Ludwigsburg 36,50,92
Lütgendorf, Joseph Maximilian von 68,69
Louis Philipp (Kg) 158
Luise (Kg) 76ff,82,84,86,92,96,102, 123,164
Luitpold von Bayern 127,156,162
Luxemburg 7,161

Madeira 140
Madrid 18ff,161
Mailand 7ff,20,21,127,205
Mainz 22,24,35,54,71
Mannheim 33,35
Marchthal 86
Margarete von Österreich (F) >Thurn und Taxis
Marie (K) 102
Marie in Bayern 160
Martius, Ernst Wilhelm 55,67
Matthias (K) 23
Maximilian I. (K) 15,16
Max I. Joseph (Kg), als Kurfürst Max IV. Joseph 83,85,90,92,104,105,130
Maximilian II. (Kg) 132,134,135, 138,142
Maximilian I. von Bayern 23
Maximilian III. Joseph von Bayern 64
Maximilian in Bayern 137,157
Mayer, Heinrich 54
Mecklenburg-Strelitz, Mathilde Therese von (F) >Thun und Taxis
Mecklenburg-Strelitz, Georg von 80, 84,96
Mecklenburg-Strelitz, Karl von 76
Memel 96
Memmer, Hermann 188,191,192,202
Memmingen 15
Meran 151,152,156,164
Mergentheim 117
Merian, Johann Matthäus 26
Metivier, Jean Baptist 121
Metternich, Clemens von 78,84,111
Miltitz, Alexander von 105,106,109, 112
Mörike, Eduard 133,134
Montgelas, Maximilian von 96,97
Moser, Johann Jakob 16,38
Mozart, Leopold 48
Mozart, Wolfgang Amadeus 33,48, 50,52,65,70
München 96,141,156ff,169ff,180,181, 190,202

Napoleon (K) 52,90,92ff,101,102,106, 107,110,113
Neapel 11,17,18,119
Neresheim 86,117,171,205
Neufahrn 124
Neustrelitz 76
Nikolaus I. (Zar) 120
Nimburg 141
Nürnberg 16,22,52,121,124,171

Obertraubling 172,202
Ödenburg151
Oettingen-Oettingen, Mathilde Sophie von (F) >Thurn und Taxis

Oettingen-Spielberg, Johannes Alois II.von 68
Ohm, Georg Simon 106
Orsay, Franziska von >Thurn und Taxis
Osterhofen 35
Ostertag, Johann Philipp 54

Paar, Christoph von 23
Padua 12,18
Paoluzzi, Louisa 20
Paoluzzi, Maria 20
Paretti, Sandra 174
Paris 40,59,94,95,102,105,156,163,167
Patton 174
Paul IV. 18
Peclate, Marie 19
Perugia 121
Petersen, Helge 202
Peterwardein 29
Pettenkofer, Max 134
Petzmayer, Johann 138
Pezzl, Johann 54
Philipp II. von Spanien (Kg) 19
Philipp III. von Spanien (Kg) 19
Philipp IV. von Spanien (Kg) 20
Piloty, Karl Theodor 138
Pirch, Wilhelm von 136,151
Platen, August von 106,119
Pocci, Anna Maria von >Thurn und Taxis
Pöllnitz, Carl Ludwig von 29
Pokorny, Franz 52
Possenhofen 138,140,147ff,152
Prag 15,24,42,78,105,107,123,141
Preßburg 150
Prosch, Peter 42,46,51
Prüfening 161,171,172,181,190,205
Pürkelgut 130,133 58
Putz, Erhard

Radziwill, Elisa von 116
Radziwill, Hieronymus von 59ff,67,208
Rechberg-Rotenlöwen, Alois von 84, 85,102,104,105
Rechberg-Rotenlöwen, Otto von 143, 209
Regensburg 7,18,25,28,38-Ende
Reichart, Bruno 202
Reipka 198
Riepel, Joseph 52
Rilke, Rainer Maria 150,163
Risbeck, Johann Caspar 65
Rom 10ff,17,18,20,119,161,181,205
Rossi, Portia de 11
Rouna, Louise Boisot de >Thurn und Taxis
Rudolf I. (Kg) 9
Rudolf II. (K) 22
Rudolf von Österreich 138,157
Rupprecht von Bayern 164
Rye, Alexandrine >Thurn und Taxis

Sachsen, Albert von 180
Sachsen/Meißen, Friedrich Christian von 171,180
Sachsen, Maria Emanuel 172,180
Sachsen-Hildburghausen, Charlotte von 78
Sachsen-Hildburghausen, Friedrich von 78
Sachsen-Hildburghausen, Therese >Therese (Kg)
Sailer, Johann Michael 86
Sallach 124
Salzburg 89
Sand, Karl Ludwig 106
Santa Lucia 128
Schacht, Theodor 52
Schäffer, Jakob Christian 54,70
Scheer 69,71,72
Schenk, Eduard von 124,126
Schieder, Elmar 196
Schierling 124
Schikaneder, Anna 70
Schikaneder, Emanuel 52,70,75
Schiller, Friedrich von 19,114
Schirnding, Albert von 147,170,171, 175,176
Schirnding, Otto von 170
Schlitz, Karl von (gen. Goertz) 162
Schmeller, Johann 84,87
Schneidt, Heinrich von 49,50
Schönbrunn, Anna Franziska von 110
Schönburg-Glauchau, Mariae Gloria von (F)>Thurn und Taxis
Schratt, Katharina 156
Schubart, Christian Friedrich Daniel 40,54

Schultze, Max 148,152,161
Schwabach 124
Schwanthaler, Ludwig 122
Seckendorff-Aberdar, Emilie von >Thurn und Taxis
Seidenbusch, Johann Georg 26
Sigmaringen 176
Smetana, Friedrich 136
Soardis, Catharina 10
Solms, Augusta von 116
Sophie in Bayern 167
Soraya (K) 183
Sorrent 11
Speyer 133
Spitzeder, Adele 134
Ständler, Jenny 137
Stargard, Amelie >Kruedener
Stalingrad 172,178
Steiglehner, Coelestin 54,87,88
Stephan, Heinrich 84,143
Sternberg, Kaspar Maria von 54
Stieler, Joseph 120,156
St. Moritz 190,192
Stockau, Georg Adolf von 93,106,108, 113,122
Straßburg 52,151
Straubing 70
Strauß, Franz Josef 161,198
Stuttgart 35,47,89,92,192
Sulzbürg 34

Talleyrand 100
Taxis (Schloß) >Trugenhofen
**Taxis (Taxo, Tasso, Tour)**
Alexander 10
Bernardo 11,12,206
Eribrand 8,206
Francesco 9,206
Gabriel 10,11,206
Giacomo I. 9,206
Giacomo II. 9,206
Guido 9,206
Hermann 9,206
Johannes 1. 9,206
Johannes 2. 10,206
Johannes I. (Spanien) 19
Johannes II. (Spanien) 19,20
Lamoral 10,206
Martino I. 8,206
Martino II. 8,206
Napus 9,206
Odonus 8,206
Paganus 9,206
Pietro 10,206
Philipp 19
Raymund 9,206
Raymund 18,19,207
Reinerius 8
Simon 20,21,206,207
Torquato 11ff,206

**Thurn und Taxis**
Adolf Maximilian 133,150,158,209
Albert I. (F) 144,156ff,185,210
Albert II. (F) 197,198,203ff
Alexander 132,148,208
Alexander Ferdinand (F) 28,34,38ff, 150,207,208
Alexandrine (geb.Rye) 23ff,207
Alfred Adolf 136,209
Almeria 132,167,208
Amelie 130,142,144,209
Anna Camozzi 146,148,209
Anna Adelheid (F) 25,26,207
Anna Franziska (geb.Hoorn) 25,207
Anna Augusta (F) 28,207
Anna Maria 185,186
Anselm Franz (F) 25,29ff,35,37,207
Anton 1. 15,206
Anton 2. 18,207
August Max 79,107,141
Augusta Elisabeth (F) 35,36,42ff,72,208
Augustin 18
Carl Anselm (F) 35,42ff,52ff,203,208
Charlotte Louise (F) 40,208
Charlotte Luise 77
Christian Adam 28,207
Christine (geb.Wachtendonck) 17,207
Clothilde 187
Egon Maximilian 122,147,160,209
Elisabeth (F) 170,179,184,185,210
Elisabeth (*1982) 196,210
Elisabeth (*1860) 147,150,151
Elisabeth Helene 162,170,171,180, 191,210
Emilie 142
Emmeram 162,171,178,181,188, 190,191,196,198,205

Emmerich 150
Eugen Alexander (F) 25ff,207
Franz 1. 10
Franz 2. 10
Franz (Postgründer) 14ff,207
Franz Joseph (F) 160ff,166,168,170, 178ff,210
Franz Joseph (*1764) 48
Franz Maximilian 134,161,209
Franziska (geb.Orsay) 150,158,209
Friederica Dorothea 48
Friedrich 94,111,116
Friedrich August 45
Friedrich Johann 50,56,63,92
Friedrich Hannibal 81,113,122,136,208
Friedrich Wilhelm 87,116
Gabriel (Erbprinz) 170,172,210
Gabriel I. 13,206
Genoveva 22,207
Georg 127, 146,148,209
Georg Karl 78,79
Gustav 156,161,169,170,209
Gustav Otto 132,150,167,209
Heinrich Alexander 47
Helene (Erbprinzessin) 135,137ff,184
Henrica Carolina 47,68
Hugo Joseph 132,148,209
Hugo Maximilian 113,130
Johann 15,207
Johann Anton 18
Johannes (F) 172,174,178,179,182,184, 187ff,192ff,197ff,210
Johannes der Große 17,18,207
Josephine 47
Inigo 29,207
Karl Alexander (F) 49,56,63,71,76ff,208
Karl Anselm 78,120,130,208
Karl August (F) 161,170,172,187ff,210
Karl Theodor 80,133,145
Karl Wilhelm 121,209
Katharina (geb.Thurn) 15,206
Kunigunde 15,206
Lamoral 22,23,207
Lamoral Claudius 23ff,207
Leonhard I. 18,22,207
Leonhard II. 23,24,207
Louise Boiset 22,207
Louis Philipp 162,172,210
Luisa 140,147,151,176
Mafalda 187,202
Margarete (F) 155,157ff,180,184, 190,210
Margarethe (geb.Dumant) 22,207
Maria 137,162,209
Maria Anna (geb.Braganza) 170,187, 210
Mariae Gloria (F) 184,192ff,210
Maria Antonia Aurora (geb. Batthanyi) 122,208
Maria Augusta 28,30,32,35,36,45,207
Maria Elisabeth 78,81,109,115,206
Maria Henriette (F) 42ff,208
Maria Isabella (geb. Eltz) 120,140,208
Maria Karolina 150,209
Maria Ludovica (F) 28,29,34,40,42,207
Maria Sophia 82,116,146,208
Maria Theresia (*1755) 45,66ff,208
Maria Theresia (*1758) 63
Maria Theresia (*1794) 79,106,109,111,113,148,208
Maria Theresia (*1980) 196,210
Mariana Josepha 89
Marie (geb.Hohenlohe-Waldenburg-Schillingsfürst) 132 148,163,208
Marie Eleonore 78,208
Mathilde Sophie (F) 125ff,147,152, 156,209
Mathilde Therese (F) 71,76ff,168,208
Max Emanuel 185,186,210
Maximilian Anton (Erbprinz) 122,131, 134,135,137ff,144,209,210
Maximilian Joseph 49,56,78ff,113,208
Maximilian Karl (F) 85,94,101,103,105, 108,111,115,118ff,146,167,208,209
Maximilian Maria (F) 141,147,151ff,161,210
Michael 50
Nikolaus 135,148,209
Otto 127,142ff,150,209
Paul 130,142ff,145,150,209
Philipp Ernst 162,170,184,210
Raphael 162,170,185,210
Roger I. 10,15,17,206
Rudolph 123,136,141,208
Simon 15,206,207
Sophie (F) 34,35,37,208
Sophie Friederika 47,59,61,67,71, 79,82,208

Theodor Georg 123,134,135,142,209
Therese (*1830) 121,135,136,209
Theresia (geb. Orsay) 176,209
Viktor 160
Violanta 33,65,207
Wilhelm 84,127
Wilhelmine Caroline (F) 119ff,159,209

Therese von Bayern (Kg) 78,102,103, 116,125
Tilsit 67
Tizian 10
Tonner, Winfried 4,198ff
Touchemolin. Joseph 52
Train, Elisabeth von 72ff,86ff,105,106
Train, Joseph von 110,111
Train, Nikolaus Joseph von 72,74,86, 87,110,135
Triftlfing 124
Trollope, Frances 125
Trugenhofen (Schloß Taxis) 35,36,42, 45,46,62,83,85,89,116,117,122,125, 126,140,141
Turner, William 127

Valerie (Erzherzogin) 153
Venedig 11,18,136,148,149
Verona 17
Vetsera, Mary 157
Visconti, Berta 9
Visconti, Theobald 9
Vrints, Alexander von 96

Wachtendonck, Christine van >Thurn und Taxis
Wagenhofen 36
Wagner, Richard 142,143,167
Walderdorff, Hugo von 125
Waldmünchen 197
Walhalla 121,122,125,127ff, 135,141
Wallraff, Günter 188,191
Weber, Karl Julius 116
Weichs, Joseph Maria von 90
Weilner, Ignaz 174
Weinfurtner, Erika 196
Weinzierl, Coelestin 89
Wekhrlin, Wilhelm Ludwig 64
Wien 25,28,46,71,73,105,107ff, 122,128,142,150
Wiener Neustadt 150
Wiesent 97
Wilhelm II. (K) 164,168
Wilhelm von Württemberg (Kg) 93
Wilhelmine von Bayreuth 34,35
Will, Cornelius 162
Winzer 60,89
Wörth 97,162,191
Wolfstein, Albrecht von
Wrede, Karl von 107
Württemberg, Augusta Elisabeth (F) >Thurn und Taxis
Württemberg, Friedrich Paul von 116,146
Württemberg, Friedrich Eugen von 36
Württemberg, Karl Alexander von 32,36
Württemberg, Karl Eugen von 36,45,49,54,62,67,68
Württemberg, Ludwig Eugen von 36

Zaitzkofen 124
Zoffany, Anton 36,45
Zypern 10